KB253271

일반인을 위한
부동산등기
생활법률의 기본지식

법무사 정상태 지음

가림 M&B

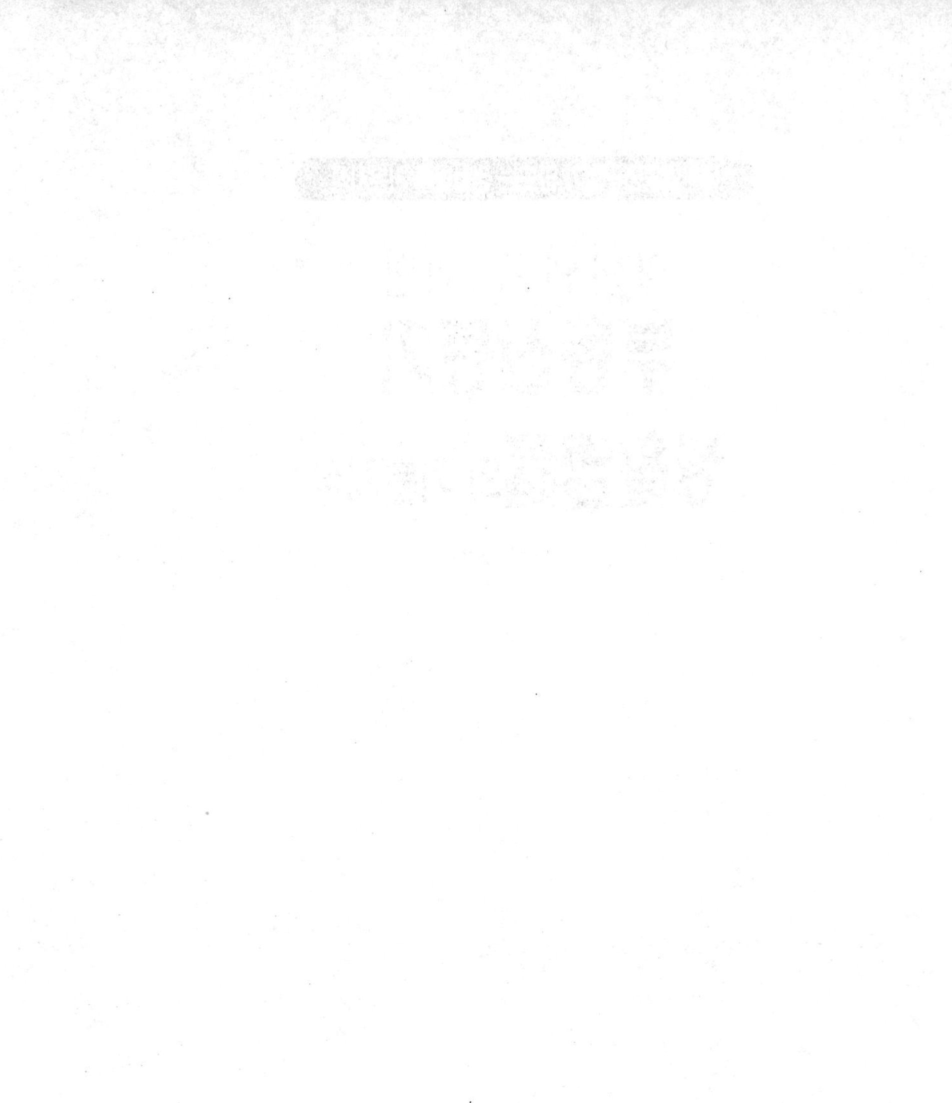

대한법률연구회가 만드는 생활법률 기본지식

일반인을 위한

부동산등기
생활법률의 기본지식

법무사 정상태 지음

가림 M&B

머·리·말

　부동산을 매수하여 매매대금을 지급하고 인도를 받아도 소유권이전등기를 경료하지 않으면 소유권을 취득할 수 없다. 이른바 「형식주의(形式主義)」를 채택한 우리민법이 시행된지도 40년이 되었다.

　이 책은, 부동산등기의 생활화에 따라 일반인을 위하여 부동산등기의 생활법률을 알기 쉽게 펴낸 것으로, 제1편 부동산등기의 기본지식, 제2편 사례별 질의회답 및 해설, 제3편 각종 등기신청의 작성례로 구분하였으며, 등기에 관한 중요판례는 부록으로 붙였다.

　"제1편 부동산등기의 기본지식"편에서는 "토지대장과 등기부" 등 20개 항목에 걸쳐 등기와 가까이 있지 않은 사람과 등기와 처음 만나는 사람들을 위하여 등기를 이해하는데 꼭 필요한 기본적인 사항을 설명하였고, "제2편 사례별 질의회답 및 해설"편에서는 "가등기에 기한 본등기를 한 경우의 중간처분등기의 말소" 등 등기에 관하여 문제가 있는 부분 20개 항목을 골라 해설하되 철처한 분석이 되도록 일일이 대비표를 붙였으며, "제3편 각종 등기신청의 작성례"편에서는 "건물소유권보존등기" 등 등기신청 유형 30개 항목에 대하여 자세한 절차를 적었다.

　이 책이 부동산등기에 관심있는 분들에게 많은 도움이 되었으면 하는 마음 간절하다.

2001. 2. 1.

저자 鄭　相　泰

C O N T E N T S

CONTENTS

CONTENTS

제 2편 사례별 질의회답 및 해설

C O N T E N T S

제 3 편 각종 등기신청서의 작성례

Ⅰ. 건물소유권보존등기 ● 165

C O N T E N T S

C O N T E N T S

C O N T E N T S

C O N T E N T S

부록 참고자료 및 법령

C O N T E N T S

제 1 편

부동산등기의 기본지식

1. 대장과 등기부

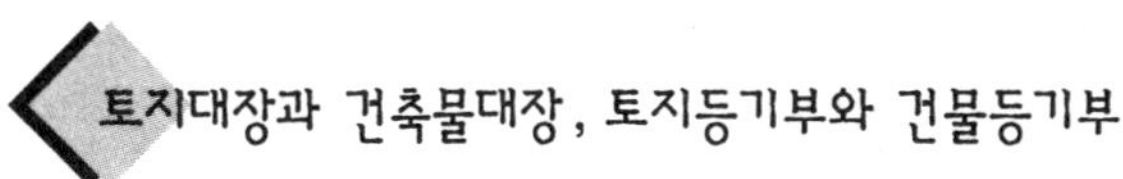

1) 토지대장과 건축물대장

"부동산의 표시"는「토지대장」,「임야대장」,「건축물대장」이 공시(公示)하고, "부동산에 관한 권리관계"는「등기부」가 공시한다.

토지는 토지대장 또는 임야대장에 빠짐없이 등록되어 있으나, 건물은 모두 건축물대장에 등록되어 있는 것은 아니다.

즉 "무허가건물"은 건축물대장에 등록되어 있지 않다.

2) 토지등기부와 건물등기부

대장은 소관청에 비치하고 있으므로 토지대장등본, 임야대장등본, 건축물대장등본은 "구청·시청·군청"에서 발급받는다. 그러나 등기부는 등기소에 비치하고 있으므로 토지등기부등본, 건물등기부등본은 "등기소"에서 발급받는다.

등기는 소유자가 등기소에 신청하여야 비로소 등기하는 것이므로, 대장에 등록되어 있어도 보존등기신청이 없으면 등기소에서는 "미등기"로서 등기부등본이 발급되지 않는다.

대장과 등기부와의 관계

대장에는 면적이 "100㎡"이고, 등기부에는 면적이 "105㎡"이면, 맞는 면적은 "100㎡"이다. 그것은 부동산표시는 대장이 공시하는 것이므로 "100㎡"로 된 대장등본을 첨부하여 등기부의 "105㎡"을 "100㎡"로 고칠 수 있기 때문이다.

대장에는 소유자가 "홍길동"이고, 등기부에는 소유자가 "김선달"이면, 맞는 소유자는 "김선달"이다. 그것은 부동산권리관계는 등기부가 공시하는 것이므로 "김선달"로 된 등기부등본을 제출하여 대장의 "홍길동"을 "김선달"로 고칠 수 있기 때문이다.

● 대장과 등기부의 일원화

우리나라는 부동산표시는 소관청(구청)이 관장하는 「대장」이, 부동산권리관계는 등기소가 관장하는 「등기부」가 각 공시하여 "2원화(二元化)"되어 있어 불편한 점이 많다.

일본은, 1960. 4. 1 이미 대장과 등기부가 "1원화(一元化)"되었다.

2. 등기(登記)의 의의

등기란 무엇이며, 어떤 역할을 하는가?

등기는 법원 등기과나 등기소의 등기관(登記官)이 「등기부」에 "부동산의 표시"와 "권리관계"를 기재하는 것을 말한다. 전산화된 등기소에서는, 등기사항이 기록된 「보조기억장치」에 이를 등록하는 것을 말한다.

등기부로 보는 보조기억장치는, "자기(磁氣)디스크", "자기(磁氣)테이프" 기타 이와 유사한 방법에 의하여 등기사항을 확실하게 기록·보관할 수 있는 전자적 정보저장매체를 포함한다.

● 등기의 역할

토지나 건물을 살 때에는 등기를 하여야 먼저 「소유권」을 취득한다.

만일 판사람(매도인)이 나쁜 마음을 먹고 다른 사람에게 이중으로 팔고 그 사람에게 등기를 해주면, 먼저 산사람(매수인)은 소유권을 취득할 수 없게 된다.

즉 매매, 증여, 교환 등 "법률행위"로 인한 물권의 취득은 등기하여야 비로소 그 효력이 발생하므로, 등기는 부동산물권변동의 「효력발생요건」이다.

다만, 상속, 수용, 경매 등 "법률규정"에 의한 물권의 취득은 등기를 요하지 아니하나, 그 등기를 하지 아니하면 이를 처분하지 못하므로 등기는 부동산물권의 「처분요건」이다.

부동산임차권을 등기하면 제3자에게 대항할 수 있으므로, 등기는 부동산임차권의 「대항요건」이다.

3. 등기의 종류

회복등기는 어떤 등기인가?

등기의 종류는 여러가지 표준에 따라 나눌 수 있는데, "등기의 내용"에 의하여, ① 기입등기, ② 변경등기, ③ 경정등기, ④ 말소등기, ⑤ 회복등기, ⑥ 멸실등기로 나눈다.

소유권이전등기와 같이 새로운 등기원인에 기하여 등기부에 새로이 기입하는 등기가 「기입등기」이고, 기입된 등기사항에 변경이 생겼을 때에 하는 등기가 「변경등기」이며, 기입할 때부터 틀린 사항이 있을 때에 이를 바로잡는 등기가 「경정등기」이다.

저당권말소등기와 같이 등기에 대응하는 실체관계가 없어 기존등기의 전부를 말소하는 등기가 「말소등기」이고, 잘못 말소하거나 등기부가 멸실한 때에 이를 부활하는 등기가 「회복등기」이며, 건물이 멸실된 때에 등기부를 폐쇄하는 등기가 「멸실등기」이다.

회복등기에는, 잘못 말소한 경우에 하는 「말소회복등기」와 등기부가 멸실된 경우에 하는 「멸실회복등기」가 있다.

부기등기와 예고등기

1) 부기등기는 어떻게 하는 등기인가?

등기는 "등기하는 방법"에 따라, ① 주등기와 ② 부기등기로 나눈다.

새로 독립한 "순위번호"를 부여하는 등기가 「주등기」이고, 순위번호를 부여하지 않고 기존등기의 순위번호에 "부기번호"를 붙여서 하는 등기가 「부기등기」이다.

주등기는 「독립등기」라고도 한다.

부기등기의 순위는 "주등기의 순위"에 의한다.

2) 예고등기는 어떤 효력이 있는가?

등기는 그 "효력"에 따라, ① 종국등기, ② 예비등기로 나눈다.

등기 본래의 효력인 물권변동의 효력을 발생케하는 등기가 「종국등기」이고, 그렇지 않은 등기가 「예비등기」인데, 예비등기에는 가등기와 예고등기가 있다.

뒷날에 할 "본등기의 순위"를 보존하기 위하여 그 청구권에 관하여 하는 등기가 「가등기」이고, 등기원인의 무효 또는 취소로 인한 등기의 말소 또는 회복의 소가 제기된 경우에 이를 제3자에게 "경고(警告)"하기 위하여 수소법원의 촉탁에 의하여 하는 등기가 「예고등기」이다.

종국등기는 가등기에 대응하여 「본등기」라고도 한다.

4. 등기사항

등기할 물건 및 권리

1) 등기할 물건

등기할 수 있는 물건은 부동산 즉 「토지」와 「건물」이다.

토지는 필지로 나뉘어져 있으므로 모든 토지는 필지마다 등기할 수 있으나, "공유수면"이나 "국유하천"은 사권(私權)의 목적이 될 수 없으므로 등기할 수 없다. 그러나 "도로"나 "준용하천"은 공용제한이 되더라도 사권의 목적이 될 수 있으므로 등기할 수 있다.

건물은 지붕과 벽을 갖춘 토지에 정착한 건조물로서, 그 개수는 물리적 구조뿐만 아니라 이용의 독립성, 소유자의 의사 등을 기준으로 정한다.

건물 이외의 정착물은 특별법에 의하여 인정되지 않는 한 등기할 수 없다. 예컨대, 「입목(立木)」은 입목에관한법률에 의하여 등기할 수 있다.

2) 등기할 권리

부동산물권 중 「소유권」, 「지상권」, 「지역권」, 「전세권」, 「저당권」과 「권리질권」은 등기할 수 있고, 「점유권」, 「유치권」은 성질상 등기할 수 없다.

물권은 아니지만 「부동산임차권」과 「부동산환매권」은 법률의 규정에 의하여 등기능력이 인정되고, 그 밖에 물권변동을 목적으로 하는 청구권은 「가등기」할 수 있다.

등기할 권리변동 및 구분건물의 표시

1) 등기할 권리변동

등기할 권리변동의 종류는, 등기할 권리의 ① 설정, ② 보존, ③ 이전, ④ 변경, ⑤ 처분의 제한, ⑥ 소멸이다.

「설정」은 저당권설정, 전세권설정 등과 같이 소유권이외의 권리를 창설하는 것이고, 「보존」은 미등기부동산을 처음으로 소유권보존하는 것이며, 「이전」은 소유권이전, 저당권이전 등과 같이 어떤 사람에게 귀속되어 있던 권리가 다른 사람에게 옮겨가는 것이다.

「변경」은 전세권변경, 등기명의인표시변경 등과 같이 권리내용이나 부동산표시 또는 등기명의인표시를 변경하는 것이고, 「처분의 제한」은 공유물의 분할금지, 압류 등과 같이 권리자가 가지는 권리의 처분기능을 제한하는 것이며, 「소멸」은 저당권말소, 건물멸실 등과 같이 포기, 합의, 혼동, 목적물멸실 등에 의하여 권리가 소멸하는 것이다.

2) 구분건물의 표시

집합건물의 규약상 공용부분이나 일정한 경우에 구분건물에 관한 표시등기에 있어서, 「구분건물의 표시에 관한 사항」은 "독립한 등기사항"이다.

5. 등기의 효력

등기를 하면 어떤 효력이 생기는가?

1) 권리변동적 효력

매매, 증여, 교환 등 "법률행위"로 인한 물권변동은 등기를 하여야 그 효력이 생긴다. 등기의 효력으로서 가장 중요한 것이다.

권리변동의 효력이 생기는 시기는 "등기부에 기재한 때"이다.

2) 대항요건적 효력

"지상권의 존속기간이나 지료", "환매권", "임차권" 등은 등기함으로서 제3자에게 대항할 수 있다. 이러한 사항은 이를 등기하지 아니하면 당사자 사이에서 "채권적 효력"이 있을 뿐이다.

3) 순위확정적 효력

1번저당권이 2번저당권보다 우선하는 것과 같이 동일한 부동산에 관하여 등기한 권리의 순위는 법률에 다른 규정이 없는 한 "등기의 전후"에 의한다. 「등기의 전후」는 등기용지 중 ① 동구(同區)에서 한 등기는 "순위번호"에 의하고, ② 별구(別區)에서 한 등기는 "접수번호"에 의한다.

한편 「부기등기의 순위」는 "주등기의 순위"에 의하고, 부기등기 상호간의 순위는 그 전후에 의한다.

4) 취득시효기간 단축의 효력

점유로 인한 부동산의 시효취득기간은 "20년"이나, 등기된 경우에는 "10년간"이므로 등기는 부동산에 대한 취득시효기간을 단축하는 효력을 가진다.

5) 권리추정적 효력

등기가 있으면 그에 대응하는 실체 관계가 존재하는 것으로 추정한다.

6) 후등기저지력

일정한 토지에 대한 소유권보존등기가 경료되어 있으면, 비록 진정한 소유자라 하더라도 기존의 소유권보존등기를 말소하지 않고는 자기명의로 다시 소유권보존등기를 할 수 없다.

7) 등기의 공신력

부동산의 권리관계는 "등기"로 공시하므로, 등기는 이른바 「공시력(公示力)」이 있다. 따라서 어느 집에 살고 있는 사람이 소유자가 아니라 등기부에 소유자로 등기된 사람이 소유자이다.

그런데, 등기부에 소유자로 등기된 사람이 틀림없이 소유자인가이다. 등기를 믿고 거래한 사람을 보호하기 위하여 비록 그 등기가 실체관계에 부합하지 않더라도 등기된 대로의 효력을 발생하는 것을 「공신력(公信力)」이라고 한다.

그러나 우리나라는 등기에 「공시력」을 인정하나 「공신력」은 인정하지 않는다.

6. 등기관

등기관의 직무와 책임

1) 등기관의 지정

등기소 (지방법원 또는 지방법원지원 등기과, 지방법원지원 등기계 포함)에는 등기관이 지정되어 있다.

등기관은 등기소에 근무하는 법원서기관 · 법원사무관 · 법원주사 · 법원주사보(이를 「법원사무관 등」이라고 한다) 중에서 지방법원장 또는 지방법원지원장이 지명한다.

따라서 등기소에 근무하는 등기관아닌 공무원은 등기관의 직무를 보조한다.

2) 등기관의 직무

등기관은 「직무의 독립성」을 가지므로, 등기사건을 자기책임하에 자기명의로 단독으로 처리한다. 다만, 사법행정상의 지시에 따라야 함은 물론이다.

등기관은 등기사건을 조사함에 있어 「형식적 심사권」만 있으므로 부동산등기법 제55조 각 호에 해당하지 않는 한 수리하여야 한다. 다만, "구분건물의 요건"에 관하여 예외적으로 「실질적 심사권」이 있다.

3) 등기관의 제척

  등기사무는 권리관계에 중대한 영향을 미치므로 등기관의 직무집행에는 공평 · 엄정을 요한다.

  그래서 등기관은 자기 · 자기와 호적을 같이 하는 자, 4촌 이내의 친족 또는 친족이었던 자가 등기신청인인 때에는 당해 등기소에서 소유권등기를 한 성년자로서 위와 같은 친족관계에 있지 아니한 2인이상의 "참여"가 있어야 한다.

  이 경우에는 등기관이 조서를 작성하여 참여인과 함께 서명날인하여야 한다.

4) 등기관의 책임

  등기관의 고의 · 과실로 인하여 등기를 잘못하여 사인(私人)에게 손해를 준 때에는, 「국가배상법」에 의하여 "국가"가 배상책임을 지고, 등기관에게 고의 또는 중대한 과실이 있는 때에는 국가가 등기관에 대하여 "구상권"을 가진다.

  따라서 등기관은 공무원으로서의 책임이외에 특별한 책임을 지지 않는다.

7. 등기부의 공개

등기부등본의 교부 및 열람

1) 등기부의 양식

등기부의 1용지는 「등기번호란」, 「표제부」와 「갑구」, 「을구」의 2구로 나뉘어져 있어 결국 "3장 4부분"으로 구성되며, 표제부는 「표시번호란」과 「표시란」을 두고, 각 구에는 「순위번호란」과 「사항 란」을 둔다.

등기번호란은 종전에는 등기한 순서에 따른 "일련번호"를 기재하였으나, 지금은 토지 또는 건물대지의 "지번"을 기재한다.

「표제부」에는 "부동산표시에 관한 사항"을, 「갑구」에는 "소유권에 관한 사항"을, 「을구」에는 "소유권 이외의 권리에 관한 사항"을 각 기재한다.

구분건물의 표제부는, 일반건물의 표제부와는 달리 「1동의 건물의 표제부」와 「전유부분의 건물의 표제부」를 둔다.

2) 등기부등본의 교부

등기는 부동산권리의 공시방법(公示方法)이므로 등기부는 일반인에게 "공개(公開)"된다. 공개방법은, ① 등본의 교부 ② 열람 ③ 제증명의 교부이다.

누구든지 수수료(1통당 1,200원)를 납부하고 등기부등본이나 초본의 교부를 청구할 수 있다. 즉 이해관계인은 물론 이해관계가 없는 남의 등기부등본도 자유로이 교부청구할 수 있다.

또 관할외 등기부등본도 모사전용료(1통에 800원)를 더 납부하고 교부청구할 수 있다.

미등기부동산에 대하여는, 등기소에 등기부가 없으므로 등기부등본이 교부될 수 없다.

3) 등기부 및 등기신청서류의 열람

누구든지 수수료 (1등기용지에 1,200원)를 납부하고 등기부를 열람할 수 있다.

등기신청서류도 누구든지 열람할 수 있는가?

등기신청서류의 열람은 아무나 할 수 없고 "이해관계인"만이 할 수 있다.

그러면 이해관계인은 등기신청서나 등기신청서에 첨부된 인감증명서 등 부속서류를 복사할 수 있는가?

이해관계인의 사본청구가 있으면 등기관은 열람의 연장으로서 사본을 교부해 준다. 그러나 우편의 방법에 의한 등기신청서 기타 부속서류에 대한 사본의 교부청구는 할 수 없다.

4) 미등기사실증명

"어느 부동산"이 등기되어 있지 아니하다는 사실에 관한 증명은 발급하지 않으나, 열람신청인이 열람의 결과 "특정 지번"에 대한 등기용지가 편성되어 있지 않다는 「미등기사실증명」은 이를 신청할 수 있다.

이 미등기사실증명의 수수료는 열람수수료 외에는 납부하지 아니한다.

8. 등기신청

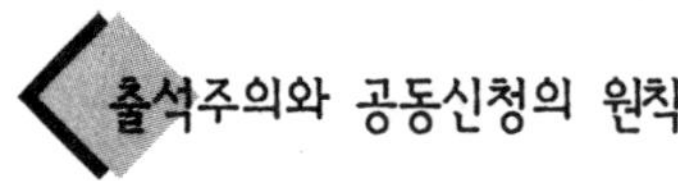 출석주의와 공동신청의 원칙

1) 등기절차의 개시

등기절차는, ① 당사자의 신청, ② 관공서의 촉탁, ③ 등기관의 직권, ④ 법원의 명령에 의하여 개시된다.

당사자의 신청과 관공서의 촉탁이 원칙이고, 등기관의 직권과 법원의 명령은 예외적으로 인정된다.

촉탁에 의한 등기절차는 법률에 다른 규정이 없는 한 신청으로 하는 등기규정을 준용한다.

2) 출석주의

등기는 신청인 또는 대리인이 등기소에 출석하여 신청하여야 하고, 우편에 의한 신청은 인정되지 않는다.

대리인이 법무사 또는 변호사인 경우에는 지방법원장으로부터 허가를 받은 "사무인 1인"이 등기소에 출석하여 등기신청서를 제출할 수 있다.

다만, 관공서가 등기를 촉탁하는 경우에는 출석을 요하지 아니하므로 우편에 의한 등기촉탁도 할 수 있다.

3) 공동신청의 원칙

등기는 등기권리자와 등기의무자가 공동으로 신청하여야 한다. 이를「공동신청의 원칙」이라고 한다. 이는 등기의무자를 참여시킴으로써 "등기의 진정"을 보장하기 위한 것이다.

「등기권리자」는 등기가 실행됨으로써 등기부상 이익을 받는 자이고,「등기의무자」는 등기가 실행됨으로써 등기부상 불이익을 받는 자이다.

저당권자는 저당권설정등기에서는 등기권리자이나, 저당권말소등기에서는 등기의무자이다.

4) 단독신청의 경우

등기신청은 공동신청이 원칙이나, 공동신청에 의하지 않더라도 등기의 진정을 꾀할 수 있는 다음의 경우에는 예외적으로 단독신청이 인정된다.

① 판결의 의한 등기

승소한 등기권리자 또는 등기의무자는 판결정본과 그 확정증명을 첨부하여 단독으로 등기신청을 할 수 있다.

② 상속에 의한 등기

등기권리자인 상속인이 호적등본, 제적등본 등 상속을 증명하는 서면을 첨부하여 단독으로 등기신청할 수 있다.

③ 소유권보존등기 등

미등기부동산의 소유권보존등기, 등기명의인표시변경등기 등은 등기의 성질상 등기의무자가 없으므로 실체법상의 권리자 또는 등기명의인이 단독으로 등기신청한다.

9. 등기신청서의 작성

등기신청서의 작성요령

1) 기재문자

"한글"과 "아라비아숫자"로 기재한다.

외국의 국호, 지명과 외국인의 성명, 명칭, 상호를 "한글"로 표기함에 있어서는 교육부가 고시하는 「외래어표기법」에 의함을 원칙으로 한다.

등기의무자의 성명이 등기부에 한자로 기재되어 있는 경우에는, 등기신청서의 등기의무자란에 한글과 한자를 함께 기재한다.

2) 소재지 및 주소

부동산 소재지 중 행정구역표시는 그 명칭대로 기재하여야 한다. 따라서 서울특별시를 서울로, 부산광역시를 부산으로 약기(略記)하여서는 아니 된다. 또한 지번의 "번지"라는 문자를 사용함이 없이 "108" 또는 "108-1"과 같이 기재한다.

등기명의인의 주소는, 서울특별시는 "서울"로, 부산광역시는 "부산"으로 (다른 광역시도 이와 같음) 약기(略記)하고, 그외 다른 시는 행정구역 명칭대로 "전주시", "평택시"와 같이 기재하며, "번지"라는 문자는 생략한다.

3) 면적

계량법에 의한 면적의 표시는 제곱미터의 약호인 "㎡"를 사용하고, 소숫점 이하의 면적표시는 "67.07㎡"와 같이 기재한다.
"건평" 또는 "면적"이라는 표시는 생략한다.

4) 연월일

서기연대로 기재하며, "서기"라는 연호를 생략하고, "2001년 3월 3일"과 같이 기재한다.

5) 외국인의 성명과 국적

외국인의 성명 등이 원래 한자로 표기하는 것일 때에는 등기신청서에는 그 한자 및 한글발음을 함께 기재하고, 외국인의 성명을 기재함에 있어서는 아래 예시와 같이 그 "국적(國籍)"을 병기한다.

〈예 시〉
일본국인 다나까 가즈오 또는 일본국인 田中和夫
미합중국인 헨리키신저
영국인 토마스 윌슨

6) 건물의 표시

건물을 표시할 때에는, 종전 용어는 다음과 같이 한글화된 용어로 고쳐쓴다.

순위 \ 구분	종전용어	한글화용어
1	즙(葺)	지붕
2	초즙(草葺)	초가지붕
3	와즙(瓦葺)	기와지붕
4	즙환(葺換)	지붕바꿈
5	도단즙(鍍丹葺)	함석지붕
6	평옥개(平屋蓋) 육옥근(陸屋根) 스라브즙	슬래브지붕
7	물치(物置) 납옥(納屋) 납가(納家)	광
8	연와(煉瓦)	벽돌
9	시멘트블럭 시멘트브럭크 시멘트부록	시멘트블록

10. 등기신청에 필요한 서면

등기신청서에는 어떤 서류를 첨부하는가?

등기를 신청하려면 서면으로 소정양식의 「등기신청서」를 제출하고, 다음의 서류를 첨부 한다.

① 매매계약서(검인계약서) 또는 신청서 부본

등기원인을 증명하는 서면으로 매매계약서, 저당권설정계약서 등을 첨부하고, 계약을 원인으로 하는 소유권이전등기를 신청할 때에는 계약서 또는 판결서에 시장 또는 구청장의 "검인(檢印)"을 받는다.

등기원인증서를 제출할 수 없는 때에는 「신청서 부본」을 대신 제출한다.

② 등기필증 또는 확인서면

등기의무자의 권리에 관한 등기필증을 첨부하고, 만일 이를 제출할 수 없는 때에는 법무사나 변호사가 작성한 「확인서면」을 대신 제출한다.

③ 농지취득자격증명

등기원인에 대하여 제3자의 허가, 동의 또는 승낙을 요할 때에는 이를 증명하는 서면으로 농지취득자격증명, 토지거래허가증 등을 첨부한다.

④ 위임장

대리인에 의하여 등기를 신청할 때에는 그 권한을 증명하는 서면으로 위임장, 호적등본 등을 첨부한다.

⑤ 주민등록등본

소유권의 보존 또는 이전의 등기를 신청하는 경우에는, 신청인의 주소를 증명하는 서면으로 주민등록등본을 첨부한다.

⑥ 부동산등기용 등록번호증명서

법인이 등기권리자인 경우에는 법인등기부등본 또는 초본, 법인아닌 사단이나 재단 또는 외국인이 등기권리자인 경우에는 부동산등기용 등록번호증명서를 첨부한다.

⑦ 토지대장등본 또는 건축물대장등본

소유권이전등기를 신청하는 경우에는 토지대장, 임야대장, 건축물대장의 등본 기타 부동산의 표시를 증명하는 서면을 첨부한다.

⑧ 부동산양도신고확인서

매매, 교환, 경매 등으로 인한 소유권이전등기를 신청하는 경우에는 세무서장이 발급한 부동산양도신고확인서를 첨부한다. 다만, "법인"이 양도하거나 "3년간 보유한 주택"과 "8년간 보유한 농지"는 이를 첨부할 필요가 없다.

● 인감증명은 모든 등기신청에 필요한가?

등기의무자의 인감증명은 모든 등기신청에 필요한 것이 아니고, ① 소유자가 등기의무자인 때, ② 가등기를 말소할 때, ③ 소유권 이외의 권리자가 등기의무자인 경우에는 등기필증이 없는 때만 첨부한다.

11. 상속등기와 상속인에 의한 등기

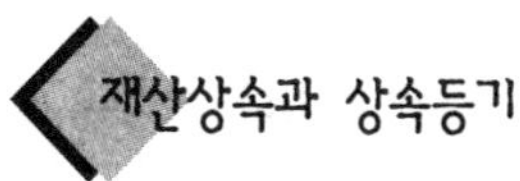

재산상속과 상속등기

1) 호주상속, 유산상속, 재산상속, 상속

호주가 1959. 12. 31 이전에 사망한 경우라면 「호주상속」하고, 호주아닌 자가 사망했다면 「유산상속」하며, 1960. 1. 1부터 1990. 12. 31사이에 사망했다면 「재산상속」하고, 그 이후에 사망하면 「상속」한다.

1990. 1. 13. 민법이 개정되어 1991. 1. 1.부터 시행됨으로써 1991. 1. 1.부터 호주상속은 호주승계로 바뀌었으므로 상속이라 함은 재산상속만을 뜻한다.

2) 상속순위와 상속분

상속순위는 다음과 같다.

① 제 1순위 : 배우자와 직계비속
② 제 2순위 : 배우자와 직계존속
③ 제 3순위 : 형제자매
④ 제 4순위 : 4촌 이내의 방계혈족

상속분은 배우자만 "5할"을 가산하고, 직계비속은 남자든 여자든, 장남이든 차남이든, 출가녀든 아니든 모두 똑같은 비율로 나눈다(균분상속).

3) 상속재산분할협의서

어느 부동산을 상속인 중 1인에게 상속케하려면 상속인 전원의 인감증명서를 첨부한「분할협의서」를 작성한다.

상속재산의 분할은 상속개시된 때에 소급하여 그 효력이 있다. 그러나 제3자의 권리를 해하지 못한다.

법정상속분에 의한 상속등기를 한 후에도 협의분할을 할 수 있고, 이 경우에는 "소유권경정등기"로 한다.

4) 상속인에 의한 등기

「상속등기」와「상속인에 의한 등기」는 구별된다.

「상속등기」는 등기원인이 "상속"이나,「상속인에 의한 등기」는 등기원인이 상속이 아니고 그 밖의 "어떤 등기원인"이다.

예컨대, 갑 소유의 부동산에 관하여 갑·을 사이에 매매계약이 체결되었으나, 소유권이전등기를 아직 하지 않고 있는 동안에 갑이 사망하여 병이 상속한 경우에는, 병·을의 공동신청으로 갑·을의 매매를 등기원인으로 하는 "갑으로부터의 을로의 소유권이전등기"를 신청한다. 이른바「상속인에 의한 등기」이다.

12. 등기신청의 보정

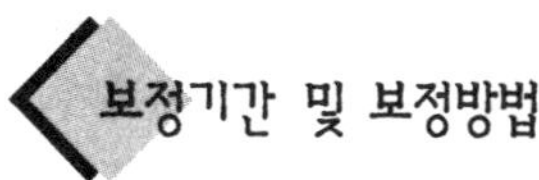 보정기간 및 보정방법

1) 보정통지

등기관이 등기신청을 조사한 결과 보정이 없으면 등기신청을 각하할 수밖에 없는 흠결사항이 있고 그것이 당일 보정할 수 있는 것인 때에는 보정할 사항을 신청서에 부전하여 보정을 하게 된다.

보정통지는 보정할 사항을 구체적으로 지적하여 제시하고 그 근거법령이나 예규 등을 제시하여 보정통지대장에 기재한 후 소장의 책임하에 구두 또는 전화나 모사전송의 방법에 의한다.

2) 보정기간

신청인은 당일 흠결사항을 보정할 수 있는데, 여기서 「당일(當日)」이라 함은 다음 날 근무일까지로 해석한다.

3) 보정방법

흠결보정을 위하여 신청서와 그 부속서류를 반환할 수 없으므로, 당사자 또는 그 대리인 본인이 직접 등기소에 출석하여 등기관의 면전에서 날인, 기재정정 등 필요한 보정을 한다.

흠결보정은 대리인의 사무원 (허가받은 사무원 포함)이 이를 할 수 없다.

4) 보정을 명할 의무

등기관이 흠결사항의 보정을 명할 의무가 있는가이다.

등기관이 등기신청서류를 심사하여 흠결을 발견하였을 때에는, 이를 보정하도록 당사자에게 권장함이 바람직한 일이나, 법률상 보정명령을 하거나 석명할 의무를 지니고 있다고는 할 수 없다.

당일 보정이 불가능하거나 보정기간내에 보정하지 않으면 등기신청을 각하하여야 하나, 신청인의 편의를 위하여 취하를 권고함이 타당하다.

13. 등기신청의 취하

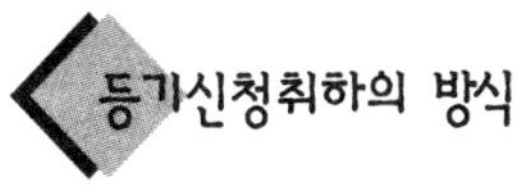

등기신청취하의 방식

1) 등기신청을 취하할 수 있는 자

등기신청인 또는 그 대리인은 등기신청을 취하할 수 있다. 다만, 등기신청 대리인이 등기신청을 취하하는 경우에는 취하에 관한 "특별수권(特別授權)"이 있어야 한다.

등기신청이 등기권리자와 등기의무자의 공동신청에 의한 경우에는, 그 취하도 등기권리자와 등기의무자가 공동으로 하여야 하고 등기권리자 또는 등기의무자의 어느 한쪽만에 의하여 취하할 수 없다.

2) 등기신청취하의 시기

등기신청은 언제까지 취하할 수 있는가이다.

등기는 등기관이 등기부에 기입한 후에 날인함으로써 등기가 완료되는 것이므로, 등기신청은 "교합(校合)" 전까지는 언제든지 취하할 수 있다.

등기부 기입후 교합인 날인 전에 취하된 경우에는, 그 등기부의 기재는 오기(誤記)로 처리한다.

3) 등기신청취하의 방식

등기신청의 취하는 "서면"으로 하여야 하며,「취하서」에는 ① 부동산의 표시, ② 신청인(등기의무자와 등기권리자의 성명, 주민등록번호 및 주소), ③ 등기의 목적, ④ 접수연월일 및 번호, ⑤ 취하의 취지, ⑥ 연월일, ⑦ 기명날인, ⑧ 등기소를 기재한다.

4) 등기신청의 일부 취하

여러 개의 부동산에 관한 등기신청을 일괄하여 동일한 신청서에 의하여 한 경우 그 중 일부 부동산에 대하여만 등기신청을 취하할 수 있다.

등기관은 부동산등기신청서접수장의 비고란에 「일부 취하」라고 주서하고, 등기신청서의 부동산표시란 중 취하되는 부동산의 표시 좌측에 「취하」라고 주서한 다음 취하서를 등기신청서에 합철한다. 이 경우 등기신청서 그 부속서류의 기재사항 중 취하된 부동산에 관련된 사항은 이를 정정, 보정케 한다.

5) 신청서류의 환부

등기신청의 취하서가 제출된 때에는 기타 문서접수장에 접수한 다음 부동산등기신청서접수장 비고란에 「취하」라고 주서하고, 등기신청서에 기재한 접수인을 주말하여 그 등기신청서와 그 부속서류를 신청인 또는 그 대리인에게 "환부"한다.

환부에 있어서 「취하」와 「각하」의 다른 점은, 취하는 등기신청서와 그 부속서류 모두를 환부하는데 대하여, 각하는 등기신청서는 환부하지 않고 그 부속서류만 환부한다.

14. 등기신청의 각하

등기신청에 다음의 흠결이 있는 때에는, 등기관은 그 흠결이 "당일 보정된 경우"를 제외하고는 그 신청을 「각하(却下)」하여야 한다.

① 사건이 그 등기소의 관할에 속하지 아니한 때

부동산 소재지를 관할하는 등기소가 관할하는데, 관할위반이 있는 경우이다.

② 사건이 등기할 것이 아닌 때

등기신청이 그 신청취지 자체에 의하여 법률상 허용할 수 없음이 명백한 경우이다.

③ 당사자 또는 대리인이 출석하지 아니한 때

출석주의에 위반한 경우이다.

④ 신청서가 방식에 적합하지 아니한 때

요식주의에 위반한 경우이다.

⑤ 신청서에 기재된 부동산 또는 등기의 목적인 권리의 표시가 등기부와 저촉되는 때

부동산표시 등이 등기부와 저촉된 경우이다.

⑥ 제47조(상속인의 신청)의 서면을 제출하는 경우를 제외하고는 신청서에 기재한 등기의무자의 표시가 등기부와 부합하지 아니한 때

등기의무자가 등기부와 부합하지 아니한 경우이다.

⑦ 신청서에 기재된 사항이 등기원인을 증명하는 서면과 부합하지 아니한 때

등기원인증서가 신청서와 부합하지 아니한 경우이다.

⑧ 신청서에 필요한 서면 또는 도면을 첨부하지 아니한 때

첨부서면을 첨부하지 아니한 경우이다.

⑨ 등록세 또는 제27조 제3항의 규정에 의한 수수료 (등기신청수수료)를 납부하지 아니하거나 등기신청과 관련하여 다른 법률에 의하여 부과된 의무를 이행하지 아니한 때

등록세 · 교육세 · 인지세 및 등기신청수수료를 미납하거나 국민주택채권 매입의무를 이행하지 아니한 경우이다.

⑩ 제90조 (토지의 멸실 기타), 제101조 (건물의 표시 및 대지권의 변경), 제130조 제1호 (토지의 보존등기) 또는 제131조 제1호(건물의 보존등기)의 규정에 의하여 등기를 신청하는 경우에 신청서에 기재한 사항이 토지대장 · 임야대장 또는 건축물대장과 부합하지 아니한 때

보존 또는 부동산변경등기에 대장이 신청서와 부합하지 아니한 경우이다.

⑪ 등기의 신청이 법 제56조 (등기부와 대장의 표시의 불일치)의규정에 위반한 때

대장이 등기부와 일치하지 아니한 경우이다.

⑫ 1동의 건물을 구분한 건물의 등기신청에 있어서는 그 구분소유권의 목적인 건물의 표시에 관한 사항이 등기관의 조사결과 집합건물의소유및관리에관한법률 제1조 (건물의 구분소유)에 부합하지 아니한 때

구분건물의 요건이 불비한 경우이다.

⑬ 등기의 신청이 제 170조 제 4항 (예고등기의 말소)의 규정에 위반한 때 예고등기말소 후에 판결에 의한 등기신청을 한 경우이다.

● 첨부서류의 환부

각하결정을 한 때에는 등기신청서 이외의 첨부서류 (등록세영수필확인서 및 국민주택채권매입필증 포함)을 모두 "환부"한다.

I5. 등기의 기입(記入)

등기의 기입순서 및 정정

1) 등기기입은 어떤 뜻이 있는가?

등기관은 등기신청에 대한 조사결과 각하사유가 없을 때에는 등기부에 "기입"한다. 이른바 「등기관의 수리처분」이다.

그런데 등기는 제3자에게 공시(公示)하기 위한 것이므로 등기부에 기재되지 않으면 효력이 없다. 따라서 등기신청이 수리되고 등기필증까지 교부되었다 하더라도 어떤 이유이든 현실적으로 등기부에 기재되지 않으면 등기가 있다고 할 수 없다.

한편 등기부에 기재되어 있으면 비록 절차상의 하자가 있다 하더라도 그것이 실체관계에 부합하는 한 유효한 등기로서 등기부에 기재된 대로 효력이 발생한다.

2) 등기는 어떤 순서로 기입하는가?

등기의 기입은 등기신청의 "접수번호의 순서"에 따라 기입한다.

그것은 같은 부동산에 관하여 등기가 경합될 경우에는 그 기입의 전후에 의하여 효력이 좌우되기 때문이다.

등기신청의 접수순위는 등기관이 등기신청서를 받았을 때를 기준으로 하고 같은 부동산에 관하여 동시에 여러 개의 등기신청이 있는 때에는 같은 접수번호를 기재하여 같은 순위로 등기한다.

만일 등기관이 착오로 인하여 접수번호의 선후를 바꾸어 등기를 실행하였다면, 그 등기된 순서에 따라 효력이 발생하고 선순위등기를 직권말소할 수도 없다.

3) 잘못된 등기기재는 어떻게 바로 잡는가?

등기를 기입할 때에는 자획을 명료히 하여야 하고 문자는 이를 변개할 수 없다.

만일 정정·삽입 또는 삭제할 때에는 그 자수(字數)를 "난외"에 기입하며 문자의 전후에 "괄호"를 부하고 이에 "날인"하여야 한다. 삭제문자는 이를 "해독"할 수 있게 자체를 남겨두어야 한다.

4) 어떤 경우에 붉은 선으로 지우는가?

등기부에 기입하는 외에 이에 수반하여 기존 등기사항을 주말(朱抹) 즉 붉은 선으로 지우는 경우가 있다.

변경·경정의 등기를 한 때의 "변경·경정 전의 사항", 말소등기를 한 때의 "말소할 등기사항", 소유권 이외의 권리의 이전등기를 한 때의 "종전 권리자" 등을 붉은 선으로 지운다.

붉은 선으로 지우는 방법은, 각 행(各行)에 대하여 각각하는 것을 원칙으로하나, 그 등기사항을 전부 붉은 선으로 지울 경우에는 붉은 선을 교차(交叉)하여 지워도 무방하다.

잘못 지운 경우에는, 종전에는 「주말오기」라고 난외에 기재하거나 그 뜻의 부전을 붙였으나, 지금은 잘못 지운 사항을 다시 기재하고 주말오기로 인하여 다시 기재한 뜻을 부기한다.

16. 이기(移記)와 전사(轉寫)

등기의 이기 · 전사의 차이점

1) 등기의 이기는 어느 경우에 하는가?

등기용지의 매수과다(枚數過多)로 인하여 취급이 불편하게 된 때에는, 그 등기를 신등기용지에 「이기」할 수 있다. 표제부 또는 각 구의 매수가 지나치게 많음으로 인하여 취급이 불편하게 된 경우에도 이를 준용한다.

이기는 그 외에도, 관할전속으로 인한 이기, 등기부멸실우려로 인한 이기, 토지분필등기의 이기(표제부), 토지합필등기의 이기, 건물분할 또는 구분등기의 이기(표제부), 건물합병등기의 이기, 폐쇄등기에 대한 예고등기를 위한 이기 등이 있다.

2) 등기의 전사는 어느 경우에 하는가?

토지분필등기나 건물분할 또는 구분등기를 하는 때에는, 분필 · 분할 · 구분하는 등기용지의 갑구 및 을구사항란에, 소유권 및 소유권 이외의 권리에 관한 등기를 「전사」한다.

3) 이기와 전사는 어떻게 다른가?

등기를 이기 또는 전사하는 경우에는, "현재 효력있는 등기"만을 이기 또는 전사한다. 다만, 토지 중 일부에 관한 등기의 말소 또는 회복을 위하여 분필의 등기를 하는 때에는 그 등기의 말소 또는 회복에 필요한 범위내에서 그 부분에 관한 소유권 기타의 권리에 관한 등기를 모두 전사한다.

이기와 전사는 다 같이 등기사항을 다른 등기용지에 옮겨 적는 점에서는 동일하나, 이기한 등기는 전 등기용지의 등기와 "관련성"을 가지지 아니함에 반하여, 전사한 등기는 전 등기용지의 등기와 "관련성"을 가지며 또 이기 후의 종전 용지는 대개의 경우 "폐쇄"되는 점이 서로 다르다.

17. 등기의 기재사항

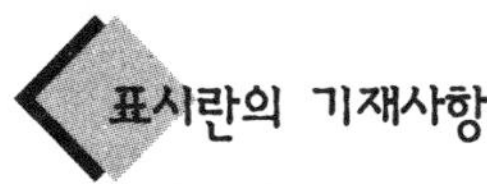 **표시란의 기재사항**

1) 표시란의 기재

등기용지 중 「표시란」에는 다음 사항을 기재한다.

① 신청서접수의 연월일

② 신청서에 기재된 사항으로서 부동산의 표시에 관한 사항

토지는 소재와 지번, 지목과 면적을 기재하고, 건물은 소재와 지번, 그 종류, 구조와 면적을 기재하고 1필지 또는 여러 필지상에 여러 개의 건물이 있는 때에는 그 번호를 기재한다.

③ 대위신청에 의하여 표시란에 등기를 하는 때에는, 채권자의 표시와 대위원인

④ 신청서에 건물도면을 첨부한 때에는 도면편철장의 책수와 면수

2) 구분건물의 표시란의 기재

구분건물은 표제부를 「1동의 건물의 표제부」와 「전유부분의 표제부」의 2개를 두고, 「구분건물의 표시란」에는 일반건물의 표시란의 기재사항 이외에 다음 사항을 기재한다.

① 구분건물의 대지권(垈地權)이 있는 때에는, 그 권리의 표시에 관한 사

항

1동 건물의 표제부에 우측 표시란에 "대지권의 목적인 토지의 표시"를, 전유부분의 표제부의 우측 표시란에 "대지권의 표시"를 각 기재한다.

대지권의 표시는, 대지권의 목적인 토지의 표시(일련번호를 기재), 대지권의 종류, 비율, 등기원인 및 그 연월일과 등기연월일을 기재한다.

② 대지권의 목적인 권리의 토지등기부에 별도의 등기가 있는 때에는 그 뜻

별도 등기의 효력이, 구분소유자 전부에 미치는 경우에는 「1동건물의 표제부」에, 특정구분소유자에게 미치는 경우에는 「전유부분의 표제부」에 각 기재한다.

③ 구분건물의 공용부분인 경우에는 그 뜻을 기재한다.

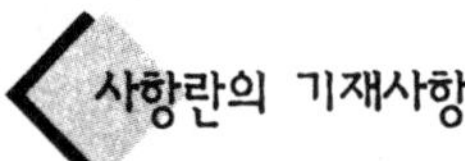

사항란의 기재사항

1) 사항란의 기재

등기용지 중 「사항란」에는 다음 사항을 기재한다.

① 신청서접수의 연월일
② 접수번호
③ 등기권리자의 표시

개인인 경우에는 주민등록번호, 법인 등인 경우에는 부동산등기용등록번호, 법인아닌 사단 또는 재단인 경우에는 부동산등기용등록번호 외에 그 대표자나 관리인의 성명·주소·주민등록번호를 병기한다.

④ 등기원인과 그 연월일

⑤ 등기의 목적 기타 신청서에 기재된 사항으로서 등기할 권리에 관한 사항

공유지분, 합유인 뜻, 저당권의 채권액, 이자 등에 관한 사항 등을 기재한다.

⑥ 대위신청에 의한 등기를 하는 때에는 채권자의 표시와 대위원인

2) 구분건물의 사항란의 기재

등기용지 중「구분건물의 사항란」에서는 일반건물의 표시란의 기재사항 외에 다음 사항을 기재한다.

① 구분건물로서 그 등기가 건물만에 관한 것인 때에는 그 취지
② 대지권의 목적인 토지의 등기용지에는 대지권인 취지

18. 교합(校合)

교합의 의미와 교합인 날인

1) 교합이란 무엇인가?

교합은 등기관이 등기부에 기재된 사항이 정확한 것임을 최종적으로 확인한 후 기재말미에 날인하는 것을 말한다.

등기관이 교합함으로써 등기는 "완료"되고 일반에게 "공시"하게 된다.

전산정보처리조직에 의하여 등기사무를 처리하는 경우에는, 등기관이 교합인을 날인하는 대신 등기사무를 처리한 등기관을 나타내는 조치를 취함으로써 교합에 갈음하는데 이 경우에는 각 등기관은 미리 부여받은 식별부호를 기록하는 방법에 의한다.

교합 후에는 등기신청을 "취하"할 수 없고, 또 기재에 잘못이 있다 하더라도 "자구정정"의 방법에 의하여 정정할 수 없다.

2) 교합인은 어디에 날인하는가?

교합인은 종전에는 등기사항의 첫머리에 날인하였으나, 등기관이 기재사항을 확인한 다음에 날인하라는 뜻에서 등기사항 말미에 날인하도록 변경되었다.

교합인은 등기사항 말미에 기재문자와 겹치지 않도록 날인하며, 사항란 말미에 교합인을 날인할 여백이 없는 때에는 그 등기사항의 적당한 여백에 날인한다.

이기 또는 전사사유 등을 표시란 또는 사항란에 횡선을 친 후 부기할 때에는 그 부기의 말미에 날인한다.

3) 교합인이 누락되면 등기는 효력이 없는가?

교합인이 누락되었다고하여 등기가 "무효"가 되는 것은 아니다.

등기기입 후 마땅히 날인하였어야 할 시기가 경과한 뒤 교합인이 누락되었음을 발견한 때에는, 등기관은 보존중인 신청서 등에 의하여 그 기재사항을 확인하고 "날인"하여야 한다.

그러나 등기사건을 처리한 등기관이 전근 등 사유로 날인할 수 없는 때에는, 후임 등기관이 위와 같은 방법에 의하여 확인한 후 날인하고 난외에 날인누락으로 인하여 대신 날인한 뜻과 그 연월일을 기재한다.

19. 등기완료 후의 절차

등기필증의 교부와 등기필 통지

1) 등기필증의 교부

등기가 완료된 때에는 등기관은 「등기필증」을 "등기권리자"에게 교부한다.

등기필증은 등기완료증명서로 등기신청서에 첨부된 "등기원인증서" 또는 "등기신청서부본"에 신청서접수의 연월일과 접수번호·순위번호와 등기필의 뜻을 기재하고 등기소인을 찍어 작성한다.

2) 구등기필증의 반환

등기가 완료된 때에는 등기관은 「구 등기필증」을 "등기의무자"에게 반환한다.

신청서에 첨부한 등기의무자의 권리에 관한 "등기필증 (구 등기필증)"이나 "확인서면" 중 1통에 등기필의 뜻을 기재하고 등기소인을 찍어 이를 반환 또는 교부한다. 등기명의인이 2인 이상인 경우에 그 일부가 등기의무자인 때에는 등기의무자의 성명도 기재한다.

3) 등기필 통지

등기관은 다음의 등기를 한 때에는 "7일 이내"에 "지적공부 소관청" 또는

"건축물대장 소관청"에 「등기필 통지」를 한다.

① 소유권의 보존 또는 이전
② 소유권의 등기명의인 표시의 변경 또는 경정
③ 소유권의 변경 또는 경정
④ 소유권의 말소 또는 말소회복

등기필 통지는 "신청서 부본"에 신청서의 접수연월일 및 접수번호와 등기필 통지의 뜻을 부기하고 직인을 찍는다.

동일한 신청서에 의하여 토지와 건물에 관한 등기신청이 있는 경우에는 토지등기필 통지와 건물등기필 통지를 따로 하지 않고 등기필 통지 1통만 한다.

과세자료의 송부

등기관은 소유권의 보존 또는 이전의 등기(가등기 포함)를 한 때에는 "10일 이내"에 부동산 소재지를 관할하는 "세무서장"에게 「과세자료」를 송부한다.

과세자료 송부는 "신청서 부본"(등기의무자의 권리취득연월일과 부동산 과세시가표준액 기재)에 신청서의 접수연월일과 접수번호를 부기하고 다음 서류를 첨부한다.

① 토지대장등본 또는 건축물대장등본
② 등기권리자 및 등기의무자의 주민등록등본

③ 계약을 원인으로 한 소유권이전등기를 한 경우에는 검인된 계약서 또는 판결문 등 사본

④ 등기신청서에 부동산양도신고확인서를 첨부할 경우에는 그 사본

이 경우에는 토지대장등본 또는 건축물대장등본은 첨부할 필요가 없다.

다만, 전산이기작업이 완료된 지정등기소에서는 전산정보처리조직에 의하여 과세정보연계시스템에 전송하는 방식으로 과세자료를 송부한다. 따라서 이 경우의 신청인은 등기신청서에 "과세자료송부용 신청서 부본"을 제출할 필요가 없다.

● 각종 통지

등기관이 등기를 완료한 때에는 그 등기의 종류에 따라 다음과 같이 「각종 통지」를 한다.

① 대지권등기 통지서
② 등기의무자에 의한 등기필 통지서
③ 대위등기필 통지서
④ 직권에 의한 등기필 통지서
⑤ 확인서(공증서)에 의한 등기필 통지서
⑥ 경정등기 통지서

20. 등기관의 처분에 대한 이의

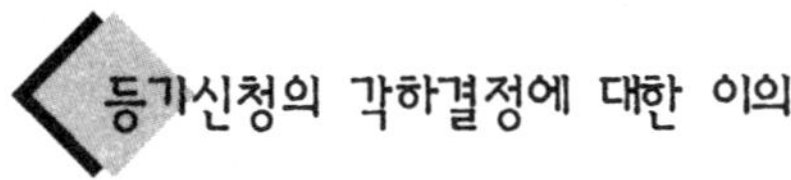

1) 각하결정에 대하여 불복할 수 있는가?

등기관의 결정 또는 처분을 부당하다고 하는 자는 관할법원에 「이의신청(異議申請)」을 할 수 있다.

등기신청의 각하결정에 대하여는 언제나 이의신청할 수 있으나 등기신청의 수리처분(등기실행)에 대하여는 법 제55조 제1호 또는 제2호에 해당하는 경우에만 이의신청할 수 있다.

이의신청을 할 기간은 정함이 없으므로 이의의 이익이 있는 한 언제라도 이의신청할 수 있다.

2) 등기관은 이의에 대하여 어떠한 조치를 하는가?

등기신청의 각하결정에 대한 이의가 이유있다고 인정하는 경우에는 등기를 "실행"하고, 이의가 이유없다고 인정하는 경우에는 3일 이내에 의견서를 첨부하여 이의신청서를 관할지방법원에 "송부"한다.

등기신청의 수리처분에 대한 이의가 이유있다고 인정하는 경우에는, 법 제55조 제 1호 또는 제2호의 사유는 "직권말소"하고, 법 제55조 제3호 이하의 사유와 이의가 이유없다고 인정하는 경우에는 이의가 있다는 취지의 「부기등기」를 하고 등기상 이해관계인에게 통지한 후 3일 이내에 의견서를 첨부하여 이의신청서를 관할지방법원에 "송부"한다.

3) 관할지방법원은 이의에 대하여 어떠한 조치를 하는가?

이의신청서를 받은 관할지방법원은 이의가 이유있다고 인정하는 경우에는 "상당한 처분"을 명하고, 이의가 이유없다고 인정하는 경우에는 이의신청을 "기각"한다.

이의를 구하는 사유가 급속을 요하여 이의에 대한 결정을 기다려서는 이의신청인에게 회복할 수 없는 손해를 입힐 염려가 있는 때에는, 이의는 집행정지의 효력이 없기 때문에 관할지방법원은 이의에 대하여 결정하기 전에 등기관에게 「가등기」를 명할 수 있다.

● 관할지방법원의 결정에 대하여 불복할 수 있는가?

관할지방법원의 결정에 대하여 불복이 있는 자는 비송사건절차법에 의하여 「항고(抗告)」할 수 있고, 항고법원의 결정에 대하여 불복이 있는 자는 대법원에 「재항고(再抗告)」할 수 있다.

제 2 편
사례별 질의회답 및 해설

가등기에 터잡아 본등기를 한 경우의 중간처분등기의 말소

> **Q** 가등기 후에 경료된 제3자의 소유권이전등기는 가등기에 터잡아 본등기를 하면 등기관이 직권으로 말소하는가?
>
> **A** 가등기 후의 소유권이전등기는 가등기에 터잡은 본등기와 양립할 수 없고 본등기보다 후순위이므로 등기관이 직권말소한다.

1. 가등기(假登記) 이후 본등기(本登記)를 하기까지 사이에 경료된 제3자의 권리취득의 등기는 이른바 「중간처분의 등기」로서 본등기를 한 때에 "직권말소"한다(대법원 1962. 12. 24. 4294민재항 676 전원합의체 결정).

중간처분의 등기를 직권말소하는 이유는, 중간처분의 등기가 본등기와 양립할 수 없고, 본등기가 선순위가 되므로 결국 후순위가 된 중간처분의 등기는 "사건이 등기할 것이 아닌 때"에 해당되기 때문이다(부동산등기법 제55조 제2호).

2. 중간처분의 등기를 직권말소하는 방법은 (1) 먼저 등기관이 등기권리자·등기의무자와 등기상 이해관계있는 제3자에 대하여 1개월 이내의 기간을 정하여 그 기간내에 이의를 진술하지 아니하면 등기를 말소한다는 "통지"를 하고 (동법 제175조), (2) 다음, 이의를 진술한 자가 없거나 이의를 각하한 때에는 등기관은 직권으로 중간처분의 등기를 "말소"한다(동법 제177조).

3. 직권말소하는 중간처분의 등기는 본등기와 "양립할 수 없는 등기"에 한하므로, 가등기가 소유권이전등기가 아니고 저당권설정등기인 경우에는 중간처분의 등기는 직권말소하지 않으며, 용익물권 및 임차권설정등기인 경우

에는 중간처분의 등기중 용익물권 및 임차권설정등기만 직권말소하고 그 이외의 중간처분의 등기는 직권말소할 수 없다 (1997. 11. 21 등기예규 제897호).

4. 소유권이전등기청구권보전가등기에 기한 본등기를 한 경우에, 중간처분등기를 "직권말소하여야 할 경우"와 "직권말소할 수 없는 경우"를 대비하면 다음 표와 같다.

가등기에 터잡아 본등기를 한 경우의 중간처분등기의 말소 여부 대비표

1997. 11. 21 등기예규 제897호
개정 1998. 6. 5 등기예규 제936호
개정 1998. 10. 13 등기예규 제949호

직권말소하여야 할 경우	직권말소할 수 없는 경우
1. 가등기 후의 "소유권이전등기"	1. "가등기전"의 모든 등기(중간처분등기가 아님)
2. 가등기 후의 "가등기"	
3. 가등기 후의 "저당권등 제한물권의 설정등기"	2. 가등기 후의 가압류등기라도 "당해 가등기상의 권리"를 목적으로 하는 가압류등기(대법원 1998. 8. 21. 선고, 96다 29564 판결)
4. 가등기 후의 "임차권설정등기"	
5. 가등기 후의 "가압류등기" (다만, 당해 가등기상의 권리를 목적으로 하는 가압류 제외)	3. 가등기 후의 가처분등기라도 "당해 가등기상의 권리"를 목적으로 하는 처분금지가처분등기
6. 가등기 후의 "가처분등기" (다만, 당해 가등기상의 권리를 목적으로 하는 가처분 제외)	4. 가등기 후의 경매신청등기라도 "가등기전의 저당권(담보가등기, 전세권)

7. 가등기 후의 "경매신청등기" (다 만, 가등기전의 저당권, 가압류에 기한 경매신청등기 제외)	또는 가압류"에 기한 경매신청등기
8. 가등기의무자의 사망으로 인한 "상속등기"	5. 가등기 후의 경매신청등기라도 "가등기전의 저당권(가압류)"이 있고 경락대금을 "완납"한 경우의 경매신청등기
9. 가등기 후의 등기의 "말소예고등기" (다만, 당해 가등기 및 가등기전의 등기의 말소예고등기는 제외)	6. 가등기 후의 예고등기라도 "당해 가등기"의 말소예고등기
10. 가등기 후의 "압류등기" (다만, 담보가등기인 경우에는, 당해세인 때와 법정기일이 가등기보다 앞서거나 청산절차를 거치지 않고 본등기한 때에는 제외)	7. 가등기 후의 예고등기라도"가등기전의 등기"의 말소예고등기
	8. 가등기에 기한 본등기를 하였으나 가등기 후의 소유권이전등기를 직권말소하지 아니한 상태에서, 그 소유권이전등기를 기초로하여 "새로이 경료된 등기" (소유권이전등기 또는 제한물권 및 임차권설정등기)
	9. 가등기 후의 압류등기라도 그 가등기가 담보가등기인 경우에는 "당해세"의 체납처분에 의한 압류등기
	10. 가등기 후의 압류등기라도 그 가등기가 담보가등기인 경우에는 "법정기일"이 가등기보다 앞서거나 "청산절차"를 거치지 않고 본등기한 때의 압류등기

가처분등기 이후의 등기 말소

Q 가처분권리자가 본안에서 승소하여 소유권이전등기를 신청하는 경우에, 가처분등기 이후에 경료된 제3자명의의 소유권이전등기를 말소할 수 있는가?

A 가처분권리자는 승소판결에 의한 소유권이전등기신청과 동시에 제3자명의의 소유권이전등기도 단독으로 말소신청할 수 있다.

1. 가처분등기는, (1) 종전에는 "피보전권리(被保全權利)"를 등기부에 기재하지 아니하였으나, (2) 공시기능을 강화하기 위하여 1997. 9. 11부터 피보전권리"를 등기부에 기재한다 (1979. 9. 11 등기예규 제881호).

〈보기〉 소유권이전등기청구권, 소유권말소등기청구권, 근저당권설정등기청구권, 근저당권이전등기청구권 등

2. 가처분등기 이후에 경료된 등기는, 가처분의 처분금지효력으로 인하여 가처분권리자에게 대항할 수 없으므로 가처분권리자가 본안소송에서 승소판결을 얻어 피보전권리를 실행할 때에는 가처분권리자의 "단독신청"에 의하여 이를 말소한다.

위와 같이 가처분권리자의 단독신청에 의하여 말소할 수 있는 등기는, 가처분등기 이후에 경료된 소유권이전등기, 소유권 이외의 권리에 관한 등기, 가등기, 가압류등기, 가처분등기, 경매신청등기, 압류등기 등이다.

다만, 당해 가처분등기는 그 가처분말소에 관한여 이익을 갖는 자가 집행법원에 가처분의 목적달성을 이유로 가처분등기의 말소촉탁을 신청하여 그 신청에 기한 집행법원의 "말소촉탁"에 의하여 말소한다.

3. 피보전권리가 "소유권말소등기청구권"인 경우에는, (1) 가처분등기 이후의 소유권이전등기는, 승소판결에 의한 소유권말소등기신청과 동시에 하는 가처분권리자의 "말소신청"에 의하여 말소하고, (2) 가처분등기 이후의 소유권이전등기 이외의 등기 및 당해 가처분등기는, 승소판결에 의한 소유권말소등기신청이 있으면 등기관은 "직권말소"한다 (부동산등기법 제172조, 1997. 9. 11 등기예규 제882호).

4. 가처분권리자의 승소판결에 의하여 피보전권리를 실행하는 경우에, 가처분등기 이후의 등기 중 "말소할 수 있는 경우"와 "말소할 수 없는 경우"를 대비하면 다음 표와 같다.

가처분등기 이후의 등기의 말소 여부 대비표

1997. 9. 11 등기예규 제882호

피보전권리	말소할 수 있는 경우	말소할 수 없는 경우
승소판결에 의한「소유권이전등기」를 하는 경우	1. 가처분등기 이후에 경료된 제3자명의의「소유권이전등기」는, 승소판결에 의한 소유권이전등기신청과 함께 단독으로 그 "말소신청"도 동시에 하여 말소한다 (등기순서는, 제3자명의의 소유권이전등기를 먼저 말소하고, 다음에 가처분권리자의 소유권이전등기를 한다).	1. 가처분등기 이전에 경료된 「제3자명의의 등기」는 말소할 수 없다. 2. 가처분등기 이후에 경료된 제3자명의의 「소유권이전등기」라도, 가처분에 "우선"하는 「저당권」또는 「압류」에 기한 경매절차에서 "경락(낙찰)"을 원인으로 하여 이루어진 것인 때에는 말소할 수 없다 (이 경우에는 가처분권리

2. 가처분등기 이후에 경료된 제3자명의의「소유권이전등기 이외의 등기」(가등기, 소유권 이외의 권리에 관한 등기, 가압류등기, 가처분등기, 경매신청등기, 압류등기 등)는, 승소판결에 의한 소유권이전등기신청과 함께 단독으로 그 "말소신청"도 동시에 하여 말소한다 (다만, 동시에 말소신청하지 아니한 경우에는, 그 소유권이전등기가 가처분에 기한 것이라는 "소명자료"를 첨부하여 사후에 단독으로 "말소신청"하여 말소한다). 3.「당해 가처분등기」는, 그 가처분등기의 말소에 관하여 이익을 갖는자가 집행법원에 "가처분의 목적달성"을 이유로 한 가처분등기의 말소촉탁을 신청하여 그 신청에 기한 집행법원의 "말소촉탁"에 의하여 말소한다.	자의 승소판결에 의한 소유권이전등기를 할 수 없다). 3. 가처분등기 이후의 국세체납처분에 의한 「압류등기」나 그 압류등기에 기한 「공매로 인한 소유권이전등기」는, (1)종전에는 말소할 수 없었으나 (대법원 1987. 6. 23선고 86다카 2408판결), (2) 대법원의 "해석변경"으로 1993. 2. 19부터는 말소한다 (대법원 1993. 2. 19자 92마 903 전원합의체 결정, 1993. 3. 13 등기예규 제796호).
1. 가처분등기 이후에 경료된 제3자명의의「소유권이전등기」는, 승소판결에 의한 소유권말소	1. 가처분등기 이전에 경료된 「제3자명의의 등기」는 말소할 수 없다.

승소판결에 의한 「소유권말소등기」를 하는 경우	등기신청과 함께 단독으로 그 "말소신청"도 동시에하여 말소한다 (등기순서는, 제3자명의의 소유권이전등기를 먼저 말소하고, 다음에 가처분에 기한 소유권말소등기를 한다). 2. 가처분등기 이후에 경료된 제3자명의의「소유권이전등기 이외의 등기」(가등기, 소유권이외의 권리에 관한 등기, 가압류등기, 가처분등기, 경매신청등기, 압류등기 등) 및「당해 가처분등기」는, 등기관이 승소판결에 의한 소유권말소등기를 함과 동시에 부동산등기법 제172조의 규정에 의하여 "직권말소"한다.	
승소판결에 의하지 아니하고 「소유권이전등기」또는 소유권말소등기를 하는 경우	1. 가처분권리자가 가처분에 기한 것이라는 "소명자료"를 첨부하여 가처분 채무자와 공동으로 소유권이전등기 또는 소유권말소등기를 신청하는 경우의「당해 가처분등기」및 그 가처분등기 이후에 경료된 「제3자 명의의 등기」는, 위 승소판결에 의한 경우와 같은 절차에 의하여 말소한다.	1. 가처분등기 이전에 경료된 「제3자명의의 등기」는 말소할 수 없다.

경락등기시의 말소촉탁

> **Q** 경매부동산에 대하여 이미 소유권이전등기를 경료받은 제3취득자가 경락인이 된 경우에, 경락으로 인한 소유권이전등기를 다시 촉탁할 필요가 있는가?
>
> **A** 종전에는 경락으로 인한 소유권이전등기를 촉탁하지 않았으나, 지금은 경락으로 인한 소유권이전등기를 촉탁한다. 다만, 이미 경료된 제3취득자의 소유권이전등기는 경매신청등기후에 경료된 경우에만 말소촉탁한다.

1. 경락인(競落人)은 경락대금을 완납하면 소유권을 취득하므로 (민사소송법 제646조의 2), 경락인이 등록세영수필확인서 등 필요한 서면을 제출하면 경매법원은 다음 등기를 촉탁한다 (동법 제661조).
   (1) 경락인의 소유권 이전등기
   (2) 경락인이 인수하지 아니한 부동산위의 부담의 기입의 말소
   (3) 경매신청등기의 말소

2. 경매부동산에 대하여 소유권이전등기를 받은 제3취득자가 경락인이 된 경우에는, (1) 종전에는 "경락인의 소유권이전등기"를 촉탁하지 아니하였으나 (1987. 12. 19 등기 722 질의회답), (2) 지금은 "경락인의 소유권이전등기"를 촉탁한다.
   그런데 이미 경료된 제3취득자의 소유권이전등기는 말소촉탁하는가이다. (1) 경매신청등기 전에 소유권이전등기를 받은 자가 경락인이 된 경우에는, "제3취득자의 소유권이전등기"는 말소촉탁하지 아니하나 (자기로부터 자기에게 소유권이전등기됨), (2) 경매신청등기 후에 소유권이전등기를 받은 자

가 경락인이 된 경우에는, "제3취득자의 소유권이전등기"를 말소촉탁한다 (1995. 4. 4 등기예규 제815호).

3. 등기원인과 그 연월일은, (1) 종전에는 등기원인은 "경락"으로, 그 연월일은 "경락허가결정일"로 각 기재하였으나 (등기기재례 453항, 법원실무제요 강제집행(상) 484쪽), (2) 지금은 등기원인은 "강제경매(임의경매)로 인한 경락"으로, 그 연월일은 "경락대금 완납일"로 각 기재한다 (1997. 10. 25 송무예규 제542호).

등기필증의 작성은, (1) 종전에는 "경락허가결정등본"으로 작성하였으나 (법원실무제요 강제집행(상) 489쪽), (2) 지금은 경락허가결정이 등기원인증서가 될 수 없으므로 "등기촉탁서부본"으로 작성한다 (1997. 7. 14 전국민사집행판사회의 제5항).

4. 경락으로 인한 소유권이전등기시에 "말소촉탁할 수 있는 등기"와 "말소촉탁할 수 없는 등기"를 대비하면 다음 표와 같다.

경락으로 인한 소유권이전등기시의 말소촉탁 여부 대비표

말소촉탁할 수 있는 등기	말소촉탁할 수 없는 등기
1. 경매신청등기 2. 경매신청등기후의 등기(소유권이전등기, 용익물권, 청구권가등기, 가처분 등) 3. 가압류, 체납처분의 등기 (선후 불문) (다만, 가압류 또는 압류 후 소유권이전	1. 경매신청등기 이전의 등기(소유권이전등기, 용익물권, 청구권가등기, 가처분 등) 2. 가압류, 체납처분의 등기(다만, 가압류 또는 압류 후 소유권이전등기를 받은

등기를 받은 명의인을 채무자로하여 강제경매신청한 경우에는 제외)	명의인을 채무자로하여 강제경매신청한 경우에 한함)
4. 저당권등기 (민소 608 ②), 담보가등기 (선후 불문)	3. 전세권등기 (다만, 경매신청등기 후 6개월 후 만료, 민소 608 ②)
5. 전세권등기 (다만, 존속기간 미정, 경매신청등기 후 6개월 이내 만료, 민소 608 ②)	4. 저당권등기 등 이전의 등기(용익물권, 청구권가등기, 가처분 등)
6. 저당권등기 등 후의 등기(용익물권, 청구권가등기, 가처분 등)	5. 예고등기

토지수용등기 시의 직권말소

Q 토지수용으로 인하여 소유권이전등기를 하는 경우에 저당권등기는 말소하는가?

A 기업자(起業者)가 토지수용으로 인하여 소유권을 취득함과 동시에 다른 권리는 소멸하므로 등기관은 저당권등기를 직권말소한다.

1. 토지수용으로 인한 소유권이전등기의 신청서에는, (1) 등기원인은 "토지수용"으로, 원인일자는 "수용의 시기"를 각 기재하고, (2) 등기원인증서로 재결의 경우에는 "재결서등본" (재결확정증명은 필요없다, 등기선례 제1권 제404항)을, 협의성립의 경우에는 "협의성립확인서" 또는 "협의성립의 공정증서와 그 수리증명서"를 각 첨부하며, (3) 보상증명서면으로 "보상금 수령증 원본" (수령인의 인감증명은 필요없다, 등기선례 제1권 제133항) 또는 "공탁서 원본"을 첨부하나, (4) 등기의무자의 등기필증은 제출하지 아

니한다.

2. 토지수용에 의한 소유권취득은 "원시취득(原始取得)"이므로 기업자가 수용의 시기에 소유권을 취득함과 동시에 그 토지 또는 물건에 관한 다른 권리는 소멸한다 (토지수용법 제61조).

따라서 토지수용으로 인한 소유권이전등기를 할 경우에, 등기관은 (1) 「소유권 이외의 권리에 관한 등기」(요역지지역권과 재결로 존속이 인정된 권리는 제외)와 (2) 수용의 시기 이후의 「소유권에 관한 등기」는 "직권말소"한다 (부동산등기법 제174조).

3. 수용재결 전에 소유권변동이 있음에도 불구하고 사업인정 당시의 전소유자를 피수용자로하여 수용재결한 때에는 "재결경정절차(裁決更正節次)"를 밟아 변동 후의 소유자에게 보상하고 소유권이전등기를 한다. 다만, 전소유자가 사망자인 경우에는 재결경정절차없이 상속인에게 보상하고 소유권이전등기를 한다.

수용재결 후 수용의 시기 전에 소유권이 이전된 경우에, 전소유자를 피수용자로하여 전소유자에게 공탁하여도 현소유자를 등기의무자로 하고 재결서등본과 공탁서 원본을 첨부하여 소유권이전등기를 촉탁할 수 있다 (1998. 9. 14 등기 3402-887 질의회답).

4. 재결의 실효(失效)를 원인으로 한 소유권이전등기의 말소등기는 등기권리자와 등기의무자의 공동신청에 의하고, 이에 의하여 토지수용으로 인한 소유권이전등기를 말소한 때에는, 등기관은 토지수용으로 말소한 등기를 직권으로 "회복"한다 (1997. 8. 26 등기예규 제889호).

5. 토지수용으로 인한 등기시에 "직권말소하여야 할 경우"와 "직권말소할 수 없는 경우"를 대비하면 다음 표와 같다.

토지수용등기시의 직권말소 여부 대비표

1997. 9. 26 등기예규 제889호

직권말소하여야 할 경우	직권말소할 수 없는 경우
1. "지상권", "지역권", "전세권", "저당권", "권리질권", "임차권" 등 소유권이외의 권리 (수용의 시기 전후 불문, 다만 "요역지지역권"과 "재결로 인정된 권리"는 제외) 2. 수용의 시기 이후의 "소유권이전등기" (다만, 수용의 시기 이전의 상속으로 인한 소유권이전등기는 제외) ※ 종전에는 상속등기도 그 원인일자가 언제인지를 불구하고 직권말소하였으나 (등기선례 3권 508항), 위와 같이 변경되었다. 3. "가등기". "가압류", "가처분", "압류" 및 "예고등기" 4. "대지권등기" 및 "대지권인 취지의 등기" (1996. 9. 11 등기 3402-730 질의회답)	1. 수용토지를 위하여 존재하는 "지역권" 2. 토지수용위원회에서 "존속할 것으로 재결한 권리" 3. 수용의 시기 이전의 "소유권이전등기" 4. 수용의 시기 이후에 소유권이전등기를 하였으나, 수용의 시기 이전에 경락대금을 완납한 때 (민사소송법 제646조의 2) 5. 수용의 시기 이전의 "소유권경정등기" (등기부상 소유명의인 "갑"을 "갑과 을"로 직권정정한 경우) (1998. 7. 21 등기 3402-678 질의회답)

예고등기의 말소방법

> **Q** 원인무료로 인한 소유권이전등기말소소송에서 승소하였으나, 소유권이전등기를 말소하지 않기로 한 경우에, 예고등기만 말소할 수 있는가?
>
> **A** 소제기자가 등기신청포기서, 인감증명서, 재판의 정본을 제1심법원에 제출하면, 제1심 법원은 소제기자가 승소한 경우에도 예고등기의 말소를 촉탁한다.

1. 예고등기(豫告登記)는, 등기원인이 무효 또는 취소로 인한 등기의 말소 또는 회복의 소가 제기된 경우에 제3자에게 "경고(警告)"를 줄 목적으로 수소법원의 촉탁에 의하여 하는 예비등기이다 (부동산등기법 제4조).

예고등기는 다른 등기와는 달리 "부동산의 표시"와 "말소 또는 회복할 등기"가 예고등기의 표시와 부합하면 "등기명의인의 표시"가 일치하지 않더라도 이를 수리한다 (1966. 5. 10 등기예규 제85호).

2. 예고등기의 말소 는, (1) 소가 원고의 "불이익"으로 끝나면 제1심법원의 「촉탁」에 의하여 말소하고 (동법 제170조), (2) 소가 원고의 "이익"으로 끝나면 그 등기를 말소 또는 회복할 때 등기관이 「직권」으로 말소한다 (동법 제170조의 2).

따라서 원고승소판결을 받고도 그에 따른 말소 또는 회복등기가 되지 않은 상태에서 당사자의 예고등기말소만 구하는 등기신청은 이를 각하한다 (동법 제55조 제2호, 대법원 1987. 3. 20자 87마카 3 결정).

3. 원고승소판결이 확정되어도 (1) 원고가 "등기신청포기서"를 제출하거

나 (2) 이해관계인이 등기를 말소 또는 회복할 수 없음이 인정되는 "다른 재판의 등본"을 제출하여 제1심 법원의 촉탁에 의하여 예고등기를 말소한 때에는, 그 후 원고승소판결에 의한 등기신청이 있어도 이를 각하한다 (동법 제55조 제14호, 제170조 제4항).

4. 여러 필지의 부동산 중 "일부"에 대한 원고패소판결이 확정된 경우에는, 사건 전부가 종국되지 아니하여 소송기록이 제1심 법원에 환부되지 않더라도 등기부등본 및 재판등본을 첨부한 피고의 예고등기말소신청이 있으면 제1심 법원은 예고등기를 말소촉탁한다.

이 경우에 예고등기의 말소등기가 완료되면 그 일건서류는 계류중인 법원에 추송한다 (1976. 12. 29 등기예규 제290호).

5. 예고등기를, "제1심 법원이 촉탁으로 말소할 경우"와 "등기관이 직권으로 말소할 경우"를 대비하면 다음 표와 같다.

예고등기의 말소방법

제1심 법원의 촉탁으로 말소할 경우	등기관이 직권으로 말소할 경우
1. 원고 "패소판결"이 확정된 때 (법 170 ①)	1. 원고 "승소판결"이 확정되고, 그 판결에 의하여 등기를 한 때 (법 170의 2)
2. "청구의 포기"가 있는 때 (법 170①)	2. "청구의 인낙"이 있어, 그 조서에 의하여 등기를 한 때 (법 170의 2)
3. 원고 "불이익의 화해"가 있는 때(법 170 ①)	3. 원고 "이익의 화해"가 있어, 그 조서에 의하여 등기를 한 때 (법 170의 2)
4. "소각하판결"이 확정된 때 (법 170 ①)	4. 원고승소판결에 의한 등기를 하였으나, 예고등기를 말소하는 등기유루의 사실을 발견한 때 (법 제72조에 따라 직권말소)
5. "소의 취하"가 있는 때 (법 170 ①)	(97. 7. 30 등기 3402-590 질의회답)
6. 원고승소판결이 확정된 경우에도, 원고가 "등기신청포기서"를 "인감증명" (92. 11. 15 등기예규 제758호)과 "재판정본"을	

함께 제출한 때 (법 170 ②)

7. 원고승소판결이 확정된 경우에도, 이해관계인이 등기의 말소 또는 회복할 수 없음이 인정된 "다른 재판의 등본"을 제출한 때 (법 170 ③)

8. 소유권이전등기말소의 소를 "소유권확인"으로 변경한 때 (93. 7. 22 등기 1842 질의회답)

9. 예고등기가 수소법원의 "착오"로 경료된 때 (94. 7. 30 등기 3402-681 질의회답)

10. 원고가 "일부승소"하였으나 그 판결에 의하여 등기를 말소할 수 없을 때 ("갑", "을", "병"의 명의로 순차이전된 경우, "갑"은 말소소송에서 "을"에 대하여는 승소하였으나 "병"에 대하여는 패소한 때에는 "을" 역시 말소할 수 없는 점에서 패소한 경우와 다름없으므로) (법 170 ③, 74. 6. 26 등기예규 제233호)

11. 토지의 "특정일부"에 대한 원고승소판결이 확정되어 그 판결에 의하여 등기가 이루어진 경우, 그 "나머지 부분"에 대한 등기부등본을 첨부한 피고의 예고등기말소신청이 있는 때 (96. 10. 30 등기 3402-838 질의회답, 등기선례 1권 (682항)

12. 원고 패소판결이 확정된 후 "환지"된 때 (환지 후의 토지에 대하여) (94. 10. 5 등기 3402-1184 질의회답)

13. "수용"으로 인하여 소유권이전등기가 경료된 경우, 수용등기가 경료된 등기부등본을 첨부한 이해관계인의 예고등기말소신청이 있는 때 (직권발동촉구의미) (97. 11. 8 등기 3402-859 질의회답)

5. 예고등기의 대상이 된 등기가 해지, 해제 등 "다른 원인"으로 말소된 때 (80. 11. 15 등기예규 제370호)

6. 2개 이상의 예고등기가 된 경우, 그 중 "어느 하나"에 대한 원고승소판결에 의한 등기를 한 때 (다른 예고등기도 직권말소) (80. 11. 15 등기예규 제370호)

근저당권의 설정·이전·변경등기

> **Q** 피담보채권이 확정되기 전에 채권 양도를 원인으로 근저당권이전등기를 신청할 수 있는가?
>
> **A** 피담보채권이 확정되기 전에는 계약 양도를 원인으로 채권자지위를 변경하는 근저당권이전등기를 할 수 있으나, 채권 양도를 원인으로 하는 근저당권이전등기는 할 수 없다.

1. 근저당권(根抵當權)의 피담보채권이 확정되기 전에는 "계약 양도" 또는 "계약가입"을 원인으로 채권자지위를 변경하는 근저당권이전등기를 하고, 피담보채권이 확정된 후에는 "확정채권 양도" 또는 "확정채권 대위변제"를 원인으로 채권자를 변경하는 근저당권이전등기를 한다. 근저당권이전등기는 피담보채권의 확정 전후를 불문하고 물상보증인이나 제3취득자의 승낙서를 첨부할 필요가 없다.

또 근저당권의 피담보채권이 확정되기 전에는 "계약인수" 또는 "중첩적 계약인수"를 원인으로 채무자지위를 변경하는 근저당권변경등기를 하고, 피담보채권이 확정된 후에는 "확정채무의 면책적 인수" 또는 "확정채무의 중첩적 인수"를 원인으로 채무자를 변경하는 근저당권변경등기를 한다.

2. 근저당권의 채권최고액을 단일하게 기재하고, 채권자 또는 채무자별로 구분하여 기재할 수 없다 (종전에는 "채권최고액 3억원 최고액의 내역 채무자 갑에 대하여 1억원, 채무자 을에 대하여 2억원" 등으로 기재할 수 있었다). 또 채무자가 여러 사람인 경우 그 여러 사람의 채무자가 연대채무자라 하더라도 단순히 "채무자"로 기재한다 (종전에는 "연대채무자"로 기재할 수 있었다).

3. 피담보채무를 '어음할인, 대부, 보증, 기타의 원인에 의하여 부담하는 일체의 채무'로 하는 내용의 근저당권설정계약을 원인으로 한 근저당권설정등기도 이를 신청할 수 있다 (포괄근저당).

4. 근저당권의 이전 또는 변경등기의「등기원인」을 대비하면 다음 표와 같다.

근저당권이전 · 변경의 등기원인 대비표

1996. 3. 25 등기예규 제832호

개정 1997. 9. 9 등기예규 제880호

이전 · 변경 / 확정 전후	근 저 당 권 이 전 (채권자 변경)			근 저 당 권 변 경 (채무자 변경)		
구분	구분	전부	일부	구분	중첩	면책
확정 전	채권자 지위	"계약양도" "계약가입"	계약의 일부양도	채권자 지위	중첩적 계약 인수	"계약인수" "계약의 일부 인수"
확정 후	피담보채권의 양도	"확정채권 양도"	확정채권 일부 양도	피담보채무의 인수	확정채무의 중첩적 인수	확정채무의 면책적 인수
확정 후	대위 변제	확정채권 대위변제	확정채권 일부 대위 변제			

검인

> **Q** 등기원인증서가 판결인 경우에도 판결서에 시장·구청장 또는 군수의 검인을 받아야 하는가?
>
> **A** 소유권이전등기의 원인증서가 계약서인 경우는 물론 판결서인 경우에도 시장 등의 검인을 받아야 한다.

1. 부동산등기특별조치법에서는 계약을 원인으로 한 소유권이전등기를 신청할 때에는 종류 및 일자를 불문하고 「검인계약서(檢印契約書)」를 제출하도록 하고, 그 서면이 판결서 또는 이와 동일한 효과가 있는 화해조서, 인낙조서, 조정조서인 경우에도 판결서 등에 검인을 받아 제출한다 (동법 제3조).

그러나 국토이용관리법의 규정에 의하여 토지거래허가를 받은 경우에는 검인을 받은 것으로 보므로 (국토이용관리법 제27조 제4항), 별도로 계약서에 검인을 받을 필요가 없으며, 상속, 수용, 경매를 원인으로 한 경우 역시 계약이 아니므로 검인을 받을 필요가 없다 (1990. 8. 30 등기예규 제707호).

2. 검인을 신청하는 계약서 등에는 다음 사항을 기재하고, 검인신청을 받은 시장 등은 형식적 요건의 구비 여부만 확인하고 그 기재에 흠결이 없다고 인정한 때에는 지체없이 검인하여 검인신청인에게 교부한다 (동법 제3조 제1항, 동법에 따른 대법원규칙 제1조 제3항).

(1) 당사자

(2) 목적부동산

(3) 계약연월일

(4) 대금 및 그 지급일자 등 지급에 관한 사항 또는 평가액 및 그 차액의

정산에 관한 사항

(5) 부동산중개업자가 있는 때에는 그 부동산중개업자

(6) 계약에 조건이나 기한이 있는 때에는 그 조건 또는 기한

3. 검인방법은, (1) 법 제3조에 의한 검인인 취지, (2) 검인의 번호, (3) 검인의 연월일, (4) 시장 등의 표시를 한다 (동 규칙 제1조 제4항).

검인과 동시에 "등록세 및 취득세납부고지서"를 받았으나, 계약이 해약된 경우에는 취득세납부의무가 없는 것으로, 해약된 관련 증거서류와 납부고지서를 발급관청에 제출한다 (1998. 6. 23 행정자치부 세정 13407 – 자 558 질의회답).

4. 검인이 "필요한 경우"와 "필요없는 경우"를 대비하면 다음 표와 같다.

검인 필요 여부 대비표

구 분	검인이 필요한 경우	검인이 필요없는 경우
검인 대상	1. 소유권이전등기의 등기원인증서가 "계약"인 경우 (부동산등기특별조치법 3 ①) ※ 종전에는 "매매", "교환"에 한하였으나 (개정전 부동산등기법 40 ②), 1990. 9. 2부터 계약의 종류를 불문하고 검인을 필요로 한다 (90. 8. 30 등기예규 제707호). 2. "계약일자"가 검인제도시행 이전 (1988. 9. 30이전)인 경우 (90. 11. 7 등기 2175 등기선례 3권 67항)	1. "선박", "입목", "재단등기"의 경우 (검인에 관한 규정이 적용되지 않으므로) (90. 8. 30 등기예규 제707호) 2. "경락" 또는 "공매"를 원인으로 한 경우 (90. 8. 30 등기예규 제707호) 3. 예약을 원인으로 한 "가등기"를 한 경우 (소유권이전등기가 아니므로) (90. 8. 30 등기예규 제707호) 4. 소유권이전등기말소신청의 등기원인증서인 "매매계약해제증서"인

검인대상	
※ 종전에는 계약일자가 시행전이면 검인을 받을 필요가 없었으나 (등기선례 3권 61항), 1990. 9. 2부터 계약일자를 불문하고 검인을 필요로 한다. 3. 등기원인증서가 "판결서", "화해조서", "인낙조서", "조정조서"인 경우 (부동산등기특별조치법 3 ②) 4. 가등기에 기한 "본등기"를 신청한 경우 (90. 8. 30 등기예규 제707호) 5. 등기원인증서가 신탁법상의 "신탁계약서"인 경우 (97. 2. 21 등기예규 제863호) 6. 소유권이전등기의 등기원인증서가 "명의신탁해지"인 경우 (상대방있는 단독행위이나 사실상계약으로 보므로) (폐지된 90. 11. 23 등기예규 제713호, 94. 1. 22 등기 3402-38 질의회답) 7. 등기원인증서가 "공유물분할계약서"인 경우 (90. 10. 8 등기 1968 등기선례 3권 553항, 92. 10. 19 등기 2463 등기선례 3권 72항) 8. 등기원인증서가 지목이 "하천"인 판결서인 경우 (94. 2. 23 등기 3402-138 등기선례 4-91) 9. 공공용지의취득및손실보상에관한특례법에 의한 등기원인증서가 "공공용지의 취득협의서"인 경우 (다만, 일방 당사자가 국가나 지방자치단체가 아닌 경우) (90. 11. 14 등기 2231 질의회답) 10. 압류등기를 촉탁하기 위하여 체납	경우 (90. 12. 19 등기 2463, 등기선례 3권 72항) 5. "토지수용"의 경우 (90. 10. 17 등기 2020, 등기선례 3권 65항) 6. 소유권이전등기의 등기원인이 "시효취득", "상속", "유증" "지분포기", "현물출자"인 경우 (계약이 아니므로)

	자를 대위(代位)하여 "소유권이전등기"를 촉탁하는 경우 (93. 5. 6 등기 1069, 등기선례 3권 785항) 11. "임대주택"의 소유권이전에관한 화해조서인 경우 (94. 3. 14 등기 3402-194 질의회답, 등기선례 4-92) 12. "무허가 건물"인 경우 (94. 3. 28 등기 3402-260 질의회답, 등기선례 4권 93항)	
검인 신청	1. "2개이상의 시·군·구"에 있는 여러 개의 부동산에 관한 계약서의 검인을 그 중 1개의 시·군·구에 신청한 경우 (이 경우 검인을 한 시장 등은 그 각 부동산의 소재지를 관할하는 세무서장에게 그 계약서 등 사본 1통을 송부한다). (부동산등기특별조치법에 따른 대법원규칙 1 ⑤) 2. 계약당사자 중 "1인"이나 그 "위임을 받은 자"가 신청한 경우 (동 규칙 1 ①) 3. 계약서를 작성한 "변호사"와 "법무사" 및 "중개업자"가 신청한 경우 (동 규칙 1 ①) 4. 쌍방 당사자가 자신이 소지하고 있는 계약서에 "각자" 검인을 신청한 경우 (90. 12. 19 등기 2464 질의회답) 5. 계약당사자가 아닌 "채권자대위소송을 제기한 자"가 검인신청한 경우 (92. 12. 10 등기 2536 등기선례 3권 96항) 6. 계약의 일방당사자가 국가나 지방자치단체의 "투자기관"이나 "재투자	1. 계약의 일방 당사자가 "국가" 또는 "지방자치단체"인 경우 (90. 8. 30 등기예규 제707호, 93. 11. 1 등기 2711 질의회답) 2. 금융기관의 부실자산의 정리를 촉진하기 위하여 "한국자원관리공사"가 양수한 부동산인 경우 (금융기관부실자산 등의 효율적처리 및 한국자산관리공사의 설립에 관한 법률 45의 3) ※ 1999. 4. 30부터 시행

	기관"인 경우 (88. 10. 25 등기 587 질의회답, 등기선례 2권47항) 7. "농어촌진흥공사"가 농지매매계약을 체결한 경우 (91. 1. 28 등기 216 등기선례 3권 75항) 8. "대한주택공사"가 토지매매계약을 체결한 경우 (92. 1. 20 등기 161 질의회답, 등기선례 3권 90항)	
검인 절차	1. 지번이 확정되지 아니하여 "가지번 (假地番)"으로 기재된 경우 (91. 5. 24 등기 1076, 등기선례 3권 84항) 2. 목적부동산의 "준공검사"를 필하지 아니한 경우 (90. 10. 18 등기 2029, 등기선례 3권 66항) 3. 아파트 및 연립주택이 "준공"되지 아니하고 매도인 앞으로 "소유권보존등기"가 경료되지 아니한 경우 (94. 2. 3 등기 3402-76 질의회답) 4. 매도인 앞으로 "소유권이전등기"가 경료되지 아니한 경우 (92. 10. 8 등기 2145, 등기선례 3-95) 5. 불법으로 용도변경하여 "고발"된 건물인 경우 (94. 3. 14 등기3402-194 질의회답) 6. 부동산의 표시가 "지적공부"나 "건축물대장"과 일치하지 아니한 경우 (91. 6. 17 등기 1284, 등기선례 3권 86항) 7. 등기원인에 대하여 "행정관청의 허가"를 받지 아니한 경우 (91. 3. 15 등기 552 질의회답)	1. 계약체결전에 "내용"이 기재되어 있지 아니한 계약서에 검인신청한 경우 (동 법 3 ①) 2. 국토이용관리법의 규정에 의하여 "허가증" 또는 "신고필증"을 받은 경우 (검인을 받은 것으로 보므로) (국토이용관리법 27 ④) 3. 국토이용관리법의 규정에 의하여 허가증 또는 신고필증을 받은 경우에, 그 토지의 "지상건물"인 경우 (허가신청서 또는 신고서에 토지뿐만 아니라 지상건물도 기재한다) (97. 4. 11 등기 3402-279 질의회답)

검인
절차

8. "지방세"를 체납한 경우 (관허사업의 제한범위에 해당하지 않으므로) (98. 9. 7 행정자치부 세정 13407-아 368 질의회답)

9. 검인받은 "계약내용" (매수인, 계약금액, 잔금지급일 등)이 변경된 경우에 새로이 작성된 계약서에 검인신청한 경우 (91. 3. 21 등기 599, 등기선례 3권 80항)

10. 이미 검인받은 계약서상의 "잔금지급기일"을 변경하여 새로이 작성된 계약서에 검인신청한 경우 (92. 6. 2 등기 1192, 등기선례 3-92)

11. 시장 등이 계약서상의 "대금"이 적다고 인정하는 경우 (동 규칙 1 ③, 92. 7. 1 등기 1435, 등기선례 3권 93항)

12. "토지거래허가"후 계약예정금액을 감액하여 검인신청한 경우 (94. 1. 31 등기 3402-62 질의회답)

13. "명의신탁해지"를 원인으로 한 확정판결에 검인을 받은 자가 같은 부동산에 대하여 "매매"를 원인으로 한 계약서에 검인신청한 경우 (98. 7. 13 등기 3402-649 질의회답)

※ 등기원인을 허위로 기재하여 등기신청하면 형사처벌을 받을 수 있다 (부동산등기특별조치법 6, 8).

14. 당사자 표시에 "주민등록번호"를 기재하지 아니한 경우 (98. 5. 28 등기 3402-458 질의회답)

15. 계약서상에 "인감"을 날인하지 아니한 경우 (90. 12. 19 등기 2464, 등기선례 3권 73항) 16. 계약서에 계약당사자가 "간인"하지 아니한 경우 (98. 7. 31 등기 3402-730 질의회답)	

(주) 「검인이 필요한 경우」는, 등기신청서에 첨부할 등기원인증서에 "검인이 필요한 경우" 뿐만 아니라, 검인신청에 대하여 시장 등이 "검인을 거부할 수 없는 경우"를 포함하고,「검인이 필요없는 경우」는, 등기원인증서에 "검인이 필요없는 경우" 뿐만 아니라, 검인신청에 대하여 시장 등이 "검인을 거부할 수 있는 경우"를 포함한다.

농지 취득자격 증명

> **Q** 종중이 위토(位土)를 목적으로 새로이 농지를 취득할 수 있는가?
>
> **A** 종중은 「농지취득자격증명」을 발급받을 수 없으므로 농지를 취득할 수 없다. 다만, 농지개혁 당시 「위토대장(位土臺帳)」에 등재된 농지에 한하여 종중명의로 소유권이전등기를 신청할 수 있다.

1. 농지를 매수하려면 종전에는 농지계획법에 의한 「농지매매증명」이 필요하였으나(폐지된 농지개혁법 제19조 제2항), 농지개혁법이 폐지되고 농지법이 시행된 1996. 1. 1부터는 「농지취득자격증명」이 필요하다(농지법 제8조 제1항).

2. 농지취득자격증명은, 「농업경영계획서」를 작성하여 농지취득자격증명신청서에 첨부하고, 농지소재지의 "농지관리위원 2명의 확인"을 받은 다음 시·구·읍·면의 장으로부터 발급받는다.

종전에는 가족전부가 농지소재지에 주민등록을 옮기고 실제 거주기간이 6개월이 경과하여야 농지매매증명을 발급받을 수 있었으나 (폐지된 농지개혁법시행규칙 제51조 제3항), 농지취득자격증명은 이러한 제한은 없으나 비농민이 농지를 신규로 취득하려면 「농업인」의 요건인 "1,000㎡ (약 303평)이상"을 취득하여야 한다 (농지법시행령 제3조 제1호).

3. 종중은 농업인이나 영농법인이 아니므로 위토를 목적으로 새로인 농지를 취득할 수 없다. 다만, "농지개혁 당시 위토대장에 등재된 기존 위토인 농지"에 한하여 종중명의로 소유권이전등기를 신청할 수 있다.

이 경우에는 그 농지가 위토대장에 등재되어 있음을 확인하는 내용의 위토대장 소관청발급의 증명서를 첨부한다 (1996. 3. 25 등기예규 제833호).

4. 농지취득자격증명을 "첨부하여야 할 경우"와 "첨부할 필요가 없는 경우"를 대비하면 다음 표와 같다.

농지취득자격증명 첨부 여부 대비표

농지법 제8조 제1항
농지법시행령 제7조
1996. 3. 25 등기예규 제833호
개정 1998. 3. 6 등기예규 제920호
개정 1998. 10. 13 등기예규 제948호

농지취득자격증명을 첨부하여야 할경우	농지취득자격증명을 첨부할 필요가 없는 경우
1. 매매, 증여, 교환, 양도담보, 명의신탁해지, 신탁법상의 신탁 또는 신탁해지, 사인증여, 계약해제, 공매, 상속인 이외의 자에 대한 특정적 유증, 기타(첨부할 필요가 없는 것으로 열거한 사유를 제외한 나머지 사유) 2. 학교, 공공단체가 그 목적사업을 수행하기 위하여 농지를 취득할 경우 3. 국가나 지방자치단체로부터 농지를 매수하는 경우(다만, 국가나 지방자치단체가 취득하는 경우는 필요하지 않음) 4. 농지 전용허가를 받거나 농지전용신고를 한 경우(다만, 농지전용협의를 완료한 농지는 필요하지 않음) 5. 동일가구 (세대)내 친족간의 매매 등으	1. 국가나 지방자치단체가 농지를 취득할 경우 (다만, 국가나 지방자치단체로부터 취득하는 경우는 필요함) 2. 상속 및 포괄유증, 상속인에 대한 특정적 유증, 취득시효완성, 공유물분할 (종전에는 지분비율에 한하였으나, 1999. 10. 21부터 초과하는 경우도 포함), 경락 (다만, 입찰허가시에는 필요함), 진정한 등기명의의 회복, 농업법인의 합병 3. 토지수용및공공용지의취득과손실보상에관한특례법에 의한 협의 취득 4. 징발재산정리에관한특별조치법 등에 의한 환매권의 행사 5. 도시계획구역 내의 농지 (다만, 녹지지역은 도시계획사업에 필요한 농지에 한함)

로 소유권이전등기를 신청하는 경우

6. 공유지분포기로 다른 공유자 앞으로 지분이전등기를 신청하는 경우 (1994. 10. 25 등기 3402-1252 질의회답)

7. 농지개혁법시행 이후 임야에서 농지로 등록전환된 토지 (1996. 2. 15 등기 3402-93 질의회답, 1999. 3. 5 등기 3402-223 질의회답)

8. 채광계획인가를 받은 광구내의 농지 (광업법 제47조의 2. 1996. 4. 10 등기 3402-266 질의회답)

※ 종전에는 농지매매증명이 필요없었음 (1993. 7. 6 등기 1672 질의회답)

9. 종전 소유농지를 타인에게 처분한 후 새로이 농지를 매수하는 경우 (농지의 면적에 상관없이) (1997. 8. 28 등기 3402-650 질의회답)

10. 간척농지를 분양받은 경우 (1999. 2. 18 등기 3402-160 질의회답)

11. 주택건설사업 시행자가 공동주택건설을 목적으로 관할시장으로부터 사업계획의 사전결정만 받은 경우 (사업계획의 승인을 받은 것이 아니므로) (주택건설촉진법 제33조 제5항, 부칙 제2조, 1999. 3. 15 등기 3402-264 질의회답)

12. 도시계획확인도면에 당해 농지의 "일부"만이 도로에 저촉되어 있는 경우 (1998. 11. 17 등기 3402-1147 질의회답)

13. 농지전용허가를 받은 것으로 간주되는 건설교통부장관의 관광지조성계획승인을 받은 경우 (1996. 9. 3 등기 3402-692 질의회답)

14. 대물변제로 인한 소유권이전등기를 신청하는 경우 (1993. 3. 13 등기 제618호 등기선

6. 농지전용협의를 완료한 농지 (다만, 농지전용허가를 받거나 농지전용신고를 한 경우는 필요함)

7. 도시지역과 준도시지역안의 농지로서 토지거래계약허가를 받은 경우(국토이용관리법 제27조 제3항)

8. 금융기관 등이 경매기일 3회 이후에 담보농지를 취득하는 경우

9. 유동화전문회사 등이 금융기관 등이 저당권실행으로 경락받은 농지를 취득하는 경우

10. 농어촌진흥공사가 농지를 취득하거나 한계농지를 취득하는 경우 (농어촌진흥공사및농지관리기금법, 농어촌정비법 제85조)

11. 농지개량조합이 농지를 취득하는 경우 (농어촌정비법 제16조; 농지개량조합법 제16조)

12. 농지이용증진사업시행계획에 의하여 농지를 취득하는 경우 (농지법 제16조)

13. 농어촌정비법에 의한 환지계획, 교환·분합, 농어촌휴양지 내의 농지를 취득하는 경우 (동법 제43조, 제56조, 제67조, 1999. 2. 22 등기 3402-170 질의회답)

14. 지목이 농지이나 토지의 현상이 농작물의 경작 또는 다년생 식물재배지로 이용되지 않음이 관할관청이 발급하는 서면에 의하여 증명되는 토지를 취득하는 경우

15. 공장입지승인을 얻은 자가 농지를 취득하는 경우 (공업배치및공장설립에관한법률 제13조 제1항, 제20조 제2항, 중소기업창업지원법 제21조 제1항, 기업활동규제완화에관한특별조치법 제9조 제3항, 제13조)

16. 재산분할을 원인으로 하는 농지소유권이

례 3권 873항)

15. 부동산등기특별조치법시행 이전에 명의신탁해지를 원인으로하여 소유권이전등기절차이행을 명하는 판결에 의하여 소유권이전등기를 신청하는 경우 (1991. 3. 14 등기 제539호 등기선례 3권 849항)

16. 특정지분을 매수하고 편의상 공유지분이전등기를 한 상호명의신탁을 해지하여 공유지분이전등기를 신청하는 경우

17. 자연공원법 소정의 용도지구 내의 농지에 대한 소유권이전등기를 신청하는 경우 (1988. 8. 30 제460호 등기선례 2권 639항)

18. 비무장지대 내의 농지 (1997. 8. 30 등기 3402-657 질의회답)

전등기를 신청하는 경우(민법 제839조의 2, 1995. 6. 28 등기3402-503 질의회답)

17. 상속등기 후 협의분할로 인한 소유권경정등기를 신청하는 경우 (1997. 1. 20 등기 3402-37 질의회답)

18. 유류분반환을 원인으로 하는 농지소유권이전등기를 신청하는 경우 (1997. 8. 6 등기 3402-618 질의회답, 1998. 9. 10 등기 3402-876 질의회답)

19. 형질변경허가를 받은 경우 (도시계획법 제4조, 1998. 11. 26 등기3402-1186 질의회답)

20. 도시계획확인도면에 당해 농지의 "전부" 또는 "대부분"이 도로로 사용되고 있는 사실이 표시되어 있는 경우 (1998. 11. 26 등기 3402-1181 질의회답)

21. 소유권이전등기청구권보전의 가등기 (2036 질의회답, 1989. 5. 15 등기 제954호 등기선례 2권 548호)

22. 지상권설정등기, 저당권설정등기 (1979. 10. 17 등기예규 제353호, 1985. 2. 26 등기예규 제555호)

23. 증여계약해제로 인한 소유권이전등기말소등기를 신청하는 경우 (1991. 9. 25 등기 제1974호 등기선례 3권 862항)

24. 지목이 농지이나 관할관청으로부터 그 토지가 사실상 초지라는 확인서를 발급받은 경우라도, (1) 그 초지가 초지법에 의하여 조성된 때에는 농지취득자격증명이 필요없으나, (2) 그렇지 않을 때에는 농지취득자격증명이 필요하다 (1996. 11. 6 등기

	3402-855, 1997. 2. 6 등기 3402-100 각 질의 회답)

임야 매매증명

> **Q** 임야 5,000평을 매수하려면 임야매매증명이 필요한가?
>
> **A** 종전에는 필요하였으나, 1997. 10. 11부터는 「임야매매증명」이 필요없다.

1. 지난 1990. 7. 14부터 1997. 10. 10까지 7년 3개월동안 보안림과 천연보호림을 제외한 임야 "10,000㎡ (약 3,025평)이상"을 매매로 인한 소유권등기를 신청하려면 「임야매매증명」을 첨부하였다

(1994. 3. 2 이전은 "2,000㎡ (약 605평)이상"을 매수할 때에 첨부하였다).

다만, 증여, 교환, 대물변제, 명의신탁해지, 현물출자, 수용, 경매, 공매, 토지거래허가를 받은 경우에는 임야매매증명을 첨부하지 않았다 (삭제전 산림법 제111조, 산림법시행령 제109조).

2. 그러나, 산림법의 "개정"으로 1997. 10. 11부터 임야매매증명제도가 "폐지"되었으므로, 현재는 임야를 매수함에는 면적에 관계없이 「임야매매증명」을 첨부할 필요가 없다.

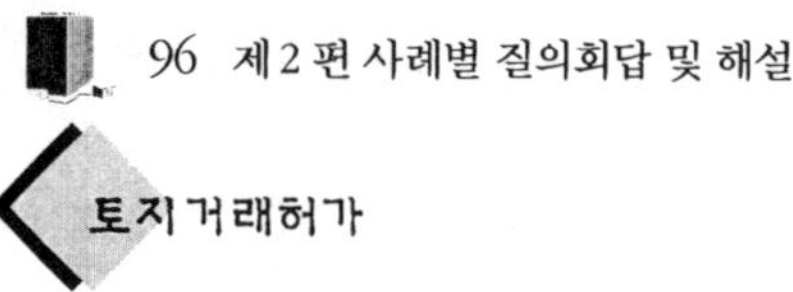

> **Q** 토지거래허가구역내의 토지에 대하여 거래허가를 받지 않고 매매계약을 체결한 경우에, 그 계약은 유효한가?
>
> **A** 거래허가를 받지 않은 계약은 무효이다. 다만, 사후에 거래허가를 받거나 허가구역지정이 해제되면 그 계약은 유효로 된다.

1. 건설교통부장관이 토지의 투기적 거래를 방지하고 건전한 토지거래질서의 확립을 위하여 지정한 토지거래허가구역안의 일정 면적 (주거지역 및 지역의 지정이 없는 구역 270㎡ 초과, 상업·녹지지역 330㎡ 초과, 공업지역 990㎡ 초과)의 토지를 "유상(有償)"으로 소유권이전 (예약포함) 및 지상권설정을 하려면 시장·군수 또는 구청장의 「토지거래허가」를 받아야 한다 (국토이용관리법 제21조의 3 제1항).

현재 개발제한구역으로 지정되어 있는 지역은 오는 2001. 11. 30까지 토지거래계약의 허가구역으로 지정되어 있다.

2. 토지거래허가구역내의 토지에 대하여, 거래허가를 받기 전에는 계약은 「확정적 무효」로서 계약의 효력이 생기지 않으나, 거래허가를 받으면 소급하여 "유효"한 계약이 된다 (대법원 1995. 4. 28 선고 93다 26397 판결, 1997. 5. 21 등기 3402-351 질의회답).

토지거래허가구역 내의 토지에 대하여, 거래허가없이 한 계약도 허가구역이 「해제」된 경우에는 그 계약은 별도 허가없이 "유효"하다 (대법원 1999. 6. 17 선고 98다 40459 전원합의체 판결).

3. 토지거래허가구역 내의 토지에 대하여, 소유권이전등기를 신청하려면

토지거래허가증을 첨부하여야 하나 (부동산등기법 제40조 제1항 제4호, 부동산등기특별조치법 제5조 제1항), 등기원인이 허가구역지정 전인 때에는 토지거래허가증을 첨부할 필요가 없다 (1990. 11. 7 등기 제2175호 등기선례 제3권 제171항).

이 경우에 그 계약의 체결일자에 대한 "소명자료"는 첨부할 필요가 없다 (1998. 2. 4 등기 3402-119 질의회답).

4. 건설교통부장관이 토지거래신고구역으로 지정된 지역안의 토지를 유상으로 소유권이전 및 지상권설정을 하려면 「토지거래신고필증」을 첨부하였으나 (삭제된 국토이용관리법 제21조의 7), 국토이용관리법의 개정으로 토지거래신고제도는 1997. 12. 20부터 "폐지"되었다.

5. 토지거래허가증을 "첨부하여야 할 경우"와 "첨부할 필요가 없는 경우"를 대비하면 다음 표와 같다.

토지거래허가증 첨부 여부 대비표

국토이용관리법 제21조의 3 제1항, 제7항
1990. 11. 23 등기예규 제711호
개정 1995. 12. 8 등기예규 제827호

토지거래허가증을 첨부하여야 할 경우	토지거래허가증을 첨부할 필요가 없는 경우
1. 건설교통부장관이 허가구역으로 지정된 지역내의 일정면적 이상의 토지에 대한 매매, 교환, 대물변제, 현물출자, 양도담보 기타 "유상(有償)"으로 하는 「소유권」, 「지상권」 등의 이전 또는 설정등기	1. 증여, 신탁법상의 신탁, 명의신탁 해지, 공유지분 포기, 진정한 등기명의의 회복, 기타 "무상(無償)"으로 하는 소유권이전등기 ※ 신탁법상의 신탁은 허가대상이었으나 (1995. 2. 16 등기 3402-131 질의회답), 해

※ 종전에는 「전세권」, 「 임차권」의 설정등기도 허가대상이었으나 1997. 9. 11부터 제외되었다 (국토이용관리법시행령 제23조 삭제).

2. 가등기 (청구권가등기, 담보가등기, 가등기가처분 포함) (1994. 3. 14등기 3402-197 질의회답, 1991. 5. 29 등기 제1124호 질의회답).

3. 허가받은 사항을 변경하는 경우 (국토이용관리법 제21조의 3 제1항)

4. 판결, 화해조서, 인낙조서에 의한 소유권이전등기 (부동산등기특별조치법 제5조 제1항, 1997. 10. 17 등기예규 제893호).

5. A · B 두 필지를 합산하여 토지거래계약허가를 받은 후 A필지에 대해서만 매매계약을 체결한 경우에는 토지거래계약허가내용과 계약체결의 내용이 다르므로 별도의 토지거래계약허가를 다시 받아야 한다 (1996. 12. 11 등기 3402-952 질의회답).

석의 변경으로 허가대상이 아니다 (1996. 5. 6 등기 3402-333 질의회답)

2. 상속, 경매, 수용, 시효취득으로 인한 소유권이전등기

3. 이혼을 하면서 위자료로 특정재산을 주는 소유권이전등기 또는 재산분할을 원인으로 한 소유권이전등기 (1991. 11. 12 등기 2305, 1995. 6. 28 각 질의회답)

4. 공동출자조합의 조합원에 대한 무상분양으로 인한 소유권이전등기

5. 지료없는 지상권, 저당권, 전세권, 임차권의 설정등기

※ 종전에는 전세권, 임차권의 설정등기는 허가대상이었으나 1997. 9. 11부터 제외되었다 (국토이용관리법시행령 제23조 삭제)

6. 허가구역지정후에 등기하는 경우에도, 계약체결일자가 허가구역지정 전인 때 (1990. 11. 7 등기 제2175호 등기선례 3권 171항)

7. 허가구역지정 후에 가등기에 의한 본등기를 하는 경우에도, 예약완결권 행사시기가 허가구역지정 전인 때 (1990. 12. 4 등기 제12354호)

8. 가등기시에 토지거래허가를 받은 자가 가등기에 기한 본등기를 신청하는 경우 (1990. 11. 23 등기예규 제711호)

9. 토지거래계약허가를 받았으나 허가증상의 매매예정금액과 매매계약서상의 매매금액이 서로 다른 경우에, 별도의 토지거래계약허가를 다시 받을 필요가 없다 (1997. 9. 27 등기 3402-716 질의회답).

※ 종전에는 다시 허가를 받았으나 (1995.

> 7. 18 등기 3402-572 질의회답), 해석의 변경
> 으로 1997. 9. 27부터 허가를 받을 필요가 없
> 다.
>
> 10. 광역시 향교재단설립에 따른 기존의 향교
> 재단 토지에 대한 소유권이전등기 (1997. 12.
> 14 등기 3402-1008 질의회답)
>
> 11. 징발재산정리에 관한 특별조치법에 따른
> 환매로 인한 소유권이전등기 (1993. 6. 5 등기
> 1461 등기선례 3권 894항)
>
> 12. 공공용지의 취득및손실보상에관한특례법
> 에 의한 방송사가 토지를 취득하는 소유권이
> 전등기 (1991.8. 20 등기 1731 등기선례 3권
> 183항).

택지 취득허가

Q 서울에서 대지 300평을 매수하여 소유권이전등기를 하려면 구청
장의 택지취득허가를 받아야 하는가?

A 종전에는 필요하였으나, 1998. 9. 19부터는 「택지취득허가」는 필
요없다.

 1. 지난 1990. 3. 2부터 1998. 9. 18까지 8년 6개월동안 서울 · 광역시 지역
의 도시계획구역내의 지목이 대(垈)인 토지를 가구별 소유상한인 "660㎡
(200평)"을 초과하여 "계약 및 예약"을 원인으로 소유권이전등기 및 가등기
를 신청하려면 「택지취득허가증」을 첨부하였으며, 법인 또는 법인아닌 사

단·재단은 넓이에 관계없이 이를 첨부한다.

다만, 판결 (형성판결, 계약 이외의 원인), 상속, 경락, 합병, 수용, 환매의 경우에는 택지취득허가증을 첨부하지 않았다 (폐지전 택지소유상한에 관한 법률 제10조 제1항, 제3조, 1990. 2. 22 등기예규 제695호).

2. 그러나, 택지소유상한에관한법률의 "폐지"로 1998. 9. 19부터 서울과 광역시에서 대 660㎡을 초과하여 취득하는 경우에도 택지취득허가를 받지 않아도 되므로 이를 첨부할 필요가 없다.

인감 증명

> **Q** 부동산매도용 인감증명서의 유효기간은 3개월인가?
>
> **A** 부동산매도용 인감증명서의 유효기간은, 종전에는 1개월이었으나, 지금은 6개월이다.

1. 소유권의 등기명의인이 등기의무자로서 등기를 신청하는 경우에는 등기의무자의 「인감증명」을 제출한다.

소유권 이외의 권리의 등기명의인이 등기의무자로서 등기를 신청하는 경우에는, (1) "등기필증"을 첨부하는 때에는 등기의무자의 인감증명을 제출할 필요가 없으나, (2) "확인서면"을 첨부하는 때에는 등기의무자의 인감증명을 제출한다 (부동산등기법시행규칙 제53조).

2. 인감증명의 용도는 폐지되었으나, 「부동산의 매도용」인 경우에만 부동

산매수자란에 "매수인의 성명, 주소 및 주민등록번호"를 기재한 인감증명을 제출한다(인감증명법시행령 제13조 제2항).

매수인이 여럿인 경우에는 매수인란 중 성명란에 "○○○외 ○명"으로 기재하고, 주민등록번호 및 주소란에 첫 번째 매수인 1인의 주소와 주민등록번호를 기재한 다음 나머지 매수인들의 인적사항을 별지에 기재하고 간인한다 (1997. 4. 10 등기예규 제866호 제4조 제3항).

재외국민이 부동산의 권리이전에 사용할 인감증명을 신청할 경우에는, 인감증명서의 비고란에 이전할 "부동산명과 그 소재지"를 기재하고 증명청의 소재지를 관할하는 "세무서장"을 거쳐야 한다 (인감증명법시행령 제14조 제4항).

3. 인감증명의 유효기간은 폐지되었으나, 다만 등기소에 제출하는 인감증명은 발행일로 "6개월 이내"의 것이어야 한다 (부동산등기법시행규칙 제55조).

기간계산은 일반원칙에 따라 초일은 산입하지 아니하고, 말일이 공휴일인 때에는 그 다음날로 기간이 만료된다 (민법 제157조, 제161조).

4. 등기신청서에 인감증명을 "첨부할 경우"와 "첨부할 필요가 없는 경우"를 대비하면 다음 표와 같다.

인감증명 첨부여부 대비표

부동산등기법시행규칙 제53조, 제54조, 제55조

1997. 4. 10 등기예규 제866호

인감증명을 첨부할 경우	인감증명을 첨부할 필요가 없는 경우
1. 소유권이전등기, 저당권설정등기 등, "소유권"의 등기명의인이 등기의무자로서 등기를 신청하는 경우, 등기의무자의 인감증명 (규칙 53 i)	1. 판결, 상속으로 인한 등기신청을 하는 경우 (법 제29조, 1998. 2. 6 등기 3402-132 질의회답)
2. 가등기말소등기, 즉 소유권에 관한 가등기명의인이 "가등기말소등기"를 신청하는 경우, 가등기명의인의 인감증명 (규칙 53 ii)	2. 제출의무자가 관공서인 경우 (규칙 54 ③)
3. 등기필증이 없어 확인서면을 첨부한 저당권말소등기 등, "소유권이외의 권리"의 등기명의인이 등기의무자로서 신청서에 법 제49조 제1항 단서의 규정에 의한 서면을 첨부하여 등기를 신청하는 경우, 등기의무자의 인감증명 (규칙 53 iii)	3. 본국에 인감증명제도가 없고 또한 인감증명을 받을 수 없는 "외국인"인 경우 이 경우에는 위임장에 한 서명이 본인이 작성하였다는 취지의 본국관공서의 증명이나 이에 관한 공정증서를 제출한다 (규칙 54 ④).
4. 일부지상권있는 토지의 분필등기 등, 토지의 분필등기신청서에 법 제91조의 2의 규정에 의한 권리자의 서면을 첨부하는 경우, 그 서면에 날인한 권리자의 인감증명 (규칙 53 iv)	4. 토지분필등기신청서에 첨부하는 권리존속을 증명하는 서면 (법 91의 2), 협의분할에 의한 상속등기신청서에 첨부하는 협의분할서 및 등기신청서에 첨부하는 제3자의 동의 또는 승낙서 등이 "공정증서"인 경우
5. "협의분할에 의한 상속등기"를 신청하는 경우, 분할협의서에 날인한 상속인전원의 인감증명 (규칙 53 v)	5. "소유권 이외의 권리"의 등기명의인이 등기의무자로서 "등기필증"을 첨부하여 등기를 신청하는 경우 (규칙 53 iii)
6. 등기신청서에 "제3자의 동의 또는 승낙을 증명하는 서면"을 첨부하는 경우, 그 서면에 날인한 동의 또는 승낙자의 인감증명	6. 근저당권자가 등기의무자로서 등기필증을 첨부하여 "근저당권이전등기"를 신청하는 경우 (1998. 2. 5 등기 3402-125 질의회답)
	7. 저당권자가 등기의무자로서 등기필증을 첨부하여 "저당권이전등기"를 신청하는 경

(규칙 53 vi)

7. 일본과 같이 인감증명제도가 있는 "외국인"인 경우

이 경우에는 우리나라 관공서가 발행한 인감증명서나 본국의 관공서가 발행한 인감증명의 어느것도 상관없다 (규칙 54 ④, 1992. 8. 20 등기예규 제776호). 다만, 인감증명서가 외국어로 된 경우에는 번역문을 첨부하되 번역문에는 번역인의 성명과 주소를 기재하고 번역인이 서명 또는 기명날인한다 (1997. 11. 5 등기 3402-842 질의회답).

8. 지배인의 확인서면을 첨부하여 법인명의의 "근저당권말소등기"를 신청하는 경우, 등기소 등기관이 발급한 지배인의 인감증명 (1999. 2. 10 등기 3402-147 질의회답)

9. 법인의 인감신고서 또는 개인신고서의 신고인 성명 다음에는 인감증명법에 의하여 신고된 인감을 날인하고 그 인감증명서를 첨부한다 (상업등기처리규칙 5 ③, 1988. 6. 23 등기예규 제667호).

우 (1998. 6. 22 등기 3402-551 질의회답)

8. 전세권자가 등기의무자로서 등기필증을 첨부하여 "전세권이전등기"를 신청하는 경우 (1998. 12. 3 등기 3402-1207 질의회답)

9. 근저당권자가 등기의무자로서 등기필증 (근저당권설정계약서)을 첨부하여 "채권최고액을 감액하는 근저당권변경등기"를 신청하는 경우, 근저당권자의 인감증명을 첨부할 필요가 없다 (등기선례 4권 469항, 1995. 10. 18 등기 3402-743 질의회답)

10. "채권최고액을 감액하는 근저당권변경등기"를 신청하는 경우, 근저당권설정자의 인감증명을 첨부할 필요가 없다 (1998. 10. 16 등기 3402-1028 질의회답)

11. 근저당권자가 등기의무자로서 등기필증 (근저당권설정계약서)을 첨부하여 "근저당권말소등기"를 신청하는 경우 (1998. 7. 12 등기 3402-675 질의회답)

12. 법인의 개인신고서의 신고인 성명 다음에 등기소에 제출되어 있는 종전의 인감을 날인한 경우에는, 인감증명법에 의한 인감증명서는 첨부할 필요가 없다 (1997. 1. 31 등기 3402-81 질의회답)

부동산양도신고확인서

> **Q** 5년간 보유한 아파트를 매도한 경우에, 매도인은 부동산양도확인서를 발급받아 매수인에게 교부해 주어야 하는가?
>
> **A** 3년 이상 보유하였으므로 165㎡ 이상의 고급주택이 아닌 한 부동산양도신고확인서를 발급받아 매수인에게 교부해 줄 필요가 없다.

1. 소유권이전등기를 신청할 경우에, 종전에는 「부동산양도확인서를 첨부하지 않았으나, (1) "매매"의 경우에는 1997. 1. 1부터, (2) "교환", "현물출자", "경매", "수용"의 경우에는 1999. 7. 1부터, (3) "대물변제"의 경우에는 2000. 1. 1부터 이를 첨부한다.

그런데, "등기신청일"을 기준으로 하지 않고 "등기원인일"을 기준으로 하므로, 가령 경매등기를 2000. 10. 20에 하는 경우에도 대금납부가 1999. 6. 30이면 부동산양도신고확인서를 첨부할 필요가 없다(1998. 12. 11 등기 3402-1226 질의회답)

2. 양도신고는 매도인 등 "등기의무자"가 신고하나 부득이한 경우에는 매수인 등 "등기권리자"가 신고할 수 있고, 양도신고를 위임받은 법무사, 변호사 및 세무사도 「대리신고」할 수 있다(소득세법시행령 제224조 제1항).

양도신고할 세무서는 "양도인 주소지 관할 세무서"이나, "물건소재지 관할 세무서"에서도 신고할 수 있다.

다만, 비거주자는 납세지(국내사업장 소재지, 양도물건 소재지) 관할세무서에서 신고하되 "납세담보"를 제공하여야 부동산양도신고확인서를 발급한다.

3. 양도신고하려면 다음 서류를 갖추어야 한다.

(1) 토지, 건물등기부등본 1부

(2) 토지대장등본 1부

다만, 취득일 이후 양도일까지의 "등급"을 기재한 것을 요한다.

1984. 12. 31 이전에 취득한 경우 1985. 1. 1 취득한 것으로 본다.

(3) 건축물대장등본 1부

(4) 계약서 사본 1부

다만, "잔금지급일"을 확인할 수 있는 서류임을 요한다.

첨부한 서류가 "미비한 경우"에도 먼저 신고확인서를 발급하나, 세액계산을 할 수 없으므로 납부서를 교부하지 않고 보완요구를 한다(동령 제224조 제2항).

4. 소유권이전등기신청서에 신고확인서가 첨부되지 아니한 경우에는 등기관은 등기신청을 "각하"한다(부동산등기법 제55조 제8호).

소유권이전등기신청서에 신고확인서가 첨부된 경우에는, 과세자료로 송부하는 신청서 부본에 "토지대장등본" 또는 "건축물대장등본"을 첨부할 필요없이 "신고확인서 사본"만 첨부하면 된다.

5. 부동산양도신고확인서를 "첨부할 경우"와 "첨부할 필요가 없는 경우"를 대비하면 다음 표와 같다.

부동산양도신고확인서 첨부 여부 대비표

소득세법 제165조 제1항, 제5항
소득세법시행령 제224조 제2항, 제7항
소득세법시행규칙 제99조의 2
1996. 12. 24 등기예규 제847호
개정 1999. 6. 10 등기예규 제974호
개정 2000. 6. 30 등기예규 제996호

부동산양도신고확인서를 첨부하여야할 경우	부동산양도신고확인서를 첨부할 필요가 없는 경우
1. 거주자 (국내에 주소를 두거나 1년이상 거소를 둔 자연인)가 "매매(賣買)"로 인한 소유권이전등기에서, 등기원인이 "1997. 1. 1이후"인 경우	1. 등기부상 "3년간 보유한 주택" (다만, 상속 등 법률규정에 의한 취득은 "등기원인일자"를 기산일로 한다.) (1998. 11. 27 등기 3402-1190 질의회답)
2. 거주자가 "교환(交換)", "법인에의 현물출자(現物出資)", "공매(公賣)", 또는 "경매(競賣)", "수용(收用)" (다만, 보상금을 공탁한 경우는 제외한다)으로 인한 소유권이전등기에서, 등기원인이 "1999. 7. 1 이후"인 경우	2. 등기부상 "8년간 보유한 농지" (다만, 피상속인의 보유기간을 포함한다.)
3. 비거주자 (국내에 주소를 두고 있지 아니한 자연인)가 "매매" 또는 "매매 이외의 원인"으로 인한 소유권이전등기에서, 등기원인이 "1999. 7. 1이후"인 경우	3. "판결", "화해조서", "인낙조서" 및 "조정조서"에 의하여 소유권이전등기를 신청하는 경우
4. 거주자 또는 비거주자가 "대물변제"로 인한 소유권이전등기에서, 등기원인이 "2000. 1. 1 이후"인 경우	4. "파산재단에 속하는 부동산"의 처분으로 소유권이전등기를 신청하는 경우
5. 3년 이상 보유한 주택이라도 다음의 고급주택인 경우	5. 거주자(국내에 주소를 두거나 1년 이상 거소를 둔 자연인)가 "매매"로 인한 소유권이전등기에서, 등기원인이 "1996. 12. 31 이전"인 경우
	6. "매매 이외의 경우"이거나, "비거주자" (국내에 주소를 두고 있지 아니한 자연인)인 경우에는, 등기원인이 "1999. 6. 30이전"인 경우

(1) 서울특별시·광역시·경기도의 시(읍·면지역은 용인시 기흥읍·수지읍·구성면에 한한다.) 가. 단독주택은 건물 254㎡ 이상, 토지 495㎡ 이상 나. 공동주택은 165㎡ 이상 (2) 기타의 지역 실거래가격(등기원인서면의 기재금액)이 6억원 초과	7. 법인(法人)이 양도하는 경우 (다만, 개인이 법인에게 양도하는 경우에는 신고하여야 한다) 8. 법인아닌 사단·재단이 등기의무자로서 다음에 해당하는 경우 (1) 주무관청의 허가 또는 인가를 받아 설립되거나 주무관청에 등록된 사단·재단 (2) 공익을 목적으로 출연된 기본재산이 있는 재단 (3) 대표자 또는 관리인이 관할세무서장에게 법인으로 보는 단체의 승인을 신청하여 그 승인을 얻은 사단·재단

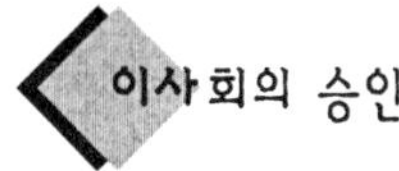

이사회의 승인

Q 회사가 이사로부터 부동산을 아무런 부담없는 증여를 받아 소유권이전등기를 신청하는 경우에 이사회의 승인서를 첨부하는가?

A 회사에 이익이 될 뿐이므로 이사회의 승인서를 첨부할 필요가 없다.

 1. 대표이사 또는 이사는 「이사회의 승인」이 있는 때에 한하여 자기 또는 제3자의 계산으로 회사와 거래할 수 있다(상법 제398조).
 이사와 회사간의 거래는 이른바 「이사(理事)의 자기거래」로, 이사회의 승인을 필요로 하는 취지는 회사의 이익을 보호하기 위한 것이므로, 이사의 자기거래가 (1) 이해상반되면 이사회의 승인이 필요하고, (2) 이해상반되지 않으면 이사회의 승인이 필요없다.

따라서 회사의 부동산에 대하여 이사를 채무자로 하는 저당권설정등기를 신청하려면 이사회의 승인이 필요하나, 회사가 자신의 채무를 담보하기 위하여 회사의 부동산에 저당권설정등기를 신청하는 경우에는 이사회의 승인이 필요없다.

2. 이사회가 이사의 자기거래를 승인결의함에 있어서 당해 대표이사 또는 이사는 그 "결의권"을 행사하지 못한다(상법 제391조 제2항, 제368조 제4항).

3. 부동산등기신청서에 첨부하는 이사회의 승인서는, 법인등기가 아니므로 "공증"을 받을 필요가 없다(공증인법 제66조의 2 제1항, 1992. 6. 17 등기예규 제765호).

4. 이사회의 승인이 "필요한 경우"와 "필요없는 경우"를 대비하면 다음 표와 같다.

이사회승인서 첨부 여부 대비표

「이사회의 승인」이 필요한 경우	「이사회의 승인」이 필요없는 경우
1. 1인이 쌍방회사의 대표이사로서 일방회사에 "불리한 내용의 협약"을 체결하려면, 그 불리한 입장에 있는 회사의 이사회의 승인이 필요하다 (대법원 1969. 11. 11 선고 69 다 1374 판결). 2. 근저당권의 채무자를 대표이사나 이사개	1. 주식회사가 자신의 채무를 담보하기 위하여, 자신의 소유부동산에 근저당권설정등기를 신청하는 경우 (1994. 4. 19 등기 3402-352 등기선례 4권 451항) 2. 주식회사가 새로이 채무자가 됨에 있어 종전 채무자가 주식회사의 이사가 아닌한 채무

인에서, 회사로 "교체"하거나 회사를 채무자로 "추가"하는 경우 (1985. 9. 9 등기 제419호 등기선례 1권 98항)

3. 회사소유 부동산에 대하여 채무자를 동 대표이사 또는 이사개인으로 하는 근저당권설정등기를 신청하는 경우 (1994. 4. 19 등기 3402-352 등기선례 4권 451항)

4. 채무자를 이사개인명의로 표시된 근저당권설정등기를, 그 후 채무인수계약에 의하여 채무자를 회사명의로 "교체"하여 근저당권변경등기를 신청하는 경우 (1994. 11. 24 등기 3402-1363 등기선례 4권 466항)

5. 개인이 자기소유부동산에 대하여 자신이 채무자인 근저당권설정등기를 한 후, 그 부동산을 주식회사에 현물출자하고 그 주식회사의 이사로 취임한 경우, 그 이사가 된 자의 개인적인 채무를 회사가 인수하는 채무인수계약에 의하여 위 근저당권변경등기를 신청하는 경우 (″)

6. 회사가 이사의 채무를 "면제"하는 경우

7. 회사와 이사간에 어음행위를 하는 경우 (자기거래어음에는 "이사회의 승인 (인)"이라고 기재한다) (대법원 1966. 9. 6 선고 66다 1146 판결)

인수계약 (면책적, 병존적 채무인수계약을 포함함)을 등기원인으로 한 근저당권변경등기를 신청하는 경우 (1997. 8. 1 등기 3402-598 질의회답)

3. 회사가 이사로부터 아무런 부담없는 "증여"를 받는 경우

4. 회사가 이사로부터 무이자 · 무담보로 금전대부를 받는 경우

5. 회사 또는 이사가 단순히 채무를 이행하는 경우

6. 회사와 이사간에 이미 상계적상에 있는 채권채무를 "상계"하는 경우 (서돈각외,「주석 개정 회사법(상)」706쪽)

7. 1인회사에 있어서 "단독주주"인 이사가 자기 또는 제3자의 계산으로 회사와 거래하는 경우(일본최고재판소 1970. 8. 20 선고 민사판례집 24권 1,305쪽)

8. 이사와 회사간의 거래가 "주주전원의 합의"하에 행하여지는 경우 (일본최고재판소 1974. 9. 26 선고, 민사판례집 28권 6호 1,306쪽)

9. 운송계약, 보험계약, 예금계약 등 "보통계약약관"에 의하는 경우

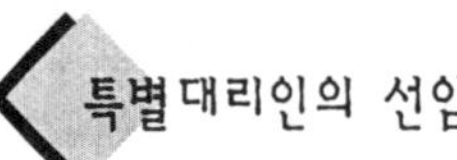특별대리인의 선임

> **Q** 피상속인의 처와 그 친권에 복종하는 미성년자를 포함한 여럿의 상속인이 협의분할에 의한 상속등기를 신청하는 경우에, 그 처가 상속재산을 전혀 취득하지아니할 때에도 미성년자인 자녀를 위하여 특별대리인을 선임하여야 하는가?
>
> **A** 종전에는 특별대리인을 선임할 필요가 없었으나, 해석의 변경으로 1993. 3. 31부터 그 처가 상속포기를 하지 아니한 이상 상속재산을 전혀 취득하지 아니하는 경우에도 재산협의분할행위 자체가 이해상반행위이므로 특별대리인을 선임하여야 한다.

1. 법정대리인인 친권자(親權者)와 그 자녀 사이에 이해상반행위를 하거나, 그 친권에 복종하는 여럿의 자녀 사이에 이해상반행위를 함에는 친권자는 법원에 그 자녀의 「특별대리인」 선임을 청구하여야 한다 (민법 921조). 그것은 그 자녀 또는 자녀 중 어느 한사람의 이익을 해칠 우려가 있기 때문이다.

따라서 친권자의 자녀간 또는 여럿의 자녀간의 행위가, (1) 이해상반(利害相反)되면 친권자는 대리할 수 없으므로 특별대리인의 선임이 필요하고, (2) 이해상반되지 않으면 친권자는 대리할 수 있으므로 특별대리인의 선임이 필요없다.

2. 특별대리인선임을 청구할 수 있는 사람은 친권자(민법 제921조) 뿐만 아니라 본인, 친족 기타 이해관계인과 검사가 청구할 수 있다(통설).

누구를 특별대리인으로 선임할 것인가는 법원의 재량에 속하나, 대체로 청구인이 추천하는 친족중에서 적당한 사람(친족중에서 적당한 사람을 고

를 수 없으면 변호사, 법무사 등)을 지정하고 있다.

특별대리인선임청구사건은 "자녀의 주소지"의 가정법원관할로 한다(가사소송법 제44조 제5호).

3. 특별대리인에 의하지 아니한 이해상반행위의 효력은 "무효"이다(대법원 1987. 3. 10 선고 85 므 80 판결).

4. 특별대리인선임이 "필요한 경우"와 "필요없는 경우"를 대비하면 다음 표와 같다.

특별대리인 선임 여부 대비표

특별대리인 선임이 필요한 경우	특별대리인 선임이 필요없는 경우
• 미성년자와 그 후견인의 공동상속재산에 관하여, 미성년자가 그 지분을 "포기"하는 경우 (1962. 11. 28 등기예규 제42호) • 친권자가 친권이 복종하는 미성년자 일방을 위하여 "이익"이 되고, 다른 미성년자에 대하여는 "불이익"이 되는 행위를 하는 경우 (대법원 1976. 3. 9 선고, 75 다 2340 판결) • 협의분할에 의한 재산상속을 함에 있어, (1) 공동상속인인 친권자가 미성년자를 대리하거나, (2) 미성년자가 여럿인 경우 친권자가 쌍방을 대리하여 협의서를 작성하는 경우 (1981. 12. 23 등기예규 제405호) • 피상속인의 출가한 딸이 먼저 사망하여 그 딸의 미성년자인 자녀가 대습상속을 하는 경우에, 피상속인의 사위는 친권자로서 그의 미성년자인 자녀를 대리하여 협의분할을 할	• 친권자가 (1) 그 친권이 복종하는 미성년자의 재산을 "그 미성년자를 위하여" 담보을 제공하는 계약을 체결하거나, (2) 친권자 또는 친권에 복종하는 다른 미성년자 "이외의 사람"에게 처분함에 있어, 그 미성년자를 대리하는 경우 (1964. 9. 20 등기 제398호 등기선례 1권 48항) • 피상속인의 처와 그 친권자에 복종하는 미성년자를 포함한 여러 명의 상속인이 협의분할에 의한 상속등기를 신청하는 경우에, 그 처가 "상속재산을 전혀 취득하지 아니할 때" (1985. 10. 12 등기 제473호 등기선례 1권 49항) ※ 다만, 이 선례는 등기선례 3권 31항과 4권 350항에 의하여 특별대리인의 선임이 필요한 경우로 변경됨

수 있으나 (1990. 12. 31 이전에는 부는 대습
상속권이 없었으므로), 다만, 그의 미성년자
인 자가 여럿인 경우에는 그 중 친권자녀가
대리할 "1인을 제외한 나머지 자"를 위하여
각기 「특별대리인의 선임」이 필요하다(1988.
4. 28 등기 제241호 등기선례 2권 24항)

• 상속을 포기한 처가 그 친권에 복종하는
미성년자인 자가 여럿인 때에는, 그 중 처가
대리할 "1인을 제외한 나머지 자"를 위하여
각기 「특별대리인의 선임」이 필요하다
(1988. 4. 29 등기 제242호 등기선례 2권 25
항).

• 미성년자 갑·을의 공유인 부동산에 관하
여 친권자가 공유물분할등기를 신청할 경우
에, 갑·을 중 "어느일방의 「특별대리인의 선
임」이 필요하다 (1991. 5. 6 등기 제950호 등
기선례 3권 29항).

• 재산협의분할행위를 함에는 그 자체가
"이해상반행위"이므로, 친권자 모는 상속포
기를 하지 아니한 이상 "상속재산을 전혀 취
득하지 아니하는 경우"에도 「특별대리인의
선임」이 필요하다 (1993. 3. 31 등기 제742호
등기선례 3권 31항, 1994. 9. 3 등기 3402-
1095 등기선례 4권 350항)

• 부·모·미성년자인 자 등의 공유인 부동
산을 친권자인 부의 채무에 담보로 제공하고
근저당권설정등기를 신청함에는,「특별대리
인을 선임」하여 그 특별대리인과 다른 일방
의 친권자인 모가 공동하여 미성년자를 대리
한다 (1993. 6. 23 등기 제1546호 등기선례 3
권 32항).

• 친권자가 미성년자의 자를 대리하여 친권
자 소유부동산에 관하여 그 자 앞으로 단순
한 "증여"를 원인으로 한 소유권이전등기신
청을 하는 경우 (1986. 6. 25 등기 제292호
등기선례 1권 50항)

• 공동상속인인 처가 상속을 "포기"하고 그
친권에 복종하는 미성년자인 자 1인을 대리
하여 다른 상속인과 협의분할을 하는 경우
(1988. 4. 29 등기 제242호 등기선례 2권 25
항)

• 주택공사로부터 아파트를 분양받은 갑의
사망으로 갑의 처인 을과 미성년자인 자 병
이 공동으로 피분양자의 지위를 승계하여 분
양대금을 주택은행으로부터 융자받고 을·
병이 동 채무자 겸 설정자가 되어 근저당권
설정등기를 신청하는 경우 (이경우는 이해상
반행위가 되지 않는 "특별한 사정"이 있는
때로 본다)
(1996. 6. 20 등기 3402-474 등기선례 4권 31
항)

• 친권자가 자의 재산을 친권자의 처에게
증여하는 경우 (1924. 5. 18 법조회결의 사법
협의잡지 2권 9호 80쪽)

• 친권자가 미성년자인 자에 갈음하여 근저
당권설정계약을 하는 경우 (일본대심원
1924. 6. 7 선고 판례체계 11권 1,212쪽)

재외국민과 외국인의 등기서류

Q 외국인이 국내 부동산을 취득하려면 행정자치부장관의 허가를 받아야 하는가?

A 종전에는 부동산 중 토지는 시·도지사의 허가를 받았으나, 1998. 6. 26부터 군사시설보호구역 등의 일부지역에 한하여 시장·군수 또는 구청장의 허가를 받고 그 외의 지역은 토지취득 후 사후신고하면 된다.

1. 외국인의 토지취득에 대한 "사전허가제"는 "사후신고제"로 변경되었다 즉, 종전의 「외국인의토지취득및관리에관한법률」은 「외국인토지법」으로 변경되어 1998. 6. 26부터 시행되었는데, 종전에는 외국인 또는 외국법인이 토지취득계약을 체결하기 전에 "시·도지사의 허가"를 받도록 하던 것을, 군사시설보호구역·문화재보호구역·생태계보전지역 등의 일부지역에 한하여 "시장·군수 또는 구청장의 허가"를 받도록하고 그 외의 지역에서는 토지취득계약을 체결한 후 60일 이내에 시장·군수 또는 구청장에게 "신고"하면 된다(동법 제14조 제1항).

따라서 외국인이나 외국법인은 국내 거주 여부, 업무용인지 여부, 용도 및 면적 등에 관계없이 토지를 취득할 수 있게 되었다.

2. 주민등록번호가 없는 재외국민(在外國民)과 외국인은 「부동산등기용 등록번호」를 부여받아야 한다.

부동산등기용 등록번호는, (1) 재외국민은, 대법원 소재지 관할등기소인 서울지방법원 등기과 등기관 (02-530-1892)이 부여하고(서울 이외의 등기소에서는 모사전송으로 발급신청할 수 있게 되었다, 1999. 6. 25 등기예규 제977호), (2) 외국인은, 국내체류하면 체류지를 관할하는 출입국관리사무소장 또는 출입국관리소 출장소장이 부여하고, 국내체류하지 않으면 대법원 소재지 관할출입국관리소인 서울출입국관리사무소장 (02-650-6399)이 부여한다 (부동산등기법 제41조의 2 제1항 제2호 제4호).

대위등기를 신청하는 자는 부동산등기용 등록번호도 대위하여 부여받을 수 있다 (등기선례 제4권 제155항).

3. 주소증명서면으로, (1) 재외국민은, 재외국민등록표등본 또는 재외국민거주사실증명 (외국주재 한국공관발행, 발급기관이 없으면 외국 또는 한국공증인 공증을 요한다)을 첨부하고, (2) 외국인은, 외국인등록표등본(한국관공서발행)이나 외국관공서의 주소증명서 또는 거주사실증명서 (일본, 독일, 프랑스, 대만 등), 발급기관이 없는 경우(미국, 영국 등)에는 주소를 공증한 서면을 첨부하거나 이에 갈음하여 외국관공서가 발급한 운전면허증 또는 신분증 등을 관할등기소의 등기관에 제출하여 원본대조한 사본을 첨부할 수 있다(1999. 7. 6 등기예규 제980호).

4. 재외국민과 외국인의 등기서류를 "취득과 처분", "한국에 입국한 경우"와 "한국에 입국하지 않은 경우"를 구분하여 대비하면 다음 표와 같다.

재외국민·외국인의 등기서류관계표

1992. 8. 20 등기 제1805호 등기예규 제776호,

개정 1995. 6. 30 등기 제818호

개정 1997. 10. 17 등기예규 제892호

개정 1999. 7. 6 등기예규 제980호

구분	득실	한국에 입국한 경우	한국에 입국하지 않은 경우
재외국민	취득	1. 부동산등기용 등록번호증명서 (대법원소재지 관할등기소 : 서울지방법원 등기과, 서울이외 등기소에서는 모사전송으로) 2. 재외국민등록표등본 또는 재외국민 거주사실증명 (외국주재한국공관발행, 발급기관없으면 외국 또는 한국공증인 공증 요)	1. 부동산등기용 등록번호증명서 (대법원소재지 관할등기소 : 서울지방법원 등기과, 서울이외 등기소에서는 모사전송으로) 2. 재외국민등록표등본 또는 재외국민 거주사실증명 (외국주재한국공관발행, 발급기관없으면 외국 또는 한국공증인 공증 요)
	처분	1. 처분위임장 불요 (국내거주 내국인과 동일) 2. 인감증명(한국관공서 발행요, 주소없으면 국내최종주소지 또는 본적지인감신고, 세무서장 경유 요) 3. 재외국민등록표등본 또는 재외국민거주사실증명(외국 주재 한국공관 발행, 발급기관없으면 외국 또는 한국공증인 공증요)	1. 처분위임장 (부동산·수임인·처분권한일체 수여한다는 취지기재 요, 외국주재한국공관의 확인이나 공증 불요) 2. 인감증명 (한국관공서발행 요, 외국주재한국공관의 확인받은 위임장첨부하여 대리신청 가, 세무서장경유 요) 3. 재외국민등록표등본 또는 재외국민 거주사실증명 (외국주재한국공관발행, 발급기관없으면 외국 또는 한국공증인 공증 요) 4. 수임인 인감증명 (한국관공서 발행 요)
외국인	취득	1. 부동산등기용 등록번호증명서 (거류지출입국관리사무소장, 거류지 없으면 대법원소재지 출입국관리사무소장) 2. 군사·문화재보호구역, 생태계보전지역은 시장·군수·구청장의 허가증 3. 외국인등록표등본 (한국관공	1. 부동산등기용 등록번호증명서 (거류지출입국관리사무소장, 거류지없으면 대법원소재지 출입국관리사무소장) 2. 군사·문화재보호구역·생태계보전지역은 시장·군수·구청장의 허가증

외국인	처분	서발행 요) 또는 주소증명이나 거주사실증명 (외국관공서증명 또는 외국공증인공증 요)	3. 주소증명서 또는 거주사실증명 (외국관공서증명 또는 외국공증인공증 요)나 등기관이 원본대조한 운전면허증 또는 신분증 (외국관공서발급)사본
		1. 처분위임장 불요(국내거주 내국인과 동일) 2. 인감증명(외국 또는 한국관공서발행 가) 또는 서명증명(주한외국공관확인 요) 3. 외국인등록표등본(한국관공서발행 요) 또는 주소증명서, 거주사실증명(외국관공서증명 또는 외국공증인공증 요)이나 등기관이 원본대조한 운전면허등 또는 신분증(외국관공서발급) 사본 4. 동일인증명 성명변경경우, 외국관공서발급 요	1. 처분위임장(부동산·수임인·처분권한일체 수여한다는 취지기재 요, 외국인관공서증명 또는 외국공증인공증 요) 2. 인감증명서 (날인제도있는 일본 등) 또는 서명증명 (외국관공서증명 또는 외국공증인공증 요) 3. 주소증명서 또는 거주사실증명 (외국관공서증명 또는 외국공증인공증 요)이나 등기관이 원본대조한 운전면허증 또는 신분증 (외국관공서발급) 사본 4. 동일인증명 (성명변경경우, 외국관공서발행 요) 5. 수임인 인감증명 (한국관공서발행 요)

등 록 세

> **Q** 미등기부동산에 대하여 처분제한의 등기를 촉탁하는 경우에 소유권보존등기의 등록세를 납부하고 그 영수필확인서 및 통지서를 첨부하는가?

A 소유권보존등기는 등기관이 직권으로 하는 것이므로 소유권보존등기의 등록세영수필확인서 및 통지서는 첨부할 필요가 없다.

1. 지방세(도세)인 「등록세」는 재산권 기타 권리의 취득·이전·변경 또는 소멸에 관한 사항을 공부에 등기 또는 등록하는 경우에, 그 등기 또는 등록을 받은 자에게 부과한다(지방세법 제124조).

부동산등기의 등록세는 등기할 재산의 소재지를 관할하는 시·군이나 시·군금고에 납부하고, "영수필확인서 1통"과 "영수필통지서 1통"을 등기신청서에 첨부한다(동법 제125조, 동법시행령 제91조). 등기신청서에는 등록세 등 등기신청과 관련하여 납부하여야 할 "세액"과 그 "과세표준액"을 기재한다 (부동산등기법시행규칙 제49조 제1항).

2. 미등기부동산에 대한 처분제한등기의 촉탁의 의하여 등기관이 직권으로 하는 소유권보존등기는 등록세영수필확인서 및 통지서를 첨부할 필요가 없다.

이 경우의 소유권보존등기는 신청에 의하는 것이 아니고 권리자가 납부의무자가 아니기 때문에 등록세영수필확인서 및 통지서를 첨부하지 않는 것이고, 비과세되는 것은 아니다. 등기후 등기관은 시장·군수에게 미납사실을 통지하고, 통지를 받은 시장·군수는 보존등기의 등기명의인에게 등록세액에 20%를 가산하여 추징한다(지방세법 제151조, 제151조의 2).

3. 등기원인 및 등기목적이 동일한 것으로서 여러 등기소의 관할에 걸쳐 있는 여러 개의 부동산에 관한 권리의 등기를 신청하는 경우에는, 최초의 등기를 신청하는 등기소에 "등록세의 전액"을 납부하고, 등기관으로부터 「수령증」을 받아 다른 등기소에는 등기신청서에 그 수령증을 첨부하여 등기신청한다(부동산등기법시행규칙 제50조).

4. 등록세를 "납부할 경우"와 "납부하지 아니할 경우"를 대비하면 다음 표와 같다.

등록세 납부 여부 대비표

구분	등록세를 납부할 경우	등록세를 납부하지 아니할 경우
납부 기준	• 등록세를 납부하여야 할 등기의 신청서에는 그 등록세를 납부한 "영수필확인서"를 첨부한다 (등기선례 1권 910항, 94. 6. 13 등기 215). • 1개의 등기신청서로 "2필지"에 대한 지목변경등기를 신청하는 경우에는, 등록세는 "2건"으로 납부한다 (토지의 기본단위는 "필지"이므로). (행정자치부 96. 10. 26 세정13407-1073 질의회답) ※ 반대해석 : 1개의 신청서로 "여러 개의 부동산"에 대한 표시변경등기를 신청하는 경우에는 "1건의 등록세"를 납부한다 (영 89 ①, 등기선례 1권 62항, 85. 5. 15 등기 258). • 건물과 그 대지인 토지를 공동담보로하여 1개의 등기신청서로 저당권설정등기를 경료하였다가, 채무의 변제로 1개의 등기신청서로 건물, 토지에 대한 공동저당권말소등기를 신청하는 경우에는, 건물과	• 등록세의 감면을 받고자 하는 자는 "지방세감면확인서"를 관할 시장 · 군수에게 제출하여 "확인서"를 발급받는다. 다만, 시장 · 군수가 감면대상임을 알 수 있는 때에는 이를 직권으로 감면할 수 있다 (법 292, 영 231). • 법 제127조, 제128조의 규정에 의하여 등록세를 비과세 또는 감면받고자 하는 자는 등기신청서에 시장 · 군수 (구 · 읍 · 면장)발행의 "등록세비과세(감면)확인서"를 첨부한다 (등기선례 4권 923항, 93. 10. 4 등기 2470 질의회답)

토지는 "각각 1건으로" 보아 2건의 등록세를 납부한다 (행정자치부 96. 10. 26 세정 13407-1073 질의회답). • 등록세는 「부과납부」하지 않고 「신고납부」하므로, 부족납부한 등록세는 부족세액에 100분의 20을 "가산"한다(행정자치부 90. 1. 9 도세 22670-0074 질의회답)	

| 과세 표준 | • 판결에 의한 소유권이전등기에 있어, 그 판결이유에 "사실상 취득가격"이 나타나 있는 경우에는, 그 취득가격에 의하여 등록세를 산정한다 (등기선례 2권 728항, 87. 1. 26 등기 30).
• 판결에 의하여 가등기에 기한 본등기를 신청하는 경우의 등록세과세표준액은 판결문에 나타나는 "사실상의 취득가격"을 기준으로 한다 (등기선례 2권 732항, 88. 4. 13 등기 213).
• 화해조서에 의하여 소유권이전청구권보전의 가등기에 기한 소유권이전의 본등기를 하는 경우에, 그 등록세는 "화해조서에 기재된 금액에 의하지 않고 "부동산의 과세시가표준액에 따라 산정한다 (등기선례 1권 915항, 84. 2. 29 등기 85).
• 화해조서에 의하여 가등기에 기한 본등기를 하는 경우에, 화해조서에 기재된 "매매대금"이 과세시가표준액보다 적은 경우의 그 등록세는 "과세시가표준액"에 따라 산정한다 (법 | • 건축물의 "특수한 부대시설"은 부기하여 등기하는 경우 이외는 등기대상이 아니므로 "그에 해당하는 가액"은 과세시가표준액에 포함시킬 수 없다 (등기예규 제463호, 82. 12. 10 등기 446통첩).
• 경락을 원인으로 한 소유권이전등기를 촉탁할 경우에, "미등기 가건물"이나 "가계기구" 등은 등록세부과대상이 되지 않으므로 과세표준액은 경매가격에서 이들의 가격을 "공제"한다 (등기예규 제548호, 85. 1. 8 등기 11질의회답). |

과세 표준	111 ⑤ iii, 영 82의 2 i , 등기선례 3권 1012항, 91. 6. 26 등기 1363). • 경매 등 공매를 원인으로 한 소유권이전등기의 과세표준액은 "사실상 취득가격"에 의한다 (법 111⑤ iv, 등기예규 제510호, 84. 2. 13 등기 61통첩). • 공동주택에 대한 부동산등기시 각 세대당 과세시가표준액은 각 세대의 "전유부분의 면적"과 "공유부분 (부속건물 포함)의 면적"을 합산하여 산정한다 (등기선례 4권 938항, 93. 11. 3 등기 2740 질의회답). ※ 반대해석 : 구분건물의 소유권보존등기와 소유권이전등기를 신청하는 경우에, 과세시가표준액을 산정함에 있어 등기되지 아니한 "공유면적"을 합산하지 아니한다 (등기선례 1권 912항, 86. 3. 15 등기 117). • 주거용 건축물의 지하실이 5평이상이고 사실상 주거용에 공할 수 있도록 축조된 것이라도 "대장등본"에 지하실로 기재되어 있다면, 일반원칙에 따라 "창고"의 과세표준이나 등기신청인의 "신고취지"에 따른 과세표준을 적용한다 (등기선례 1권 913항, 80. 1. 13 등기 29, 2권 727항, 88. 9. 12 등 494).	
	• 학교법인의 소유로서 학교구역외에 위치한 "교수아파트"는 법 제107조의 1호, 제127조 제1항 제1호에서 규정한 비과세대상이 아니다 (행정자치부 87. 11. 17 세정 01254-13892 질의회답).	• 선교사용의 주택 및 그 부지로 취득사용하는 재산은 교회경내에 있지 아니하고 이로부터 떨어져있다 하더라도 "종교재단의 목적사업"에 직접 사용하는 재산이다 (등기예규 제327호, 7810. 10 선고 78 누 245 판결).

| 소유권
보 존
등 기 | • 창업중소기업의 공장 또는 사업장 외에 있는 기숙사는 50%감면대상이 아니다 (행정자치부 93. 9. 3 도세 13422-790 질의회답).
• 갑소유 미등기건물에 대하여 을이 채권확보를 위하여 갑명의로 소유권보존등기를 대위신청하는 경우, "등록세납세의무자"는 갑이다 (법 124, 행정자치부 87. 5. 27 세정 22670-6421 질의회답).
• 구분소유자 중 일부가 자기소유의 구분건물만에 관하여 소유권보존등기를 신청하면서 동시에 나머지 구분건물에 관하여 대위신청하는 "표시에 관한 등기" (일괄신청하는 경우 3,000원) (등기선례 1권 830항, 85. 10. 8 등기 467)
• "도시재개발지구"내의 토지 또는 건축시설을 분양처분의 고시전에 분양받을 권리를 양수한 "최종권리자"의 소유권보존등기신청 (1,000분의 8) (등기선례 3권 823항, 92. 8. 31 등기 1883)
• 멸실회복등기신청기간이 경과한 후에 신청하는 소유권보존등기는 "통상의 소유권보존등기"의 등록세를 납부한다 (등기선례 3권 338항, 93. 1. 25 등기 164). | • 미등기부동산에 대한 "처분제한등기"의 촉탁에 의하여 등기관이 "직권"으로 하는 소유권보존등기 (등기를 신청하는 것이 아니므로, 다만, 이 경우는 등록세가 비과세되는 것이 아니고 납부의무자가 권리자가 아닐뿐이므로 등기관은 시장·군수에게 미납사실을 통지하면 시장·군수는 보존등기의 등기명의인에게 20%가산하여 추징한다) (법 151, 151의 2, 등기예규 제419호, 81. 12. 23 등기 589 통첩)
• "미등기 부동산"에 대한 가압류, 가처분신청시 채권자는 가압류, 가처분에 대한 등록세만 납부하면 된다 (등기선례 4권 56항, 93. 9. 8 등기 2272 질의회답).
• 도시재개발지구내의 토지 또는 건축시설을 승계없는 당초 조합원이 신청하는 소유권보존등기 (등기선례 3권 823항, 92. 8. 31 등기 1883) |
| | (등기원인)
• "증여"에 인한 농지소유권이전등기의 등록세율은, 상속이외의 무상으로 인한 소유권의 취득이므로 농지와 | • 토지수용 등으로 인하여 받은 보상금으로 "대체취득"한 부동산에 대한 소유권이전등기신청
첨부서류 : 토지수용(협의매수)확인서 (등 |

| 소유권
이 전
등 기 | 기타 부동산을 구별하지 않고 "1,000분의 15"이다 (등기예규 제257호, 75. 7. 8 법정 390 통첩)

• "교환"은 매매와 다름없는 유상행위이므로, 교환취득에 대한 부동산등록세율은 "법 제131조 제1항 제3호의 세율"을 적용한다 (행정자치부 86. 4. 1 세정 22670-3763 질의회답).

• 확정판결에 등기원인이 "양도약정"으로 기재된 경우, 납부할 등록세는 부동산가액의 "1,000분의 30"이다 (등기선례 3권 1006항, 93. 6. 29 등기 1614).

• "계약해제"로 인한 소유권이전등기의 등록세는 "법 제131조 제1항 제2호"에 의한다 (등기선례 2권 729항, 87. 3. 11 등기 131).

• "자필증서방식"의 유언증서를 법원으로부터 검인을 받고 "유증"으로 인하여 신청하는 소유권이전등기는 "상속이외의 무상으로 인한 소유권취득"의 등록세율을 적용한다 (등기선례 4권 396항, 94. 11. 9 등기 3402-1311 질의회답).

• "흡수합병"으로 인하여 소멸회사 명의의 부동산을 존속회사명의로 하는 소유권이전등기신청 (세율은 1,000분의 15, 중과되지 않음) (등기선례 4권 911항, 94. 9. 22 등기 3402-1145, 행정자치부 87. 2. 12 세정 01254-1636 질의회답)

• 신탁계약을 체결하여 주택조합원 | 기선례 3권 504항, 90. 12. 11 등기 2393) |

| 소유권이전등기 | 의 금전을 수탁받은 "주택조합"이 제3자의 토지를 취득하는 소유권이전등기와 주택조합 소유토지를 조합원에게 지분이전하는 소유권이전등기 (법 제128조 제1호 가목, 나목에 해당하지 않으므로) (행정자치부 90. 1. 7 세정 22670-000033 질의회답)
• "직장주택조합"은 등기할 수 없지만 주무관청의 허가를 얻어 사단법인으로 등기하였다고 하더라도, 그 조합의 토지취득에 따른 소유권이전등기의 등록세는 위 사단법인의 등기 여부에 불구하고 면제되지 않는다 (등기선례 2권 734항, 87. 12. 23 등기 744).

(등기대상)
• 개인소유로서 지목이 "도로"이고 실질상 "도로"로 이용되고 있는 토지에 대한 소유권이전등기신청 (등기선례 3권 1003항, 92. 12. 2 등기 2472)
• 부동산등기의 등록세율을 규정하고 있는 "농지"는 "지적공부"에 표시된 지목이 아니고 "종합토지과세대장"의 지목이 전, 답, 과수원 또는 목장용지인 토지를 말한다 (등기예규 제684호, 89. 3. 8 등기 458통첩).
• 비과세대상이 되는 "묘지"는 "지적공부"상 지목이 묘지인 토지를 말하므로, 지목이 임야로 된 묘지는 과세대상이다 (행정자치부 91. 7. 2 도세 22670-002422 질의회답). | • 교회가 선교사업의 목적으로 부동산을 매수하여 "교회명의"로 신청하는 소유권이전등기
첨부서류 : 시장·군수의 비과세확인서 (등기선례 98. 5. 22 등기 3402-446 질의회답)
• "농지개량사업"을 수행하기 위한 소유권이전등기
첨부서류 : 용도를 변경하는 주무관청의 증명서 (등기소에 통지한 경우에는 제외) (등기예규 제789호, 61. 6. 7 법행법 409, 92. 8. 20 등기 1805 각 통첩)
• 농촌근대화촉진법의 규정에 의하여 시행되는 "농지개량사업"으로 인하여 취득한 농지에 대한 등기 (등기선례 94. 3. 16 |

소유권 이 전 등 기	• 교회교육관을 신축할 목적으로 구입한 대지에 관하여 "목사개인명의"로 신청하는 소유권이전등기 (등기선례 4권 925항, 94. 3. 2 등기 3402-156 질의회답) • 과세표준액이 구분되어 있지 않는 토지와 건물을 따로 등기하는 경우, "토지등기시"에 등록세 전부를 납부하였다면 "건물등기시"에는 등록세를 납부할 필요가 없다. 첨부서류 : 토지등기필증과 그 등록세영수증 및 원본대조필의 취지가 기재된 토지소유권이전등기신청서 사본 (등기선례 97. 11. 3 등기 3402-830 질의회답) (구분건물) • 대지사용권의 사후취득에 따른 "대지권변경등기"는 그 성질은 "소유권이전등기"이므로 소유권이전등기의 등록세를 납부한다 (등기선례 4권 822항, 93. 8. 26 등기 2145, 829항, 94. 7. 4등기 3402-598 각 질의회답). • 갑전유부분의 소유자가 대지권의 일부를 을전유부분의 소유자에게 양도하기 위하여는 "규약"을 설정하여 그 일부를 대지권 아닌 권리로 하고, 이 규약을 첨부하여 "대지권변경등기신청"을 한 후 대지권에서 제외된 공유지분을 을 전유부분의 소유자에게 "이전등기"할 수 있으며, 이 때 등록세는 대지권 변경등기는 매 1건당	등기 3402-203 질의회답).

소유권 이　전 등　기	3,000원을, 공유지분이전등기는 무상은 1,000분의 15, 유상은 1,000분의 30이다.(등기선례 2권 650항, 87. 5. 21 등기 302) (공유물분할) • 공유부동산의 분할등기시의 등록세율은, (1) "자기지분"은 부동산가액의 1,000분의 3이고, (2) 자기 지분 초과부분은 부동산가액의 1,000분의 20(농지는 1,000분의 100이다(행정자치부 91. 3. 19 도세 22670-01014 질의회답) • 토지의 "특정부분"을 매수하였으나 편의상"지분이전등기"를 필한 후, 그 특정부분을 분할하고 그 토지의 다른 공유자를 상대로 판결에 의하여 명의신탁해지를 원인으로 하여 지분이전등기를 신청할 때에는 "법 제131조 제1항 제2호"의 등록세를 납부한다 (등기선례 2권 731항, 89. 3. 11 등기 488). • 국가와 사인((私人)이 공유하는 부동산에 관하여 공유물분할로 인한 소유권이전등기는, (1) "국가"가 소유권을 취득하는 경우에는 등록세가 부가되지 않으나, (2) "사인(私人)"이 소유권을 취득하는 경우에는 등록세를 납부한다 (등기선례 2권 733항, 88. 11. 14 등기 631항0. • "창업중소기업"이 창업일로부터 2년이내 신청하는 공유물분할등기는

소유권 이 전 등 기	50% 감면대상이 되지 않는다(소유권 취득 및 보존등기에 한하므로) (행정자치부 87. 10. 10 세정 01254- 12252 질의회답) (대위등기) · 갑은 을에게, 을은 병에게 각 소유 권이전등기절차를 이행하라는 이행 판결을 받아, 병이 을을 "대위"하여 갑으로부터 을명의로 신청하는 소유 권이전등기 (병이 을을 대신하여 납 부) (등기선례 94. 4. 14 등기 3402- 331, 96. 10. 26 등기3402-828 각 질 의회답) · 농지개량사업자가 사실상 소유자 를 "대위"하여 그 명의로 촉탁하는 소 유권이전등기 (등기선례 4권 916항, 94. 4. 25 등기 3402-369, 926항 94. 3. 16 등기 3402-203 각 질의회답) · 체납처분으로 인한 압류등기를 촉 탁하기 위하여, 관공서가 체납자를 "대위"하여 체납자앞으로 촉탁하는 소유권이전등기 (등기선례 1권 207 항, 86. 12. 31 등기 650 질의회답)	
기 타 등 기	(용익물권) · 장거리 송유관 매설을 위한 "지역 권설정등기"의 등록세는 각 승역지 소재지를 관할하는 시·군에 납부한 다 (등기예규 제193호, 72. 1. 11 법정 7 질의회답). · "전세권변경등기"의 등록세는, ⑴ "존속기간의 변경"은 3,000원, ⑵ "전세금 증액"은 증액된 금액의	

| 기타
등기 | 1,000분의 2를 납부한다 (등기선례 3권 1009항, 93. 3. 23 등기 687 질의회답).

(담보물권)
• "유치지역"내에서 취득한 사업용 토지 및 건축물에 대하여 신청하는 저당권설정등기 (소유권취득 및 보존등기만 면제됨) (행정자치부 90. 2. 12 도세 22670-0422 질의회답)
• "창업중소기업"의 저당권설정등기는 50% 감면대상이 아니다(사업용 재산의 취득등기와 법인설립등기만 감면되므로) (행정자치부 89. 7. 25 세정 22670-8098 질의회답).
• 저당권의 "채무자"를 변경하는 "저당권변경등기"는 새로운 설정으로 보지 않고 단순한 표시변경으로 보므로 1건당 3,000원의 등록세를 납부한다 (행정자치부 86. 12. 16 세정 22670-15169 질의회답).
• 저당권있는 채권에 관하여 압류등기후에 확정된 전부명령에 의하여 채권자가 촉탁신청하여 하는 저당권이전등기 (채권금액의 1,000분의 2) (등기선례 4권 918항, 93. 11. 19 등기 2869 질의회답)
• 근저당권설정등기의 등록세납부 의무자는 "근저당권자"이다 (다만, • 국민주택채권대상자는 근저당권설정자이다). (등기선례 1권 922항, 86. 4. 18 등기 185, 행정자치부 89.10. 30 도세 22670-3702 질의회답) | • 농업협동조합중앙회가 농민에게 "영농자금"을 융자할 때 제공받는 담보물에 관한 등기는 비과세한다.
첨부서류 : 시장 · 군수의 비과세확인 (규칙 제54조 서식) (행정자치부 89. 6. 29 도세 22670-2274 질의회답)
• 법 제264조의 영농자금 등의 융자지원을 위한 "등록세의 면제"는 그 등기신청에 "등록세감면확인서"를 첨부하여야 하나, 법 제261조의 자경농민의 농지에 대한 "등록세의 감면"은 그 감면확인서를 제출할 필요없이 시 · 군작성의 "전산처리된 용지"이거나 "수납부 일련번호" 및 "세무공무원의 날인이 있는 용지"에 의한 등록세영수필확인서 및 영수필통지서만 첨부하면 된다 (등기선례 4권 929항, 95. 5. 12 등기 3402-376 질의회답).
• 농민에 대하여 농업협동조합중앙회가 농어촌소득증대를 위한 "영농자금"을 융자하고 그에따른 저당권설정등기신청
첨부서류 : 농업협동조합법상의 농민이고 농어촌소득증대를 위한 영농자금으로 융자된 것임을 확인하는 농업협동조합중앙회장의 증명서와 등록세 소관행정청의 등록세감면확인서 (등기선례 97. 6. 20 등기 3402-440 질의회답)
• 조세특례제한법 (종전의 조세감면규제법)에 의하여 등록세가 "면제되는 기관" |

| 기 타 등 기 | (가등기)
• 가등기 (담보가등기는 제외됨)는 부동산가액의 "1,000분의 2"에 해당하는 등록세를 납부하며, 부동산가액은 "과세시가표준액"을 기준으로 하되, 원인증서상에 예약금액이 과세시가표준액을 초과한 경우에는 그 "예약금액"을 기준으로 한다. 다만, 법 제111조 제5항 각호의 경우에는 "사실상의 가액"으로 한다 (등기예규 제677호, 제682호, 89. 1. 6 등기 21, 89. 4. 4 등기 671각 통첩).
• 청구권가등기의 등록세율은 "부동산가액의 1,000분의 2", 담보가등기의 등록세율은 "채권금액의 1,000분의 2"을 각 적용한다 (행정자치부 89. 3. 4 도세 01254-0804 질의회답).
• 담보가등기신청시에 납부할 등록세는 가등기담보 등에 관한 법률 제17조 제3항에 따라 "저당권의 세율"에 의한다 (등기예규 제506조, 84. 2. 6 등기 48 통첩).
• 가등기로 순위를 보전한 소유권이전등기청구권의 "이전등기"는 가등기에 준한 등록세 즉 부동산가액의 1,000분의 2를 납부한다 (등기선례 3권 792항, 91. 1. 12 등기 80).
• 근저당권설정청구권가등기를 신 | 이 등기권리자로 신청하는 저당권설정등기 (등기예규 제318호, 78. 4. 7 등기 123 통첩) |

| 기 타 등 기 | 청할 때에는, 그 "채권최고액의 1,000분의 2"에 해당하는 등록세를 납부한다 (등기선례 4권 921항, 94. 12. 20 등기 3402-1465 질의회답).
(말소등기 등)
• "면세법인"의 경매신청에 의하여 기입된 경매신청등기를 면세법인의 취하에 의한 "경매신청등기의 말소등기" (등기권리자가 면세법인이 아니므로) (등기예규 제237호, 74. 12. 19 법정 715 통첩)
• "국"이 한 가처분등기를 승소판결에 인한 등기를 함이 없이 하는 "가처분등기의 말소등기" (등기권리자가 나라가 아니므로) (등기예규 제348호, 79. 8. 6 등기 297 질의회답)
• 신탁의 등기와 신탁으로 의한 재산권의 취득등기는 동시에 신청하여야 하나, 각 별개의 등기이므로, "신탁으로 인한 재산권의 취득등기"는 등록세가 과세되지 아니하나, "신탁등기는"는 등록세 3,000원을 납부한다 (등기예규 제310호, 78. 2. 9 등기 40 통첩).
• 상속등기후에 하는 상속재산협의 분할로 인한 "소유권경정등기"는 경정등기에 대한 정액의 등록세만 납부한다 (등록세는 누진이 적용되지 않으므로) (등기선례 4권 915항,95. 5. 18 등기 3402-389 질의회답) | • "토지구획정리사업"으로 인하여 지번이 변경된 경우에 신청하는 등기명의인표시변경등기 (법 128 iv, 등기선례 1권 566항, 81. 12. 23 등기 591)
• 국가가 1필의 토지의 일부를 매수하고 그 소유권이전등기를 받기 위하여 매도인인 등기명의인을 대위하여 촉탁하는 분필등기, 등기명의인표시변경등기 및 지목변경등기 (국가가 자기를 위하여 하는 등기이므로) (등기예규 제424호, 82. 2. 24 등기 65 질의회답)
• 등록세의 "납세지"를 위반한 보전처분이나 압류 등의 촉탁등기는, 그 긴급성을 감안하여 이를 처리한 후 "미납통지"한다 (등기예규 제420호, 81. 12. 23 등기 589 통첩)
• "국"이 한 가처분등기를 승소판결에 인한 등기를 완료한 후 하는 "가처분등기의 말소등기" (국가가 자기를 위하여 하는 등기이므로) (등기예규 제348호, 79. 8. 6 등기 297 질의회답)
• "신탁"으로 인한 재산권의 취득등기 (법 128 i , 등기예규 제310호, 78. 2. 9 등기 40 통첩) |
| | (중과세)
• 인천에서 법인설립 후 서울로 "본 | (중과세 제외)
• 서울특별시내의 법인의 본점을 인천광 |

중과세	

점이전등기"를 하는 때에는 중과세한다 (행정자치부 87. 2. 18 세정 01254-1882 질의회답).

• 서울특별시 외의 수도권지역에 있는 법인의 본점을 서울특별시내로 "이전"하는 경우에는 "법인의 설립"으로 보아 중과세한다 (등기선례 2권 736항, 87. 2. 7 등기 65).

• 건설교통부에 등록된 "주택건설업체"가 대도시내에서 하는 "법인설립등기"는 중과세한다 (주택건설용으로 부동산을 취득·등기하는 경우가 아니므로) (등기선례 3권 1017항, 90. 4. 12 등기 721).

• 대도시안의 기존공장의 "증축"에 따른 변경등기도 "공장의 신설"로 보아 당해 세월의 5배에 해당하는 세율은 적용한다 (등기예규 제239호, 75. 1. 10 법정 20 통첩).

• 대도시내에서 "자선사업"을 목적으로 하는 재단법인설립등기는 중과세된다 (대도시내의 설립등기는 설립목적에 관계없이 중과되므로) (행정자치부 87. 1. 11 세정 01254-13679 질의회답).

• 대도시안에서 사업자등록후 5년이상 제조업을 영위한 개인기업이 법인으로 "전환"하는 경우에는, 전환전의 부동산가액을 "초과하는 부분"과 법인으로 "전환한 날 이후에 취득한 부동산"은 중과세된다 (행정자치부 90. 8. 3 도세 22670-2675 질의회답).

역시로 "이전"하는 경우에는 "당해 대도시내의 이전"으로 보아 등록세를 중과하지 않는다 (등기선례 3권 1018항, 93. 3. 13 등기 613).

• "동일 대도시"에서의 본점이전 등은 등록세 중과세대상이 아니다 (등기예규 제207호, 72. 7. 27 법정 389 질의회답).

• 대도시내의 공장이 "대도시 이외의 지역"으로 이전하는 때의 등기 (법 274, 등기선례 76. 7. 20 법정 466 통첩)

• 대도시내의 주식회사가 동일 등기소관할내인 "당해 대도시내"로 본점이전등기을 신청하는 경우에는 등록세를 중과세하지않는다 (등기선례 3권 1014항, 92. 11. 10 등기 2342).

• 대도시 내에서 건설업 등을 사업목적으로 하는 법인이 "아파트건설"을 위하여 부동산을 취득하는 등기 (법인의 고정재산적 성질을 가지는 사무소 또는 공장시설 등 부동산의 취득이 아니므로) (등기예규 제382호, 81. 7. 28 선고 80 누 98 판결)

• 대도시 내에 공업배치및공장설립에관한법률의 적용을 받는 "공업단지"(행정자치부 93. 7. 21 도세 13422-624 질의회답)

• 금융기관이 대도시내에서 공장을 "경락취득"하는 등기 (등기예규 제429호, 75. 4. 29 법정 250 통첩)

• "회사합병"으로 대도시내의 기존공장을 승계취득하는데 따르는 등기 (등기예규 제476호, 83. 4. 12 선고 81 누 189 판결)

• 대도시내에 있는 "폐업중의 공장"을

| 중과세 | • 설립 5년이후의 갑법인과 설립 5년이내의 을법인이 "흡수합병"한 경우, (1) 갑법인인 존속법인이 되어 사업용 토지를 구입할 때에는 중과세대상이 아니나, (2) 을법인이 존속법인이 되어 사업용 토지를 구입할 때에는 중과세된다 (행정자치부 90. 7. 16 도세 22670-2355 질의회답). | 공장으로 사용하기 위하여서가 아니라, 신설회사에 "현물출자"하기 위해 매입하여 신청하는 소유권이전등기 (공장의 신설에 해당하지 않으므로) (등기예규 제202호, 72. 4. 27 법정 208 통첩)
• 대도시내에 설립 5년이내의 법인이, 타 대도시내의 부동산을 취득하는 등기 (당해 대도시 내에서의 취득이 아니므로) (행정자치부 89. 12. 14 도세22670-4269 질의회답)
• 법인이 대도시내에 지점 등의 설치일로부터 "5년경과후" 취득하여 신청하는 부동산등기 (행정자치부 91. 5. 23 도세 22670-001889 질의회답)
• 등록세 중과세 "추징"시에는 "가산세"는 부과하지 않는다 (행정자치부 93. 6. 8 도세 13422-362 질의회답)
• 착오로 중과세율적용으로 납부한 사실이 명백히 입증되는 경우에는 "과오납부등록세"는 "환부"한다 (행정자치부 93. 2. 4 도세 13422-187 질의회답). |
| | • 주식회사를 유한회사로 조직변경하는 경우는 "법인설립등기"에 해당되어 "1,000분의 4"를, 조직변경전의 법인소유의 부동산을 조직변경후의 법인명의로 변경하는 경우는 매 1건당 "3,000원"을 각 적용한다 (행정자치부 87. 8. 5 세정 01254-9526 질의회답).
• 위탁영농공사의 법인설립등기 (재산권 기타 권리에 대한 등기가 아니므로) (행정자치부 93. 8. 16 도세 | • 상업 제176조의 규정에 의하여 검사의 청구로 법원이 회사의 해산을 명한 경우, 이에 따른 법원의 촉탁에 의한 "해산등기"는 등록세의 납부가 없는 경우에도 등기를 한 후 관할시장·군수에게 "미납통지"한다 (등기예규 제251호, 75. 5. 8 등기 270, 126) |

| 상　업 · 법　인 등　기 | 13422-710 질의회답)
• 학교법인의 "자본증자"등기 (학교법인의 설립과 합병등기만 면제되므로) (행정자치부 93. 1. 28 도세 13422-77 질의회답)
• 창업중소기업의 자본증가로 인한 변경등기는 50%의 감면대상이 되지 않는다 (행정자치부 87. 6. 3 세정 01254-6760 질의회답).
• 주식회사가 "이사변경", "목적변경" 및 "본점이전"을 하고 구 본점소재지에서 위 사항 등을 일괄하여 등기 신청하는 경우, 그 등록세는 법 제137조 제1항 제6호의 "변경등기 1건 (23,000원)"으로 납부하면 된다 (등기선례 3권 1016항, 92. 12. 17 등기 2584 질의회답). | |

인지세

> **Q** 등기원인증서인 검인계약서나 주택이 아닌 전세권설정계약서에 인지를 붙이지 않으면 등기관은 등기신청을 각하할 수 있는가?
>
> **A** 등기원인증서에 소정의 인지를 첨부하지 아니한 때에는, 등기신청과 관련하여 인지세법에 의하여 부과된 의무를 이행하지 아니한 때에 해당하므로 등기관은 등기신청을 각하할 수 있다.

1. 부동산 · 선박 · 항공기의 소유권이전에 관한 증서는 기재금액이 500만원 미만은 인지세가 비과세이나 500만원 이상은 기재금액의 과다에 따라 최저 10,000원에서 최고 350,000원까지로 조정하여 「인지세(印紙稅)」를 납부하고, 주택을 제외한 전세권 또는 임차권에 관한 증서는 인지세 10,000원을, 지상권 또는 지역권에 관한 증서는 인지세 3,000원을 각 납부한다(인지세법 제3조).

근저당권설정계약서 및 위임장에는 종전에는 인지 50원을 첩용하였으나 인지세법의 개정으로 1992. 7. 1부터 인지세를 납부하지 않는다.

2. 등기원인증서에 첩용한 인지는 과세문서의 지면과 인지에 걸쳐 "작성자의 인장 또는 서명"으로 소인하나(동법 제10조), 등기관이 등기를 완료할 때에는 작성자의 소인유무를 불문하고 재사용하지 못하도록 청색 또는 적색의 스템프를 사용하여 「소인(消印)」으로 소인한다 (1998. 2. 14 등기예규 제914호).

3. 인지세를 "납부할 경우"와 "납부하지 아니할 경우"를 대비하면 다음표와 같다.

인지세 납부 여부 대비표

구분	인지세를 납부할 경우	인지세를 납부하지 아니할 경우
납부 기준	• 토지와 건물에 대한 매매계약서를 첨부하여 건물만에 관한 소유권이전등기를 신청하는 경우에도, 그 "계약서에 기재된 금액"을 기준으로 한다 (등기선례 4권 1037항, 93. 3. 25 등기 707). • 부가가치세가 원인증서상에 포함된 경우에는, 그 "부가가치세가 포함한 금액"을 기재금액으로 한다 (등기선례 94. 5. 12 등기 3402-426 질의회답). • 국가 등이 개인과 공동으로 작성한 것으로 "국가 등이 가지는 협의계약서" (개인이 작성한 것으로 보므로) (법 7, 등기선례 96. 3. 18 등기 3402-186 질의회답)	
소유권이전에 관한 증서	• 부동산·선박·항공기의「소유권이전」에 관한 증서에는, 기재금액이 500만원을 초과하면 기재금에 따라 인지 "최저 10,000원"에서 "최고 350,000원"까지 붙인다 (법 3 ① ⅰ).	• 기재금액이 "500만원이하"인 부동산·선박·항공기의「소유권이전」에 관한 증서 (법 3 ① ⅰ) • 매매를 원인으로 하는 소유권이전등기의 절차이행을 명하는 "판결문" (등기선례 98. 1. 20 등기 3402-39 질의회답)
전세권또는임대차에관한증서	• 주택을 제외한「전세권」또는「임대차」에 관한 증서에는, 인지 "10,000원"을 붙인다 (다만, 종전에는 전세금에 따라 인지세를 산정하였으나, 인지세법의 개정으로 1992. 7. 1부터 전세금의 액수와 관계없이 10,000원이다) (법 3 ① ⅴ, 6 ⅵ). • 전세권의 기간만료로 기간을 연장하	• "주택"의「전세권」또는「임대차」에 관한 증서 (법 6 ⅵ)

	는 "전세권변경등기"를 신청하는 경우의 「전세권갱신계약서」(그 실질이 새로운 설정계약이므로) (등기선례 4권 1036항, 92. 3. 10 등기 578)	
전세권또는지역권에관한증서	• 「지상권」 또는 「지역권」에 관한 증서에는 인지 "3,000원"을 붙인다(법 3 ① vii).	
저당권에관한증서		• 근저당권설정계약서 (다만, 종전에는 정액인지 50원을 납부하였으나, 인지세법의 개정으로 1992. 7. 1부터 납부하지 않는다) • 근저당권변경등기의 원인증서인 「채무자변경계약서」(다만, 피담보채무의 원인행위인 채무인수계약서는 과세문서이다) (등기선례 93. 7. 8 등기 1698 질의회답)
기타증서		• 위임장, 등기신청서에 첨부하는 승낙서 (다만, 종전에는 정액인지 50원을 납부하였으나, 인지세법의 개정으로 1992. 7. 1부터 납부하지 않는다) • 이사 취임승낙서 (77. 7. 20 부산지법 총무 778 통첩)

등기신청수수료

> **Q** 하나의 신청서로서 1필지의 토지 및 그 지상 1개의 건물에 관한 소유권이전등기를 신청하는 경우에 등기신청수수료는 얼마를 납부하는가?
>
> **A** 1997. 7. 1부터 10,000원을 납부하였으나, 2000. 8. 1부터 14,000원을 납부한다.

1. 등기현대화에 따른 재원을 마련하기 위하여 1997. 7. 1부터 「등기신청수수료」를 신설하였다. 즉, 등기를 하고자 하는 자는 대법원규칙이 정하는 바에 따라 등기신청수수료를 납부하고, 이를 납부하지 아니한 경우에는 등기신청의 각하사유로 하여 수수료의 징수를 강제한다(부동산등기법 제27조 제3항, 제55호 제9호).

등기신청수수료는 "등기신청인"이 납부하되, 등기권리자와 등기의무자의 공동신청에 의하는 경우에는 "등기권리자"가 납부한다.

2. 등기신청수수료액은, (1) 부동산등기는 보존·이전·설정·신탁·환매는 금7,000원 (종전에는 금5,000원), 그 외는 금1,000원이고, (2) 상업등기는 설립은 금10,000원, 그 외는 금2,000원이다(등기부등·초본 등 수수료 규칙 제5조의 2 내지 제5조의 4).

여러 개의 부동산에 관한 등기신청을 일괄하여 하나의 신청서나 촉탁서로써 하는 경우에는 등기의 목적에 따른 소정의 수수료액에 신청대상이 되는 부동산 개수를 곱한 금액을 등기신청수수료로 납부한다.

예컨대, 1필지의 토지 및 그 지상 1개의 건물 이른바 단독주택에 관한 소유권이전등기를 신청하는 경우에는 14,000원(7,000원 × 2)이고, 3개의 부

동산에 관한 가압류촉탁을 하는 경우에는 3,000원(1,000원 × 3)이다.

3. 등기신청수수료는 등기과 · 등기소 및 조흥은행 등 지정금융기관에서 판매하는 "등기수입증지"를 구입하여, 등기신청서(을지)에 등기신청수수료 금액을 기재하고 하단 여백 또는 별지(첨부할 등기수입증지가 많을 경우)에 등기수입증지를 첨부하여 납부한다(1997. 5. 31 등기예규 제872호, 1997. 6. 18 등기 3401-434 통첩).

등기관이 등기를 완료한 때에는 등기수입증지를 청색 또는 적색스탬프를 사용하여 "소인인"으로 소인한다(1998. 2. 14 등기예규 제914호).

4. 등기신청수수료를 "납부할 경우"와 "납부하지 아니할 경우"를 대비하면 다음 표와 같다.

등기신청수수료 납부 여부 대비표

등기부등 · 초본등수수료규칙 제5조의 2
1997. 5. 31 등기예규 제872호
개정 2000. 8. 1 등기예규 제999호

구분	등기신청수수료를 납부할 경우	등기신청수수료를 납부하지 아니할 경우
징수방법	• 여러 개의 부동산에 대하여 일괄하여 하나의 신청서에 의하여 등기신청을 하는 때에는, "등기의 목적"에 따른 소정의 수수료액에 신청대상이 되는 "부동산의 개수"를 곱한 금액을 납부한다(97. 7. 25 등기 3402-582 질의회답). • 공유지분에 대한 가압류등기촉탁은 "공유자의 수"에 따라 납부하나, 각 공	• 등기관이 "직권"으로 등기하는 경우 • 등기신청이 "취하"된 경우 이 경우에는 교합 또는 각하결정 후에 소인하므로 등기수입증지가 첨부되어 있는 등기신청서를 환부한다.

		유자를 동일한 가압류신청사건의 채무자로하여 동일한 촉탁서에 의하는 때에는 공유자 수에 관계없이 각 "촉탁서별"로 1,000원을 납부한다 (97. 12. 4 등기 3402-964 질의회답)	
변경 경정 등기		• 건물의 "증축" 또는 "부속건물의 신축"에 대한 건물표시변경등기신청은 1,000원을 납부한다 (97. 8. 28 등기 3402-65 질의회답). • 여러 개의 건물을 1개의 건물로 "합병"하는 등기신청은, "1,000원× 합병 전 건물의 개수" 금액을 납부한다. • 1개의 건물을 여러 개의 건물로 "분할" 또는 "구분"하는 등기신청은, 1,000원 × 분할 또는 구분후의 건물의 개수" 금액을 납부한다. • 환지등기에 수반되는 "등기명의인표시"의 변경 및 경정등기 (98. 1. 23 등기 3402-83 및 3402-84 각 질의회답)	• "토지표시"의 변경 및 경정등기와 토지의 "분할·합병"등기신청 • 행정구역, 지번, 면적단위변경을 원인으로 한 "건물표시"변경등기신청 • 행정구역, 지번의 변경, 주민등록번호의 정정을 원인으로 한 "등기명의인표시"의 변경 또는 경정등기신청 • 농업기반정비환지등기 중 토지표시의 "변경 및 경정등기"의 대위등기, 환지를 교부하지 않는 경우에 토지의 멸실등기에 준하여 행하는 자는 "말소등기", 소유권 기타 권리의 변경이 없는 토지등기부의 "표제부"만의 변경이 이루어지는 환지등기(98. 1. 23 등기 3402-83 및 3402-84 질의회답) • "등기관의 과오"로 인한 등기의 착오 또는 유루를 원인으로 하는 경정등기신청
소유권 보존 이전 등기		• 행정구역의 폐지·분합에 따라 지방자치법 제5조에 의하여 "승계"를 원인으로 한 소유권이전등기촉탁 (98. 3. 9 등기 3402-198 질의회답) • 환지등기에 수반되는 "상속"을 원인으로 한 소유권이전등기의 대위등기신청 (98. 1. 23 등기 3402-83 및 3402-84 각 질의회답)	

	• 환지등기시 수반되는 종전의 미등기토지에 대한 환지등기에 따른 소유권보존등기, "입체환지"의 경우 토지 및 미등기건물에 대한 소유권보존등기 또는 기존 등기건물에 대한 소유권이전등기, "창설환지"에 대한 소유권보존등기, 지방자치단체명의의 소유권보존등기는 환지교부된 "매 필지 수"마다 "각 등기의 목적"에 따라 납부한다 (98. 1. 23 등기 3402-83 및 3402-84 각 질의회답).
집합 건물 등기	• 집합건물에 대한 등기신청은 "각 구분건물별"로 납부하되, 대지권등기가 되어 있는 구분건물은 "1개의 부동산"으로 본다. • 대지권의 표시등기 또는 변경·경정등기는 "각 구분건물별"로 납부한다. • 대지권등기가 경료된 구분건물에 설정된 근저당권의 변경등기신청은 "1개의 부동산"으로 보므로 1,000원을 납부한다 (97. 12. 12 등기 3402-1001 질의회답). • 대지권등기가 되어 있지 않은 아파트의 등기신청은, "각 구분건물별"로 납부하되, 그 대지에 대하여도 "필지별"로 납부한다 (97. 8. 6 등기 3402-619 질의회답). • 대지권등기를 하지 않고 구분건물만에 대하여만 소유권보존등기를 한 후 대지권등기신청을 할 경우, (1) "이미 취득하고 있는 대지권"에 대하여 하는 대지권표시등기는 구분건물 1개당 1,000원을 납부하고, (2) "대지권의 사후취

	득" 등의 사유로 하는 대지권표시등기는 실질적으로 대지에 대한 소유권 등의 이전이므로 구분건물 1개당 7,000원을 납부한다 (97. 6. 30 등기 3402-468 질의회답).	
기 타 등 기	• 추가근저당권설정등기신청은, 근저당권설정등기 신청수수료 7,000원에 새로 추가된 "부동산 개수"를 곱한 금액을 납부한다 (97. 8. 4 등기 3402-606 및 97. 8. 28 등기 3402-651 각 질의회답). • 공장저당법 제7조 목록추가등기는, 기타 등기로 보므로 해당 "부동산의 개수"와는 관계없이 기타 등기신청수수료 1,000원을 납부한다 (97. 8. 28 등기 3402-651 질의회답).	• 판결에 의한 중복등기의 말소등기신청 (97. 8. 9 등기 3402-632 질의회답) • 멸실회복등기신청 • 예고등기 및 예고등기 말소등기촉탁 • 파산, 화의, 회사정리 등기촉탁
등 기 촉 탁	• "지방자치단체"가 자기를 위하여 하는 등기촉탁 (97. 9. 20 등기 3402-700 질의회답) • 농어촌진흥공사의 "사업시행"에 따른 등기촉탁 (97. 7. 25 등기 3402-582 질의회답) • 대한주택공사가 "취득"한 부동산이나 "사업과 관련하여"하는 등기촉탁 (97. 12. 15 등기 3402-1017 질의회답) • 국가명의의 가처분등기를 말소하는 등기촉탁 (2000. 2. 2 등기 3402-82 질의회답)	• "국가"가 자기를 위하여 하는 등기촉탁 (등기부등 · 초본 등 수수료규칙 제7조 제2항) • 국가가 "등기권리자"로서 신청하는 등기 및 그 등기의 말소등기촉탁 (등기부등 · 초본 등 수수료규칙 제7조 제2항) • "공유재산"을 관리 · 보존하기 위한 등기촉탁 (등기부등 · 초본 수수료규칙 제7조 제2항) • 국가사무를 위임받은 지방자치단체장이 "환경개선부담금체납처분"을 원인으로 한 압류등기 또는 그 말소등기의 촉탁 (98. 4. 3 등기 3402-292 질의회답)

상 업 등 기	• 민법법인등기, 특수법인등기 및 외국법인등기는 "상업등기"를 준용한다. • 선박등기, 입목등기, 공장재단등기, 광업재단등기는 "상업등기"를 준용하지 않고 "부동산등기"를 준용한다.	• 상업등기 중 "법원의 촉탁"에 의한 등기

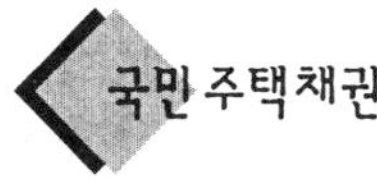 국민주택채권

> **Q** 저당권설정금액을 1000만원으로 하는 저당권설정등기를 신청하려면 국민주택채권 얼마를 사야 하는가?
>
> **A** 저당권설정등기는 설정금액 1000만원 미만은 국민주택채권을 매입하지 아니하나, 1000만원 이상은 설정금액의 1,000분의 10을 매입하므로 100,000원을 매입한다.

　1. 등기를 신청하는 자는 주택이 없는 국민의 주택건설을 위한 자금을 조달해 주기 위하여 「국민주택채권」을 매입하여 등기신청서에 그 "매입필증(買入畢證)"을 첨부한다(주택건설촉진법 제16조, 동법시행령 제17조 제1항).

　국민주택채권의 매입의무를 이행하지 아니한 때에는, 등기관은 등기신청과 관련하여 다른 법률인 주택건설촉진법에 의하여 부과된 의무를 이행하지 아니한 때에 해당하므로 등기신청을 "각하"한다(부동산등기법 제55조 제9호).

　2. 국민주택채권의 매입대상이 되는 등기는 소유권보존 또는 이전, 상속,

저당권의 설정 및 이전의 등기이다. 다만, 소유권의 보존(건물은 제외) 또는 이전은 시가표준액이 500만원이상(상속은 1,000만원 이상)이고, 저당권의 설정 및 이전은 설정금액이 1000만원 이상인 경우에 한한다(주택건설촉진법시행령 제17조 별표 3).

매입의무는 소유권보존등기 또는 소유권이전등기의 등기명의자(등기원인이 상속인 경우에는 상속인), 저당권설정자 및 저당권을 이전받는 자이다(동법시행규칙 제13조의 6).

3. 국민주택채권의 "최저매입금액"은 1만원으로 한다. 다만, 1만원 미만의 단수가 있는 경우에는 (1) 그 단수가 "5000만원 이상 1만원 미만인 때"에는 1만원으로 하고, (2) 그 단수가 "5000만원 미만인 때"에는 단수가 없는 것으로 한다.

국민주택채권의 발행일은 매출한 달의 "말일(末日)"로 하고, 원리금은 발행일로부터 5년이 되는 날에 상환한다(동령 제15조의 2 제4항, 제15조의 3 제2항).

4. 국민주택채권을 "매입할 경우"와 "매입하지 아니할 경우"를 대비하면 다음 표와 같다.

국민주택채권 매입 여부 대비표

구분	국민주택채권을 매입할 경우	국민주택채권을 매입하지 아니할 경우
	(주거전용건축물과 그 이외의 부동산) • 1층, 2층, 지하실이 있는 건물의 용도가 1·2층 모두가 주택인 경우에는 그 전체를 "주거전용 건축물"로 보	

| 매 입
기 준 | 고, 1층은 점포, 2층은 주택인 경우에는 그 전체를 "주거전용 건축물 이외의 부동산"으로 본다 (등기선례 4권 934항, 93. 7. 27 등기 1886 질의회답).

• "주거용"과 "비주거용"에 공하는 복합건축물은 "주거전용 건축물 이외의 부동산"에 속한다 (등기예규 제537호, 84. 7. 19 등기 281 통첩).

※ 반대해석 : 1층은 소매점, 2층은 주택인 복합건물은, 1층은 "주거전용 건축물 이외의 부동산"으로, 2층은 "주거전용 건축물"로 구분하여 적용한다 (건설교통부 93. 4. 16 주기 58507-16 질의회답).

• 주거전용 아파트는, (1) 건물은 "주거전용건축물"의 기준을, (2) 대지부분은 "주거전용 건축물 이외의 부동산"의 기준을 각 적용한다 (건설교통부 93. 9. 23주기 58507-403 질의회답).

(과세시가표준액)
• 과세시가표준액은 건물과세표준액 조견표에 기재되어 있는 가격에 "가감산특례"에 의한 가감산을 적용하여 산정한 가격으로 한다 (등기예규 |

매 입 기 준	제607호, 85. 12. 9 등기 573 통첩). • 국민주택채권의 매입금액은, (1) 과세시가표준액에 대하여 매입기준에 의한 "구간별 채권매입요율"을 적용하지 않고, (2) 과세시가표준액의 "전체금액에 대한 해당매입요율"을 적용하여 산출한다 (건설교통부 94. 4. 12 주기 58507-150 질의회답). • 경락으로 인한 소유권이전등기는 "경락가격"을 기준으로 하지 않고, "과세시가표준액"을 기준으로 한다 (등기선례 1권 110항, 83. 3. 18 등기 109). • 법인소유의 부동산인 경우에 "계약서상의 매매대금"이 아니고, "과세시가표준액"을 기준으로 한다 (등기선례 4권 933항, 93. 7. 27 등기 1884 질의회답). (산정기준시기) • 시영아파트를 분양받아 건물에 대한 소유권이전등기는 91년도에 하였으나, 토지는 지적공부가 정리되지 못하여 94년도에 하는 경우에, 토지의 과세시가표준액이 91년도는 "500만원미만"이었으나, 94년도에

	는 "500만원이 넘는 경우" (등기선례 4권 941항, 94 2. 1 등기 3402-69 질의회답) • 과세시가표준액은 "잔금지급시"를 기준으로 하지 않고, "소유권이전등기시"를 기준으로 한다 (건설교통부 92. 11. 20 주기 01254-613 질의회답). (공동주택 등)
매　입 기　준	• 인접한 2개의 필지에 하나의 건축물이 건립되어 있는 경우에는, 2개의 필지를 "하나의 필지"로 보아 "2개의 필지를 합한 금액"과 "건물금액"에 대하여 각각의 과세시가표준액에 상당하는 채권을 매입한다 (건설교통부 91. 7. 29 주기 01254-21401 질의회답). • 여러 개의 필지가 하나의 공동주택의 대지를 형성하고 있는 경우에는 각 필지를 "하나의 필지"로 보아 각 필지의 과세표준액을 "합산한 전체 금액"으로 정한다 (등기선례 3권 1030항, 93. 3. 31 등기 754). • 공동주택의 각 세대당 과세시가표준액은 각 세대의 "전유부분의 면적"과 "공유부분의 면적" (즉 복도, 계단

| 매 입
기 준 | 등의 건물부분, 부속건축물 포함)을 합산하여 산정한다 (등기선례 4권 938항, 93. 11. 3 등기 2740, 948항, 94. 5. 24 등기 3402-456 각 질의회답).

※ 반대해석 : 구분건물의 과세시가표준액을 산정함에 있어서 등기되지 아니하는 "공유면적"은 합산하지 아니한다 (등기선례 1권 912항, 86. 3. 15 등기 117).

• 공유물은 "공유지분비율"에 따라 산정한 과세시가표준액을, 공동주택은 "세대당 과세시가표준액"을 기준으로 한다 (등기예규 제513호, 84. 2. 28 등기 81 질의회답).

• 여러 사람의 공유의 토지를 증여를 원인으로하여 종중명의로 소유권이전등기를 하는 경우에, 공유자들의 공유지분을 합한 "토지전체의 과세시가표준액"을 기준으로 한다 (등기선례 4권 939항, 94. 1. 5 등기 3402-1 질의회답).

(매입대상자)
• 근저당권설정등기를 하는 경우에는 "근저당권설정자"가 매입한다.(규칙 12 ① ⅲ, 등기선례 84. 4. | • 국가기관, 지방자치단체, 정부투자기관, 지방공기업, 금융기관은 국민주택채권의 매입업무를 면제한다 (영 17 ①〔별표 3〕1). |

매 입 기 준	18 등기 185 질의회답). (등록세가 면제되는 경우) • 등록세가 면제되는 경우라도 과세시가표준액이 "500만원 이상"일 경우에는 주택건설촉진법, 같은 법 시행령 등의 규정에 의하면 "면제" 되지 않는한 매입필증을 징구한다 (등기예규 제421호, 81. 12. 23 등기 589 통첩). (착오에 대한 조치) • 국민주택채권 매입필증의 기재사항에 착오 또는 누락이 있는 때에는, 1월내에 매출점포에 "정정신청서"를 제출하여 책임자로부터 매입필증에 "정정의 표시"를 하고 "날인"을 받아 정정한다 (규 3 ⑤, 등기선례 91. 1. 8 등기 29).	• 국민주택채권을 착오로 매입하거나 법정매입금액을 초과하여 매입한 때에는, 등기소로부터 "중도상환사실증명"을 발급받아 한국주택은행으로부터 중도상환받는다 (등기예규 제505호, 제761호, 92. 3. 6 등기 535 통첩, 건설교통부 93. 11 19 주기 58507-491 질의회답).
매 입 기 관	(종교단체) • 법인아닌 "비영리사단"인 종교단체나 교회의 부동산등기신청 (다만, 허가받은 법인인 종교단체는 면제) (건설교통부 92. 12. 19 주기 01254-646 질의회답).	• 민법 제32조의 규정에 의하여 "허가받은 종교단체"의 종교용 건축물 또는 당해 토지에 대한 소유권보존등기 또는 소유권이전등기신청 (영 17〔별표 3〕3나, 건설교통부 92. 12. 19 주기 01254-646 질의회답) • 교회가 선교사업의 목적으로 부동산을 매수하여 "교회명의"로 신청하

매 입 기 관		는 소유권이전등기 첨부서류 : 민법 제32조의 규정에 의하여 설립된 사단 또는 재단에 소속되어 있음을 소명하는 서면 (등기선례 98. 5. 22 등기 3402-446 질의회답) • 전통사찰보존법에 의하여 "등록된 사찰"은 물론 동법의 등록대상이 아닌 사찰의 경우에도 "민법 제32조에 의하여 허가받은 불교단체" 및 "이에 소속된 불교단체", 관계법령에 의하여 "시장·군수에게 등록된 불교단체"의 부동산등기신청 (건설교통부 93. 9. 20 주기 58507-397 질의회답)
	(사회복지법인)	• "사회복지법인"이 업무용 토지 또는 건물에 대하여 하는 소유권이전등기신청 (영 17〔별표 3〕3나 (1), 등기선례 1권 925항, 81. 5. 20 등기 233, 건설교통부 89. 2 주정 01254-9841 질의회답)
	(사립학교)	• "사립학교"가 교육용 토지에 대하여 신청하는 소유권이전등기 (영 17〔별표 3〕3나 (2), 건설교통부 93. 3. 20 주기 58507-106 질의회답) • "유치원"을 경영하는 자가 교육

매입기관		
	(특별법에 의한 법인) • 성업공사가 상호신용금고로부터 채권회수업무의 위임을 받아 "상호신용금고"명의로 "경락"을 받아 담보부동산을 인수한 경우에 촉탁하는 소유권이전등기 (등기선례 4권 931항, 93. 11. 13 등기 2824, 943항, 94. 2. 22 등기 3402-130 각 질의회답) • 새마을금고가 "연합회"로부터 대출을 받기 위하여 담보물을 제공하고 신청하는 근저당권설정등기 (건설교통부 89. 5. 9 주정 01254-10316)	용토지 또는 건축물을 취득하여 신청하는 소유권보존등기 또는 소유권이전등기 (영 17〔별표 3〕3마〔부표〕8나, 규8, 건설교통부 91. 6. 24 주기 01254-17810 질의회답) • 신용보증기금 및 기술신용보증기금이 기업의 채무를 "대위변제"하고 신청하는 근저당권이전등기 (영 17〔별표 3〕3다, 규칙 7〔별표 2〕2, 건설교통부 93. 4. 3 주기 58507-140 질의회답) • 새마을금고, 연합회가 "업무용 토지, 건물"을 취득하여 신청하는 소유권이전등기 (업무용취득을 확인하는 감독관청의 서면의 제출이 필요하나 특별법상 간주규정이 있으면 필요없다) (건설교통부 97. 6. 23 주정 58507-1487 질의회답, 98. 4. 17 등기 3402-344질의회답) • 산림법에 의한 산림조합이 "업무용 토지, 건물"에 대하여 신청하는 부동산등기 (건설교통부 93. 1. 12 주기 58507-7 질의회답) • 중소기업협동조합법에 의하여 설립된 "협동조합"이 업무용 토지에 대하여 신청하는 저당권설정등기 (건설교통부 93. 10. 15 주기 58507-

매 입 기 관	(의료법인) • 비영리법인으로서 재단법인에 관한 규정을 준용하는 "의료법인"이 병원건물 및 그 부지로 사용하기 위하여 의료법인 명의로 신청하는 소유권이전등기 (등기선례 4권 944항, 94. 2. 24 등기 3402-145 질의회답) (비영리법인) • 마을주민들의 공동체인 "마을회"에서 부동산을 취득하여 마을회명의로 신청하는 소유권이전등기 (건설교통부 94. 2. 15 주기 58507-58 질의회답) • 군청에 기타 단체등록을 필한 "동부락"이 주민으로부터 증여받아 신청한 소유권이전등기 (건설교통부 92. 11. 5 주기 01254-569 질의회답) • "시장번영회"가 시장개설을 위하여 토지수용을 전제로하여 신청한 소유권이전등기 (다만, 사업주체가 국가 또는 지방자치단체인 경우에는	438 질의회답) • "한국방송공사"가 취득한 부동산에 대한 소유권이전등기 (등기선례 1권 931항, 84. 12. 24 등기 563 질의회답) • 의료보험법의 규정에 의하여 국가 또는 지방자치단체로부터 의료보호시설로서 지정된 "의료법인"이 신청하는 소유권이전등기 (등기선례 4권 944항, 94. 2. 24 등기 3402-145, 96. 9. 10 등기 3402-718 각 질의회답)

	면제된다). (건설교통부 91. 7. 13 주기 01254-19968 질의회답)	
	(외국인투자기업)	• 외자도입법에 의하여 인가 또는 신고한 "외국인투자기업"이 인가일 또는 수리일로부터 3년내 업무용 부동산에 대하여 신청한 등기 (건설교통부 93. 6. 19 주기 58507-272 질의회답)
매입 기관	(농어민) • "위탁영농회사"가 농업협동조합으로부터 영농자금을 융자받기 위하여 신청하는 근저당권설정등기 (위탁영농회사는 농어민이 아니므로) (건설교통부 92. 4. 30 주기 01254-204 질의회답) • "영농조합법인"이 영농목적으로 임야를 취득하여 신청한 소유권이전등기 (건설교통부 93. 10. 28 주기 58507-458 질의회답) • 농민이 농지에 대하여 채권매입을 면제받고 저당권을 설정한 후, "건물과 대지"를 공동담보로 추가하여 신청하는 추가근저당권설정등기 (등기선례 98. 6. 29 등기 3402-590 질의회답)	• "영농조합법인"이 영농목적으로 농지를 취득하여 신청한 소유권이전등기 (건설교통부 93. 10. 28 주기 58507-458 질의회답) • "농어민"이 영농을 목적으로 농지를 취득하여 신청하는 소유권이전등기 및 농지에 대한 저당권의 설정등기와 이전등기신청 첨부서류 : 시·구·면장발행의 농지원부등본 (등기선례98. 6. 29 등기 3402-585 질의회답)
	(자금융자)	• 농민이 "영농자금"을 융자받기 위

매입 업무	• 사업주체가 아닌 개인이 "국민주택규모 (85㎡)이하의 주택구입자금"을 융자받기 위하여 신청하는 저당권설정등기 (등기선례 4권 962항, 95. 11. 25 등기 3402-826 질의회답, 건설교통부 92. 7. 8 주기 01254-315 질의회답)	하여 "농지"에 대하여 신청하는 저당권설정등기 첨부서류 : 농지원부 사본에 원본과 대조확인한 취지와 담당직원의 직급과 성명을 기재하고 날인한 서면 (등기선례 4권 961항, 95. 11. 15 등기 3402-792 질의회답) 또는 농업협동조합법에 의한 농민이 융자받는 영농자금이라는 농업협동조합장 또는 중앙회장의 증명서 (등기선례 4권 956, 94. 9. 12 등기 3402-1112 질의회답, 등기선례 97. 6. 20 등기 3402-440 질의회답) • 농업협동조합법에 의한 농민으로서 농어촌소득증대를 위한 "영농자금"을 융자받기 위하여 "농민의 소유 아닌 부동산"에 대하여 신청하는 저당권설정등기 (등기선례 4권 946항, 94. 3. 14 등기 3402-193 질의회답) • 수산업협동조합법에 의한 어민으로서 농어촌소득증대를 위한 "어업자금"을 융자받기 위하여 "농지아닌 부동산"에 대하여 신청하는 저당권설정등기 첨부서류 : 수산업협동조합 또는 그 회원조합의 농어촌소득증대를 위한 어업자금이라는 증명서, 다만 어촌계

매입업무	의 어민확인서는 불가 (등기선례 4권 963항, 95. 12. 7 등기 3402-845 질의회답) • 어민이 "어업자금융자"를 받기 위하여 "제3자의 부동산"을 담보로 제공하려고 신청하는 저당권설정등기 (영 17〔별표 3〕3가, 건설교통부 93. 2. 6 주기 58507-47 질의회답) • 농어민이 "영농목적"으로 "새마을금고"에 농지를 담보로 제공하고 신청하는 근저당권설정등기 첨부서류 : 농지매매증명 또는 시·구·읍·장의 확인서, 다만 새마을금고이사장의 확인서는 불가 (영 17〔별표 3〕3마, 건설교통부 93. 9. 23 주기 58507-402 질의회답) • 농민이 "농지"에 대하여 "타인의 채무담보"를 목적으로 신청하는 저당권설정등기 (면제대상은 "사람"이 아니고 "농지"이므로) (건설교통부 91. 7. 16 주기 01254-20267 질의회답) • 사업주체가 "국민주택규모(85㎡) 이하의 주택건설자금"을 융자받기 위하여 신청하는 저당권설정등기 첨부서류 : 단위농업협동조합장의 확인서 (등기선례 4권 962항, 95. 11.

매 입 업 무	(농지, 산업용시설)	

(농지, 산업용시설)

• 농어민 (영농조합법인 포함)이 농업과 관련된 "창고"를 구입취득하기 위하여 신청하는 소유권이전등기 (건설교통부 93. 8. 9 주기 58507-345 질의회답)

• 농어민이 공부상 지목은 임야 또는 대지이나 실제로는 농지로 이용되고 있는 토지를 취득하여 신청하는 소유권이전등기 (건설교통부 92. 1. 27 주기 01254-52 질의회답)

• 주택사업시행후 도로를 개설하여 지방자체단체에 "기부체납"하는 조건을 토지를 매입하여 신청하는 소유권이전등기 (이 경우 면제 조항이 없으므로) (건설교통부 93. 9. 6 주기 58507-372 질의회답)

25 등기 3402-826, 건설교통부 92. 10. 10 주기 01254-535 각 질의회답)

• 주택은행으로부터 융자받은 금액에 대하여, 건물소유권이전등기시에 저당권을 설정하고 국민주택채권을 매입한 경우에는, 토지에 대한 "저당권추가설정시" 채권을 다시 매입할 필요가 없다 (건설교통부 94. 1. 9 주기 58507-23 질의회답).

• 농어촌발전특별조치법 제2조 제2호의 규정에 의한 농어민이 "영농목적"으로 농지를 매매, 상속, 증여 등으로 취득하여 신청하는 소유권이전등기 (건설교통부 92. 1. 27 주기 01254-52 질의회답)

• 농어민이 "영농목적"으로 "농지"를 취득하고 신청하는 소유권이전등기

첨부서류 : 다음 서류 중 어느 하나

1. 농업협동조합 또는 수산업협동조합의 장의 조합원임을 증명하는 서류

2. 소정의 농어민임을 증명하는 시·구·읍·면장의 서류

3. 농민이란 사실이 확인되는 농지매매증명이나 농지원부가 비치된 시·구·읍·장의 확인서

4. 농지원부사본에 원본과 대조확인

| 매
입
업
무 | ● "농공단지"에 입주한 업체가 분양받은 공장용지에 대하여 신청한 소유권이전등기 (공업배치및공장설립에관한법률에 의한 공업단지관리공단이나, 종전의 공업배치법 또는 농어촌소득원개발촉진법에 의한 새마을공장이 아니므로) (건설교통부 93. 6. 14 주기 508507-264 질의회답)

(기업합병)
● 신용관리기금 이사장의 "계약이전결정"에 따른 갑상호신용금고로부터 (을상호신용금고로 신청하는 소유권이전등기 및 근저당권설정등기 (등기선례 98. 3. 24 등기 3402-252 질의회답) | 한 뜻과 담당직원의 신원 및 날인이 표시된 서면 (등기선례 4권 940항, 94. 1. 29 등기 3402-59, 건설교통부 91. 8. 20 주기 01254-23463 각 질의회답)
● 농민이 목축을 위하여 "목장용지"를 매입하는데 따른 소유권이전등기 신청 (등기선례 90. 3. 16 등기 631 질의회답)
● "전업농 육성대상자"가 농어촌진흥공사로부터 "농지"를 매수하고 신청하는 소유권이전등기
첨부서류 : 소정의 농어민에 해당함을 증명하는 시·구·읍·면장의 서류 또는 농지원부 사본에 원본과 대조확인한 뜻과 담당직원의 신원 및 날인이 표시된 서면 (등기선례 4권 69항, 94. 12. 8 등기 3402-1428 질의회답)
● "흡수합병"으로 인하여 소멸한 회사명의로 된 부동산을 존속회사명의로 신청하는 소유권이전등기 (등기선례 4권 952항, 94. 7. 30 등기 3402-680 질의회답)
● 상법상 "회사합병"으로 인하여 소멸회사로 부터 존속회사로 승계하는 근저당권이전등기신청 (건설교통부 |

매입 업무	(현물출자) • 기설법인이 다른 법인에 현물출자하는 부동산등기 (건설교통부 93. 3. 20 주기 58507-109 질의회답) (토지수용) • 수용 및 철거된 자가 보상금수령일로부터 1년이내에 보상금범위내에서 "대체토지 또는 건축물"을 취득하여 신청하는 소유권이전등기(다만, 등록세, 취득세는 비과세) (건설교통부 90. 10. 23 주기 01254-27701 질의회답)	88. 4. 27 주정 01254-7430 질의회답, 등기선례 98. 7. 1 등기 3402-599 질의회답) ※ 반대해석한 등기선례 98. 1. 15 등기 3402-3 질의회답은 변경됨 • 중소기업을 경영하는 개인사업자가 법인으로 전환하기 위하여, 당해 사업에 1년이상 사용한 개인사업자의 토지 및 건물을 법인에 현물출자하는 소유권이전등기신청 첨부서류 : 대차대조표, 감정평가서, 회계검사보고서가 포함된 검사인의 보고서 (건설교통부 93. 4. 26 주기 58507-182 질의회답)
매 입 대 상	(신탁등기) • 신탁법에 의하여 "신탁"하는 경우에 신청하는 소유권이전등기건설교통부 93. 4. 6 주기 58507-142 질의회답) • 신탁법에 의하여 신탁등기된 부동산에 관하여 "수탁자의 경질"로 인한 소유권보존등기신청 (등기선례 97.	• 위탁자로 부터 수탁자인 주식회사 한국상업은행 앞으로("신탁재산"표시를 위한 소유권이전등기신청 (등기선례 3권 1024항, 91. 10. 9 등기 2069 질의회답) • 주택조합이 조합주택건설을 목적으로 조합원이 출자하여 설립한 후

매 입 대 상	
9. 10 등기 3402-679 질의회답) • 재건축조합원이 조합원소유부동산을 조합과의 신탁계약에 따라 조합명의로 "신탁"을 원인으로 신청하는 소유권이전등기(무상취득하는 경우) (등기선례 4권 960항, 96. 5. 4 등기 3402-359, 건설교통부 93. 3. 29 주기 58507-130 각 질의회답) • 주택조합이 조합주택건설을 위하여 "수탁자"로서 토지를 매입하는 경우는 "각 필지별"로 토지면적에 대한 과세시가표준액을 기준으로 한다 (건설교통부 93. 12. 3 주기 58507-515 질의회답) (명의신탁) • 재건축조합이 재건축을 하기 위하	주택의 준공으로 설립목적이 완료됨에 따라 해산되는 조합이므로 주택조합명의로 토지취득시 및 건축허가시 국민주택채권을 매입하였다면 사업완료후 조합원에게 토지와 건물을 "신탁해지"에 따라 신청하는 소유권이전등기 (건설교통부 93. 3. 15 주기 58507-94 질의회답) • 재건축조합이 조합원으로부터 "신탁"받은 부동산을 조합명의로 소유권이전등기 및 건축허가시 국민주택채권을 매입하였다면 사업완료후 토지, 건물을 조합원 개개인에게 "신탁해지"로 원인으로 신청하는 소유권이전등기 (건설교통부 94. 4. 8 주기 58507-143 질의회답) • "신탁종료"에 따라 위탁자에게 하는 소유권이전등기신청 (다만, 종전에는 신탁해지를 원인으로 하는 소유권이전등기에는 국민주택채권을 매입하였으나 주택건설촉진법시행령의 개정으로 1994. 7. 30부터 매입하지않는다) (영 17〔별표 3〕2, 〔부표〕23가)

| 매 입
대 상 | 여 조합원 소유토지를 "명의신탁"에 의하여 신청하는 소유권이전등기 (건설교통부 93. 3. 20 주기 58507-107 질의회답)

• 명의신탁해지로 인한 소유권이전등기신청 (등기선례 3권 62항, 90. 9. 27 등기 1922, 93. 10. 28 등기 2685 각 질의회답)

• 공유자가 다른 공유자를 상대로 하여 "명의신탁해지"를 원인을 한 소유권이전등기절차를 명하는 판결에 의한 등기신청 (등기선례 4권 937항, 93. 10. 28 등기 2685 질의회답)

• 토지의 특정부분을 매수하였으나, 편의상 지분이전등기를 필한 후, 그 특정부분을 분할하여 "명의신탁해지"를 원인으로 신청하는 지분이전등기 (등기선례 2권 731항, 89. 3. 11 등 488, 4권 953항, 94. 8. 9 등기 3402-1007 각 질의회답)

(소유권보존등기)
• "도시재개발사업"시행으로 조성된 토지에 대한 소유권보존등기신청 (등기선례 4권 959항, 95. 1. 28 등기 3402-85 질의회답) | • "건물"에 대한 소유권보존등기신청 (다만, 종전에는 국민주택채권을 매입하였으나 주택건설촉진법시행령의 개정으로 1984. 11. 14부터 매 |

매 입 대 상	
	• 채권자가 채무자를 "대위"하여 신청하는 소유권보존등기 (등기예규 제419호, 81. 12. 23 등기 589)
	(소유권이전등기)
	• 대지사용권 사후취득에 의한 "대지권변경등기"는, 대지사용권의목적인 토지지분에 대한 소유권이전등기에 해당하는 국민주택채권을 매입한다 (등기선례 4권 821항, 93. 8. 24 2113 질의회답)
	• "교환"을 원인으로 한 소유권이전등기에는 국민주택채권을 매입한다 (1998. 12. 11 등 3402-1226 질의회답).
	• 상속등기는, "각 부동산별"로 각 부동산에 대하여는 "상속인 각자의 상속지분별"로 산정된 과세시가표준액을 기준으로 한다 (등기예규 제768호, 92. 6. 17 등기 1284 통첩)
	입 하지 않는다) (영 17〔별표 3〕2〔부표〕23가, 등기선례 1권 930항, 84. 11. 21 등기 496)
	• 미등기부동산에 대한 "처분제한등기"의 촉탁에 의하여 등기관이 직권으로 하는 소유권보존등기 (등기예규 제419호, 81. 12. 23 등기 589 통첩)
	• 미등기부동산에 대한 "강제경매신청등기"의 촉탁에 의하여 등기관이 직권으로 하는 소유권보존등기 (등기선례 84. 11. 7 등기 476 질의회답)
	• 공유물을 "공유지분율"에 따라 분할하는 소유권이전등기신청 (영 17〔별표 3〕2〔부표〕23가, 건설교통부 90. 5. 8 주기 01254-10824 질의회답)
	• 소유권이전등기의 "말소회복등기"신청 (등기선례 98. 1. 23 등기 3402-56 질의회답)

| 매 입
대 상 | ※ 반대해석 : 토지와 건물을 상속받아 등기할 경우에는 각각의 과세표준액을 합산한다 (건설교통부 91. 5. 9 주기 01254-13022 질의회답)
• 상속등기후 협의분할로 인한 "소유권경정등기"신청, 다만 상속등기시 매입한 채권금액은 공제한다 (등기선례 4권 632항, 93. 7. 8 등기 1694, 949항, 94. 5. 12 등 3402-425 각 질의회답)
• 시효취득완성을 원인으로 한 소유권이전등기절차를 이행하라는 판결에 의한 소유권이전등기신청 (등기선례 4권 235항, 94. 12. 16 등기 3402-1459, 95. 1. 23 등기 3402-58 각 질의회답)
• 체납처분으로 인한 압류등기를 하기 위하여 체납자를 "대위"하여 촉탁하는 소유권이전등기 (등기선례 3권 785항, 93. 5. 6 등기 1069 질의회답)
• 징발재산정리에관한특별법에 의거 수용된 토지에 대하여 판결로 "환매"를 신청하는 소유권이전등기 (이 경우 면제조항이 없으므로) (건설교통부 94. 4. 7 주기 58507-141 질의회답) |

| 매입
대상 | • 종전 공유지분을 "초과하는 면적"에 대한 공유물분할로 인한 소유권이전등기신청 (등기선례 97. 11. 27 등기 3402-930, 건설교통부 90. 5. 8 주기 01254-10824 각 질의회답)

(담보권설정등기)
• 기업이 "신용보증기금" 및 "기술신용보증기금"을 근저당권자로하여 신청하는 근저당권설정등기 (건설교통부 93. 4. 3 주기 58507-140 질의회답)
• 법원이 "정리회사"의 소유 부동산에 대하여 촉탁하는 근저당권설정등기 (등기선례 3권 1032항, 93. 6. 7 등기 1372)
• "종교단체"가 그 소유의 부동산에 대하여 신청하는 근저당권설정등기 (다만, 민법 제32조의 규정에 의하여 허가받은 종교단체가 종교용으로 건물을 신축하거나 당해 토지 또는 건축물의 소유권보존등기 또는 이전등기신청에는 매입의무가 면제된다) (영 17, 등기선례 97. 7. 13 등기 3402-514 질의회답)
• 채무자나 저당권설정자 중 어느 | "조세"를 연부연납할 목적으로 제공한 담보에 대하여 신청하는 근저당권설정등기, 다만 종전에는 국민주택채권을 매입하였으나 주택건설촉진법시행령의 개정으로 1993.8. 30부터 매입하지 않는다) (영 17〔별표 3〕3바, 등기선례 4권 942항, 94. 2. 15 등기 3402-107 질의회답)
• 법원이 "정리회사"의 소유 부동산에 대하여 촉탁하는 "추가근저당권설정등기" (등기선례 3권 1032항, 93. 6. 7 등기 1372)
• "담보가등기" (등기선례 4권 950항, 94. 5. 28 등기 3402-481 질의회답)
• 중소기업기본법 제2조의 규정에 의한 "중소기업"이 채무자로서 자신의 부동산을 담보하여 신청하는 저당권설정등기 |

	한쪽이 중소기업기본법 제2조의 규정에 의한 중소기업이 아닌 경우의 저당권설정등기신청 (건설교통부 98. 7. 2 주정 58507-2552 질의회답)	첨부서류 : 중소기업기본법 제2조의 규정에 해당하는 중소기업으로서 부동산담보대출을 위한 저당권설정임을 확인하는 "해당 금융기관"의 확인서 (건설교통부 98. 6. 24 주정 58500-2074 질의회답)
도시철도채권	• 상법의 규정에 의한 "법인설립등기"를 신청하는 자는 국민주택채권매입 대신에 자본금의 1,000분의 1에 해당하는 "도시철도채권"을 매입한다 (도시철도법 13, 같은 법시행령 12 ①〔별표 2〕10).	• 국가기관, 지방자치단체, 정부투자기관, 금융기관, 외국정부기관, 사립학교에 대하여는 "도시철도채권"의 매입의무를 면제한다 (도시철도법시행령 12 ① 〔별표 2〕비고 1).

제 3 편

각종 등기신청서의 작성례

1. 건물소유권보존등기

◀ 건물소유권보존등기신청서의 작성요령

1) 건물소유권보존등기의 의의

등기되어 있지 않은 건물을 등기부에 기재하기 위하여 건축물대장등본을 첨부하여 「건물소유권보존등기(建物所有權保存登記)」를 신청한다.

건물소유권보존등기는 건물의 소유자가 미등기건물이 자기소유라는 증명과 건물표시를 증명하는 서면인 "건축물대장등본"을 첨부하여 처음으로 하는 등기이다.

2) 건물소유권보존등기의 신청의무

건물은 등기하지 않더라도 건물의 신축으로 소유권을 취득하므로 건물소유권보존등기를 신청할 의무는 없다.

그러나 건물을 처분하려면 건물소유권보존등기를 하여야 한다.

3) 건물소유권보존등기신청서의 작성

건물소유권보존등기신청서는 소정양식(양식 제1호)에 다음 사항을 기재하여 작성한다.

● 부동산의 표시

건물의 소재와 지번, 구조, 종류, 면적, 건물의 번호가 있는 때에 는 그 번호, 부속건물이 있는 때에는 그 구조와 종류, 면적을 기재한다.

건물의 표시는 "건축물대장상 표시"와 일치하여야 한다.

● 등기의 목적

"소유권보존"이라고 기재한다.

● 신청 근거 규정

건축물대장등본에 의할 경우에는 "부동산등기법 제131조 제1호", 판결 또는 기타 시·구·읍·면의 장의 서면에 의할 경우에는 "부동산등기법 제131조 제2호", 수용에 의할 경우에는 "부동산등기법 제131조 제3호"라고 각 기재한다.

● 신청인

소유자의 성명, 주민등록번호, 주소를 기재하되, 소유자가 여럿인때에는 공유자별로 성명, 주민등록번호, 주소를 기재하고 각자의 지분(持分)을 표시한다.

● 시가표준액, 등록세, 교육세, 세액합계

등록세는 시가표준액의 "1,000분의 8"이고, 교육세는 등록세액의 "100분의 20"이며, 세액합계는 등록세액과 교육세액의 합계를 기 재한다.

● 등기신청수수료

부동산 1개당 "7,000원"의 등기수입증지금액을 기재한다.

● 연월일, 기명날인

신청서 말미에 "제출연월일"을 기재하고, 신청인 또는 대리인이 "기명날인"한다.

신청서가 여러 장인 때에는 각 장 사이에 "간인"한다.

4) 건물소유권보존등기신청서의 첨부서면

● 건축물대장등본

대장의 소유자란에 신청인 명의로 등록되어 있어야 하고, 발행일로부터 "3개월 이내"의 것이어야 한다.

● 도면

동일 지번에 여러 개의 건물이 있을 때에만 첨부한다.

● 등록세영수필확인서 및 통지서

● 주민등록등본

신청인의 "주소를 증명하는 서면"으로 「주민등록등(초)본」을 첨부하되, 발행일로부터 "3개월 이내"인 것이어야 한다.

● 신청서 부본

등기필증 작성용, 대장소관청 통지용, 과세자료 송부용(건축물대장 등본 및 소유자의 주민등록등본의 각 사본 1통 첨부) 으로 신청서와 같은 내용의 부본(副本) 각 1통을 첨부한다.

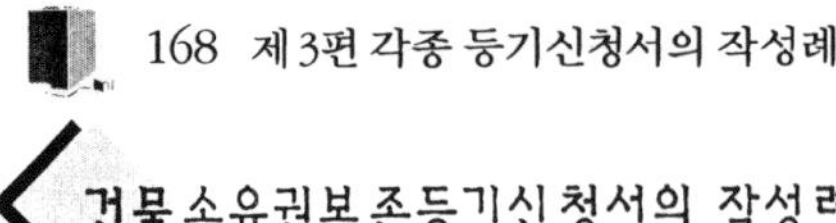

건물 소유권보존등기신청서의 작성례

건물소유권보존등기신청

〔양식 제1-1호〕

<table>
<tr>
<td rowspan="2">접
수</td>
<td>년 월 일</td>
<td rowspan="2">처
리
인</td>
<td>접수</td>
<td>조사</td>
<td>기입</td>
<td>교합</td>
<td>등기필
통지</td>
<td>각종
통지</td>
</tr>
<tr>
<td>제   호</td>
<td></td>
<td></td>
<td></td>
<td></td>
<td></td>
<td></td>
</tr>
<tr>
<td colspan="9" align="center">부동산 표시</td>
</tr>
<tr>
<td colspan="9">

부산광역시 서구 부민동 2가 3-4
시멘트 벽돌조 스레트지붕 단층주택 120㎡
부속시멘트 벽돌조 스래브지붕 단층주택 30㎡
이 상

</td>
</tr>
<tr>
<td colspan="2">등기의 목적</td>
<td colspan="7">소유권 보존</td>
</tr>
<tr>
<td colspan="2">신청근거규정</td>
<td colspan="7">부동산등기법 제131조 제1호</td>
</tr>
</table>

구분	성명 (상호·명칭)	주민등록번호 (등기용 등록번호)	주 소 (소재지)	지 분 (개인별)
신청인	김일남	620707 - 1093313	부산 서구 부민동2가 3-4	

〔양식 제1-2호〕

시가표준액 및 국민주택채권매입금액		
부동산표시	부동산별 시가표준액	부동산별 국민주택채권매입금액
1.	금　　　　　　원	금　　　　　　원
2.	금　　　　　　원	금　　　　　　원
3.	금　　　　　　원	금　　　　　　원
국민주택채권매입총액		금　　　　　　원
등록세 금　　　　　　원	교육세 금　　　　　　원	
세　액　합　계	금	원
등 기 신 청 수 수 료	금	7,000 원
첨　　부　　서　　면		

1. 등록세영수필확인서 및 통지서　각 1통 2. 건축물대장등본　　　　　　　　　1통 3. 주민등록표등(초)본　　　　　　　1통 4. 신청서 부본　　　　　　　　　　　통 5. 위임장　　　　　　　　　　　　　통	〈기　　타〉

2000년　11월　3일

위 신청인　김 일 남 ㊞ (전화 : 553-9765)

(또는) 위 대리인　　　　　　(전화 :　　　　　)

부산지방법원　　등기과　　귀중

〈신청서 작성요령 및 등기수입증지 첨부〉

※ 1. 부동산표시란에 2개 이상의 부동산을 기재하는 경우에는 그 부동산의 일련번
호를 기재하여야 합니다.

2. 신청인란 등 해당란에 기재할 여백이 없을 경우에는 별지를 이용합니다.

3. 등기신청수수료 상당의 등기수입증지를 이 난에 첨부합니다.

◆건물소유권보존등기의 기재례

(표제부)

1	접수 2000년 11월 3일 부산광역시 서구 부민동 2가 3-4 시멘트 벽돌조 스레트지붕 단층주택 120㎡ 부속 시멘트벽돌조 슬래브지붕 단층창고 30㎡ ⑩

(갑구)

1	소유권보존
	접수 2000년 11월 3일
	          제3005호
	소유자 김 일 남
	          670707 - 1093313
	          부산 서구 부민동 2가 3-4 ⑩

2. 구분건물소유권보존등기

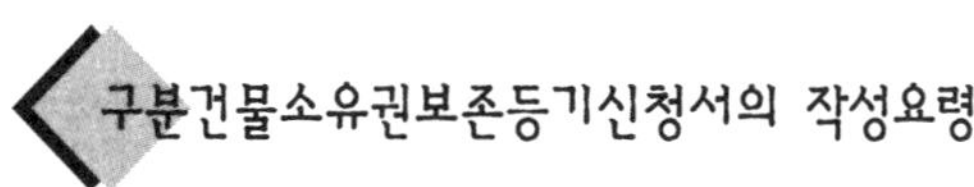

구분건물소유권보존등기신청서의 작성요령

1) 구분건물소유권보존등기의 의의

아파트 건축이 준공되어 집합건축물대장이 작성되면, 집합건축물대장등본을 첨부하여 「구분건물소유권보존등기(區分建物所有權保存登記)」를 신청한다.

구분건물소유권보존등기는 구분건물을 등기부에 기재하는 최초의 등기로, "1동의 건물전체에 대한 등기"와 "전유부분(각 부분)에 대한 등기"를 함께 한다.

1동의 건물에 속하는 구분건물 중의 일부만에 관하여 소유권보존등기를 신청하는 경우에는 그 나머지 구분건물에 관하여 표시에 관한 등기를 동시에 신청하여야 한다.

2) 구분건물소유권보존등기신청서의 작성

구분건물소유권보존등기신청서는 소정양식(양식 제1호)에 다음 사항을 기재하여 작성한다.

● 부동산의 표시
(가) 1동의 건물의 표시
1동의 건물전체에 관한 것으로, 집합건축물대장등본에 기재된 대로 1동의 건물전체의 소재와 지번, 종류, 면적(구조상 공용부분을 포함하되, 전체의 면적을 층별로 표시함)을 기재하고, 건물의 명칭과 번호가 있는 때에는 그 명칭과 번호를 기재한다.

(나) 전유부분의 건물의 표시

전유부분의 건물의 번호, 구조, 면적과 부속건물이 있는 때에는 그 구조와 면적을 기재하되, 지붕은 기재하지 않는다.

(다) 대지권의 표시

대지권의 목적인 토지의 표시, 대지권의 종류 (소유권, 지상권, 전세권, 임차권 등), 비율, 등기원인과 그 연월일 등을 기재한다.

● 등기의 목적

"소유권보존"이라고 기재한다.

● 신청근거규정

건축물대장등본에 의할 경우는 "부동산등기법 제131조 제1호"라고 기재한다.

● 신청인

소유자의 성명, 주민등록번호, 주소를 기재한다.

● 시가표준액, 등록세, 교육세, 세액 합계

등록세는 시가표준액의 "1,000분의 8"이고, 교육세는 등록세액의 "100분의 20"이며, 세액 합계는 등록세액과 교육세액의 합계를 기재한다.

● 등기신청수수료

전유부분 1개당 "7,000원"의 등기수입증지금액을 기재한다.

● 연월일, 기명날인

신청서 말미에 "제출연월일"을 기재하고, 신청인 또는 대리인이 "기명날인"한다.

신청서가 여러 장인 때에는 각 장 사이에 "간인"한다.

3) 구분건물소유권보존등기신청서의 첨부서면

● 집합건축물대장등본

신청인의 소유권 및 부동산의 현황을 증명하는 서면으로「집합건축물대장등본」을 첨부하되, 발행일로부터 "3개월 이내"의 것이어야 한다.

● 건물도면

1동의 건물의 소재도, 각 층의 평면도, 구분한 각 건물의 평면도를 첨부하며, 각 층의 평면도에는 구분한 건물의 위치를 표시하고, 구분건물의 평면도는 평행별로 작성한다.

● 등록세영수필확인서 및 통지서

● 주민등록등본

신청인의 "주소를 증명하는 서면"으로「주민등록등(초)본」을 첨부하되, 발행일로부터 "3개월 이내"의 것이어야 한다.

● 신청서 부본

등기필증 작성용,. 대장소관청 통지용, 과세자료 송부용(집합건축물대장등본 및 소유자의 주민등록등본 각 사본 1통 첨부)으로 신청서와 같은 내용의 부본(副本) 1통씩을 첨부한다.

등기필증 작성용 신청서부본을 각 구분건물별로 작성하여 제출할 수 있다.

● 위임장

등기신청을 법무사 등 대리인에게 위임하는 경우에 첨부한다.

구분건물소유권보존등기신청서의 작성례

구분건물 소유권보존등기신청

〔양식 제1-1호〕

접 수	년 월 일 제 호	처 리 인	접수	조사	기입	교합	등기필 통지	각종 통지

부동산의 표시
별지 기재와 같음

등기의 목적	소유권 보존
신청근거규정	부동산등기법 제131조 제1호

구분	성명 (상호 · 명칭)	주민등록번호 (등기용 등록번호)	주 소 (소재지)	지 분 (개인별)
신 청 인	김 일 남	620707 - 1093313	부산 서구 부민동2가 3-4	

별지

1동의 건물의 표시
　　　부산광역시 서구 부민동 2가 3-4
　　　부산광역시 서구 부민동 2가 3-5
　　철근콘크리트조 슬래브지붕 3층 아파트
　　1층 306㎡
　　2층 306㎡
　　3층 306㎡
전유부분의 건물의 표시

1. 건물의 번호 1-101	2. 건물의 번호 1-102
구　　조　철근콘크리트조	구　　조　철근콘크리트조
면　　적　1층 101호 110.02㎡	면　　적　1층 102호 110.02㎡
3. 건물의 번호 2-201	4. 건물의 번호 2-202
구　　조　철근콘크리트조	구　　조　철근콘크리트조
면　　적　2층 201호 110.02㎡	면　　적　2층 202호 110.02㎡
5. 건물의 번호 3-301	6. 건물의 번호 3-302
구　　조　철근콘크리트조	구　　조　철근콘크리트조
면　　적　3층 301호 110.02㎡	면　　적　3층 302 110.02㎡

각 전유부분의 대지권의 표시
　토지의 표시
　　1. 부산광역시 서구 부민동 2가 3-4
　　　　대 1,500㎡
　　2. 부산광역시 서구 부민동2가 3-5
　　　　대 1,300㎡
대지권의 종류 소유권
대지권의 비율 3,000분의 500
등기원인과 그 연월일 2000년 7월 24일 대지권
　　　　　　　　이　　　　상

〔양식 제1-2호〕

시가표준액 및 국민주택채권매입금액		
부동산표시	부동산별 시가표준액	부동산별 국민주택채권매입금액
1.	금 원	금 원
2.	금 원	금 원
3.	금 원	금 원
국민주택채권 매입 총액	금	원
등록세 금 원	교육세 금	원
세 액 합 계	금	원
등 기 신 청 수 수 료	금	42,000 원

<table>
<tr><td colspan="2" align="center">첨 부 서 면</td></tr>
<tr>
<td>
1. 등록세영수필확인서 및 통지서   각 1통
2. 집합건물대장등본   6통
3. 주민등록표등(초)본   1통
4. 신청서 부본   3통
5. 건물도면   1통
6. 위임장   1통
</td>
<td>〈기   타〉</td>
</tr>
<tr><td colspan="2" align="center">
2000년 11월   3일

위 신청인   (전화 : 553-9765)

(또는)위 대리인 법무사 홍길동 (직인) (전화 :   )

부산지방법원   등기과   귀중
</td></tr>
</table>

〈신청서 작성요령 및 등기수입증지 첨부〉

※ 1. 부동산표시란에 2개 이상의 부동산을 기재하는 경우에는 그 부동산의 일련번
호를 기재하여야 합니다.

2. 신청인란 등 해당란에 기재할 여백이 없을 경우에는 별지를 이용합니다.

3. 등기신청수수료 상당의 등기수입증지를 이 난에 첨부합니다.

♦구분건물소유권보존등기의 기재례

(1동의 건물의 표제부)

표 제 부			
표시 번호	표시란 (1동의 건물의 표시)	표시 번호	표시란 (대지권의 목적인 토지의 표시)

1	접수 200년 11월 3일
	부산광역시 서구 부민동 2가 3-4
	부산광역시 서구 부민동 2가 3-5
	철근콘크리트조 슬래브지붕
	 3층 아파트
	 1층 306㎡
	 2층 306㎡
	 3층 306㎡
	도면 편철장 제5책 제75면 ㉑
		1	1. 부산광역시 서구 부민동2가 3-4
			  대 1,500㎡
			2. 부산광역시 서구 부민동2가 3-4
			  대 1,200㎡
			2000년 11월 3일 ㉑

(전유부분의 표제부)

표 제 부			
표시 번호	표시란 (전유부분의 건물의 표시)	표시 번호	표시란 (대지권의 표시)
1	접수 200년 11월 3일 철근콘크리트조 1층 101호 110.02㎡ 도면편철장 제5책 제75면 ㉑	1	1,2 소유권 3,000분의 500 2000년 7월 24일 대지권 2000년 11월 3일 ㉑

3. 매매로 인한 소유권이전등기

매매로 인한 소유권이전등기신청서의 작성요령

1) 매매로 인한 소유권이전등기의 의의

부동산매매계약에 의하여 매매대금을 지급한 때에는, 매도인과 매수인은 「매매(賣買)로 인한 소유권이전등기(所有權移轉登記)」를 신청한다.

매매로 인한 소유권이전등기는, 매수인을 「등기권리자」로 하고 매도인을 「등기의무자」로 하여 "공동(共同)"으로 신청하고, 매수인은 소유권이전등기를 하여야만 비로소 「소유권」을 취득한다.

2) 매매로 인한 소유권이전등기의 신청의무

매매로 인한 소유권이전등기는 잔금을 지급한 날로부터 "60일 이내"에 등기신청할 의무가 있으며, 만일 위 등기신청의무에 위반하여 등기신청을 해태한 때에는 등록세액의 5배 이하의 과태료에 처한다.

3) 매매로 인한 소유권이전등기신청서의 작성

매매로 인한 소유권이전등기신청서는, 소정양식(양식 제2호)에 다음 사항을 기재하여 작성한다.

● 부동산의 표시

매매목적부동산을 "등기부상 부동산표시"와 일치되게 기재한다.

만일 등기부와 토지·건축물대장의 부동산표시가 다를 때에는, 먼저「부동산변경 또는 경정등기」를 하여야 한다.

● 등기원인과 그 연월일

등기원인은 "매매"로, 그 연월인은 매매계약서상 "계약일"을 각 기재한다.

● 등기의 목적

소유권전부이전의 경우에는 "소유권이전"으로, 소유권일부이전의 경우에는 "소유권일부이전"으로 각 기재한다.

● 이전할 지분

소유권일부이전의 경우에만 그 "지분(持分)"을 기재한다.

〈예시〉

"3번 김갑돌 지분 3분의 1 중 일부 (6분의 1)"

● 등기의무자

매도인의 성명, 주민등록번호, 주소를 "등기부상 소유자표시"와 일치되게 기재한다.

● 등기권리자

매수인의 성명, 주민등록번호, 주소를 "주민등록상 표시"와 일치 되게 기재한다.

● 시가표준액 및 국민주택채권매입금액, 국민주택채권매입총액

등록세납부서(OCR용지)에 기재된 시가표준액과 시가표준액의 일정비율에 해당하는 국민주택매입금액을 기재한다.

부동산이 2개 이상인 경우에는 각 부동산별로 시가표준액 및 국민주택채권매입금액을 기재한 다음 국민주택채권매입총액을 기재한다.

● 등록세, 교육세, 세액합계

등록세는 시가표준액의 "1,000분의 30" (농지는 "1,000분의 10") 이고, 교육세는 등록세액의 "100분의 20"이며, 세액합계는 등록세액과 교육세액의 합계를 기재한다.

● 등기신청수수료

부동산 1개당 "7,000원"의 등기수입증지금액을 기재한다.

● 연월일, 기명날인

신청서 말미에 "제출연월일"을 기재하고, 신청인 또는 대리인이 "기명날인"한다.

신청서가 여러 장인 때에는 각 장 사이에 "간인"한다.

4) 매매로 인한 소유권이전등기신청서의 첨부서면

● 검인계약서

매매계약서는 부동산소재지를 관할하는 시장, 구청장, 군수로부터 「검인(檢印)」을 받고, 계약서에 기재된 거래금액이 500만원을 초과하는 경우에는 일정액의 "정부수입인지"를 붙인다.

등기완료 후에는, 매매계약서로 「등기필증」(신 등기필증)을 작성하여 등기권리자인 매수인에게 교부한다.

◐ 인감증명서

부동산매수자란에 성명(또는 법인명), 주민등록번호(또는 부동 산등기용 등록번호) 및 주소가 기재된 「매도인의 인감증명서」를 첨부한다.

인감증명서는 발행일로부터 "6개월 이내"의 것이어야 한다.

◐ 등기필증

등기의무자의 소유권에 관한 「등기필증」(구 등기필증)을 첨부한다.

등기필증을 제출할 수 없는 때에는 그에 갈음하여 법무사 또는 변호사가 작성한 「확인서면」 2통을 첨부한다.

등기완료 후에는, 구등기필증 또는 확인서면 1통은 등기필의 뜻을 기재하고 등기소인을 찍어 등기의무자에게 반환한다.

◐ 토지 · 건축물대장등본

매매목적부동산에 따라 「토지대장등본」, 「임야대장등본」, 「건축 물대장등본」을 첨부한다.

위 등본은 발행일로부터 "3개월 이내"의 것이어야 한다.

◐ 개별 공시지가확인서

시가표준액의 산출을 위하여 첨부한다.

◐ 주민등록등본

등기권리자 및 등기의무자의 "주소를 증명하는 서면"으로 각 발행일로부터 "3개월 이내"의 「주민등록등(초)본」을 첨부한다.

◐ 부동산양도신고확인서

"3년 이상 등기부상 보유한 주택"과 "8년 이상 등기부상 보유한 농지"를 제외하고는, 세무서장이 발급한 「부동산양도신고확인서」를 첨부한다.

다만, 3년 이상 등기부상 보유한 주택이라도 ① 서울, 광역시, 경기도의 시는 단독주택은 264㎡ 이상, 토지는 495㎡ 이상, 공동주택은 165㎡ 이상, ② 기타의 지역은 6억원이 초과하는 경우에는 양도신고확인서를 첨부한다.

● 등록세영수필확인서 및 통지서
신청서의 등록세액표시란의 좌측 상단 여백에 첨부한다.

● 국민주택채권매입필증
별지에 붙여 첨부한다.

● 신청서 부본
대장소관청 통지용 및 과세자료 송부용(등기권리자와 등기의무자의 주민등록등본, 검인계약서 및 부동산양도신고확인서 각 사본 1 통 첨부)으로, 신청서와 같은 내용의 부본(副本)을 각 1통씩 첨부 한다.

● 위임장
등기신청을 법무사 등 대리인에게 위임하는 경우에 첨부한다.
등기의무자는 위임장에 "인감"을 날인한다.

매매로 인한 소유권이전등기신청서의 작성례

매매로 인한 소유권이전등기신청

〔양식 제2-1호〕

접 수	년 월 일 제 호	처 리 인	접수	조사	기입	교합	등기필 통지	각종 통지

부동산의 표시
1. 광주광역시 동구 지산2동 342-1 　　　　대 420㎡ 2. 광주광역시 동구 지산2동 342-1 　　　시멘트 벽돌조 슬래브지붕 2층 주택 　　　1층 250㎡ 　　　2층 250㎡ 　　　　　　이 상

등기원인과 그 연월일	2000년 7월 24일 매매
등기의 목적	소유권이전
이전할지분	

구분	성명 (상호·명칭)	주민등록번호 (등기용 등록번호)	주　소 (소재지)	지분 (개인별)
등기의무자	김갑돌	700107 -1108727	광주 동구 지산2동 342-1	
등기권리자	이을순	530301 -2121212	광주 광산구 고룡동 506	

〔양식 제2-2호〕

시가표준액 및 국민주택채권매입금액		
부동산표시	부동산별 시가표준액	부동산별 국민주택채권매입금액
1.	금 원	금 원
2.	금 원	금 원
3.	금 원	금 원
국민주택채권매입총액	금 원	
등록세 금 원	교육세 금 원	
세 액 합 계	금 원	
등 기 신 청 수 수 료	금 14,000 원	

<table>
<tr><td colspan="2" align="center">첨　부　서　면</td></tr>
<tr>
<td>
1. 검인계약서   1통
2. 등록세영수증필확인서 및 통지서 각1통
3. 국민주택채권매입필증   매
4. 인감증명   1통
5. 등기필증   1통
6. 토지·건축물대장등본   각1통
</td>
<td>
7. 토지가격확인원   1통
8. 주민등록등(초)본   2통
9. 신청서 부본   2통
10. 위임장   1통
〈기타〉
11. 부동산양도신고확인서   1통
</td>
</tr>
</table>

2000년 11월 3일

위 신청인　　　　　　　　　　　　　(전화 : 553-9765)

(또는) 위 대리인 법무사 홍길동 (직인) (전화 :　　　　　　)

광주지방법원　　　등기과　귀중

〈신청서 작성요령 및 등기수입증지 첩부〉

※ 1. 부동산표시란에 2개 이상의 부동산을 기재하는 경우에는 그 부동산의 일련번호를 기재하여야 합니다.

2. 신청인란 등 해당란에 기재할 여백이 없을 경우에는 별지를 이용합니다.

3. 등기신청수수료 상당의 등기수입증지를 이 난에 첩부합니다.

♦ 매매로 인한 소유권이전등기의 기재례

(갑구)

2	소유권이전
	접수　　2000년 11월 3일
	제 3500호
	원인　　2000년 7월 24일 매매
	소유자　이을순
	530301 - 2121212
	광주 광산구 고룡동 506 ㉑

4. 증여로 인한 소유권이전등기

증여로 인한 소유권이전등기신청서의 작성요령

1) 증여로 인한 소유권이전등기의 의의

부동산을 증여하기 위하여 부동산증여계약을 체결한 때에는 증여자와 수증자는 「증여(贈與)로 인한 소유권이전등기」를 신청한다.

증여로 인한 소유권이전등기는 수증자를 등기권리자, 증여자를 등기의무자로 하여 "공동(共同)"으로 신청하고, 수증자는 소유권이전등기를 하여야만 비로소 「소유권」을 취득한다.

2) 증여로 인한 소유권이전등기신청서의 작성

증여로 인한 소유권이전등기신청서는 소정양식(양식 제2호)에 다음 사항을 기재하여 작성한다.

● 부동산의 표시

증여로 이전하고자 하는 부동산을, "등기부상 부동산표시"와 일치되게 기재한다.

만일 등기부와 토지 · 건축물대장의 부동산표시가 다를 때에는 먼저 「부동산표시변경 또는 경정등기」를 하여야 한다.

● 등기원인과 그 연월일

등기원인은 "증여"로, 그 연월일은 증여계약서상 "계약일"을 각 기재한다.

● 등기의 목적

소유권 전부이전의 경우에는 "소유권이전"으로, 소유권 일부이전의경우에는 "소유권일부이전"으로 각 기재한다.

● 이전할 지분

소유권 일부이전의 경우에만 그 지분(持分)을 기재한다.
〈예시〉
"3번 김갑돌 지분 3분의 1 중 일부 (6분의 1)"

● 등기의무자

증여자의 성명, 주민등록번호, 주소를 "등기부상 소유자표시"와 일치되게 기재한다.

● 등기권리자

수증자의 성명, 주민등록번호, 주소를 "주민등록상 표시"와 일치되게 기재한다.

● 시가표준액 및 국민주택채권매입금액, 국민주택채권매입총액

등록세납부서(OCR용지)에 기재된 시가표준액과 시가표준액의 일정비율에 해당하는 국민주택채권매입금액을 기재한다.

부동산이 2개 이상인 경우에는 각 부동산별로 시가표준액 및 국민주택채권매입금액을 기재한 다음 국민주택채권매입총액을 기재한다.

● 등록세, 교육세, 세액합계

등록세는 시가표준액의 "1,000분의 15"이고, 교육세는 등록세액의 "100분의 20"이며, 세액합계는 등록세액과 교육세액의 합계를 기재한다.

● 등기신청수수료

부동산 1개당 "7,000원"의 등기수입증지금액을 기재한다.

● 연월일, 기명날인

신청서 말미에 "제출연월일"을 기재하고, 신청인 또는 대리인이 "기명날인"한다.

신청서가 여러 장인 때에는 각 장 사이에 "간인"한다.

등기의무자가 날인할 때에는 "인감"을 날인한다.

3) 증여로 인한 소유권이전등기신청서의 첨부서면

● 검인계약서

증여계약서는 부동산소재지를 관할하는 시장, 구청장, 군수로부터 「검인(檢印)」을 받는다.

● 인감증명서

등기의무자의 인감증명서를 첨부한다.

인감증명서는 발행일로부터 "6개월 이내"의 것이어야 한다.

● 등기필증

등기의무자의 소유권에 관한 「등기필증」(구 등기필증)을 첨부한다.

등기필증을 첨부할 수 없는 때에는 그에 대신해서 법무사 또는 변호사가 작성한 「확인서면」 2통을 첨부한다.

◉ 토지 · 건축물대장등본

부동산의 종류에 따라 「토지대장등본」, 「임야대장등본」 또는 「건축물대장등본」을 첨부한다.

위 등본은 발행일로부터 "3개월 이내"의 것이어야 한다.

◉ 개별공시지가확인서

◉ 주민등록등본

신청인의 "주소를 증명하는 서면"으로, 등기권리자와 등기의무자의 「주민등록등(초)본」을 첨부한다.

위 등본은 발행일로부터 "3개월 이내"의 것이어야 한다.

◉ 등록세영수필확인서 및 통지서

◉ 국민주택채권매입필증

시가표준액이 1,000만원 이상일 때에는 시가표준액의 일정비율에 해당하는 국민주택채권을 매입하여 그 매입필증을 별지에 붙여 첨부한다.

◉ 신청서 부본

대장소관청 통지용 및 과세자료 송부용(토지 · 건축물대장등본, 등기권리자와 등기의무자의 주민등록등본 및 검인계약서 각 사본 1통 첨부)으로 신청서와 같은 내용의 부본(副本)을 각 1통씩 첨부한다.

◉ 위임장

등기신청을 법무사 등 대리인에게 위임하는 경우에 첨부한다.

등기의무자는 위임장에 "인감"을 날인한다.

증여로 인한 소유권이전등기신청서의 작성례

증여로 인한 소유권이전등기신청

〔양식 제2-1〕

접 수	년 월 일 제 호	처 리 인	접수	조사	기입	교합	등기필 통지	각종 통지

<table>
<tr><td colspan="5" align="center">부동산의 표시</td></tr>
<tr><td colspan="5">1. 대전광역시 중구 선화8동 188

      대 540㎡
2. 대전광역시 중구 선화8동 188

      시멘트 벽돌조 슬래브지붕 2층 주택
      1층 200㎡
      2층 200㎡

          이상</td></tr>
<tr><td colspan="2">등기원인과 그 연월일</td><td colspan="3">2000년 10월 20일 매매</td></tr>
<tr><td colspan="2">등기의 목적</td><td colspan="3">소유권이전</td></tr>
<tr><td colspan="2">이전할 지분</td><td colspan="3"></td></tr>
<tr><td>구분</td><td>성명
(상호·명칭)</td><td>주민등록번호
(등기용 등록번호)</td><td>주 소
(소재지)</td><td>지 분
(개인별)</td></tr>
<tr><td>등기의무자</td><td>김갑돌</td><td>700107
-1108727</td><td>대전 중구 선화8동 188</td><td></td></tr>
<tr><td>등기권리자</td><td>이을순</td><td>530301
-2121212</td><td>대전 대덕구 오정동 487-9</td><td></td></tr>
</table>

〔양식 제2-2호〕

시가표준액 및 국민주택채권매입금액		
부동산표시	부동산별 시가표준액	부동산별 국민주택채권매입금액
1.	금 원	금 원
2.	금 원	금 원
3.	금 원	금 원
국민주택채권 매입 총액	금 원	
등록세 금 원	교육세 금 원	
세 액 합 계	금 원	
등 기 신 청 수 수 료	금 14,000 원	

첨 부 서 면

1. 검인계약서	1통	7. 토지가격확인원	1통
2. 등록세영수증필확인서 및 통지서	각1통	8. 주민등록등(초)본	2통
3. 국민주택채권매입필증	매	9. 신청서 부본	2통
4. 인감증명	1통	10. 위임장	1통
5. 등기필증	1통	〈기타〉	
6. 토지 · 건축물대장등본	각1통		

2000년 11월   3일

위 신청인   (전화 :   )

(또는) 위 대리인 법무사 홍길동 (직인) (전화 :   )

대전지방법원 등기과   귀중

〈신청서 작성요령 및 등기수입증지 첨부〉

※ 1. 부동산표시란에 2개 이상의 부동산을 기재하는 경우에는 그 부동산의 일련번
호를 기재하여야 합니다.

2. 신청인란 등 해당란에 기재할 여백이 없을 경우에는 별지를 이용합니다.

3. 등기신청수수료 상당의 등기수입증지를 이 난에 첨부합니다.

◆ 증여로 인한 소유권이전등기의 기재례

(갑구)

3	소유권이전
	접수 2000년 11월 3일
	원인 제 3500호
	소유자 이을순
	530301 - 2121212
	대전 대덕구 오정동 487-9 ㉑

5. 상속으로 인한 소유권이전등기

◀ 상속으로 인한 소유권이전등기신청서 작성요령

1) 상속으로 인한 소유권이전등기의 의의

상속은 피상속인의 사망으로 법률의 규정에 의하여 개시되므로, 상속등기와는 관계없이 상속인은 상속재산에 대하여 법정지분에 따른 소유권을 취득한다.

그러나 상속인 전원 또는 일부는 언제든지 「상속(相續)으로 인한 소유권이전등기」를 신청할 수 있고, 상속재산을 처분하려면 상속등기를 신청하여야 한다.

2) 상속으로 인한 소유권이전등기신청서의 작성

상속으로 인한 소유권이전등기신청서는 소정양식(양식 제3호)에 다음 사항을 기재하여 작성한다.

● 부동산의 표시

상속부동산을 "등기부상 부동산표시"와 일치되게 기재한다.

만일 등기부와 토지·건축물대장의 부동산표시가 다를 때에는 먼저 부동산표시변경 또는 경정등기를 하여야 한다.

● 등기원인과 그 연월일

등기원인은 "상속"으로, 그 연월인은 피상속인의 "사망일"을 각 기재한다.

협의분할의 경우에는 등기원인을 "협의분할에 의한 상속"으로 기재한다.

● 등기의 목적

"소유권이전"이라고 기재한다.

● 이전할 지분

피상속인이 공유자 중 1인인 경우에는 그 지분(持分)을 기재한다.

〈예시〉

"3번 김갑동 지분 전부"

● 피상속인

피상속인의 성명, 주민등록번호, 주소를 "등기부상 소유자표시"와 일치되게 기재한다.

등기부에 사망자의 성명이 한자로 기재되어 있는 때에는 그 성명에 한자를 병기한다.

● 등기권리자

상속인의 성명, 주민등록번호, 주소를 "주민등록상 표시"와 일치되 게 기재하고, 상속인이 여럿인 경우에는 이전받는 각자의 지분(持分)을 기재한다.

협의분할에 의하여 상속할 경우에는 상속을 받는 자만을 기재한다.

● 시가표준액 및 국민주택채권매입금액, 국민주택채권매입총액

등록세납부서(OCR용지)에 기재된 시가표준액과 시가표준액의 일정비율

에 해당하는 국민주택채권매입금액을 기재한다.

부동산이 2개 이상인 경우에는 각 부동산별로 기재한 다음 국민주택채권매입액을 기재한다.

● 등록세, 교육세, 세액합계

등록세는 시가표준액의 "1,000분의 8"이고, 교육세는 등록세액의 "100분의 20"이며, 세액합계는 등록세액과 교육세액의 합계를 기재한다.

● 등기신청수수료

부동산 1개당 "7,000원"의 등기수입증지금액을 기재한다.

● 연월일, 기명날인

신청서 말미에 "제출연월일"을 기재하고, 신청인 또는 대리인이 "기명날인"한다.

신청서가 여러 장인 때에는 각 장사이에 "간인"한다.

3) 상속으로 인한 소유권이전등기신청서의 첨부서면

● 호적등본, 제적등본

피상속인의 사망한 사실 및 상속권자와 상속인을 확인할 수 있는 "상속을 증명하는 서면"으로 「호적등본」, 「제적등본」을 첨부한다.

호적등본 및 제적등본은 발행일로부터 "3개월 이내"의 것이어야 한다.

● 주민등록등본

피상속인 및 상속인의 「주민등록등(초)본」을 첨부한다.

위 등본은 발행일로부터 "3개월 이내"의 것이어야 한다.

● 등록세영수필확인서 및 통지서

● 국민주택채권매입필증

각 상속인별로 계산한 시가표준액이 1,000만원 이상인 경우에만 매 입하여 별지에 붙여 첨부한다.

● 신청서 부본

등기필증작성용, 대장소관청 통지용, 과세자료 송부용(대장등본 및 등기권리자의 주민등록등본 각 사본 1통 첨부)으로 신청서와 같은 내용의 부본(副本) 각 1통씩 첨부한다.

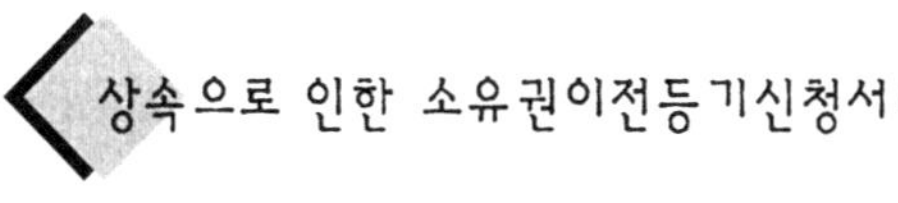

소유권이전등기신청

〔양식 제3-1호〕

접수	년 월 일	처리인	접수	조사	기입	교합	등기필 통지	각종 통지
수	제 　 　 호							

부동산의 표시
1. 대구광역시 수성구 범어동 176-1 　　　　대 520㎡ 2. 대구광역시 수성구 범어동 176-1 　　　　시멘트 벽돌조 슬래브지붕 2층 주택 　　　　1층 120㎡ 　　　　2층 120㎡ 　　　　　　　　이상

등기원인과 그 연월일	2000년 7월 1일 상속
등기의 목적	소유권이전
이전할 지분	

구분	성명 (상호 · 명칭)	주민등록번호 (등기용 등록번호)	주　소 (소재지)	상속분	지　분 (개인별)
피상속인	망 박일남	460916 -1117114	대구 수성구 범어동 176-1		
등기권리자	임 선 희	520105 - 2109011	대구 수성구 범어동 176-1	3/7	3/7
	박 호 진	781110 - 1081118		2/7	2/7
	박 연 주	800705 - 2117117		2/7	2/7

〔양식 제3-2호〕

시가표준액 및 국민주택채권매입금액		
부동산표시	부동산별 시가표준액	부동산별 국민주택채권매입금액
1.	금 원	금 원
2.	금 원	금 원
3.	금 원	금 원
국민주택채권 매입 총액	금	원
등록세 금 원	교육세 금	원
세 액 합 계	금	원
등 기 신 청 수 수 료	금	14,000 원

<table>
<tr><td colspan="2" align="center">첨 부 서 면</td></tr>
<tr><td>
1. 호적등본   1통
2. 제적등본   각1통
3. 피상속인 및
   상속인의 주민등록등(초)본   4통
4. 등록세영수필확인서 · 통지서   각1통
5. 국민주택채권매입필증   매
</td><td>
6. 토지 · 건축물대장등본   각1통
7. 신청서 부본   3통
   위임장   통

〈기타〉
</td></tr>
<tr><td colspan="2">
2000년 11월 3일
위 신청인   임   선   희 ㉑   (전화 : 553-9765)
                 박   호   진 ㉑
                 박   연   두 ㉑
(또는) 위 대리인   (직인) (전화 :   )

대구지방법원 등기과 귀중
</td></tr>
</table>

〈신청서 작성요령 및 등기수입증지 첩부〉

※ 1. 부동산표시란에 2개 이상의 부동산을 기재하는 경우에는 그 부동산의 일련번호를 기재하여야 합니다.

  2. 신청인란 등 해당란에 기재할 여백이 없을 경우에는 별지를 이용합니다.

  3. 등기신청수수료 상당의 등기수입증지를 이 난에 첩부합니다.

♦ 상속으로 인한 소유권이전등기의 기재례

(갑구)

2	소유권이전	
	접수	2000년 11월 3일 제 3500호
	원인	2000년 7월 1일 상속
	공유자	지분 7분의 3 임 선 희 520105 - 210901 대구 수성구 범어동 176-1
		지분 7분의 2 박 호 진 781110 - 108118 대구 수성구 범어동 176-1
		지분 7분의 2 박 연 주 800706 - 2117117 대구 수성구 범어동 176-1 ㉞

6. 공유물분할로 인한 소유권이전등기

공유물분할로 인한 소유권이전등기신청서의 작성요령

1) 공유물분할로 인한 소유권이전등기의 의의

공유물분할계약에 의하여 공유관계를 폐지하면 「공유물분할(共有物分割)로 인한 소유권이전등기」를 신청한다.

공유물분할로 인한 소유권이전등기는, 다른 공유자의 지분을 취득하는 자를 「등기권리자」, 자기의 지분을 이전하여 주는 자를 「등기의무자」로 하여 "공동(共同)"으로 신청한다.

2) 공유물분할로 인한 소유권이전등기신청서의 작성

공유물분할로 인한 소유권이전등기신청서는 소정양식(양식 제2호)에 다음 사항을 기재하여 작성한다.

● 부동산의 표시

공유물분할등기를 하고자 하는 부동산을 "등기부상 부동산표시"와 일치되게 기재한다.

● 등기원인과 그 연월일

등기원인은 "공유물분할"로, 그 연월일은 공유물분할계약서상 "계약일"을 기재한다.

● 등기의 목적

"공유물분할로 인한 소유권 일부이전"이라고 기재한다.

● 이전할 지분

지분을 이전해 주는 자의 성명을 표시하여 "○○○ 지분 전부"이라고 기재한다.

● 등기의무자

지분을 이전해 주는 자의 성명, 주민등록등본, 주소 및 지분을 "등기부상 공유자표시"와 일치되게 기재한다.

● 등기권리자

공유물분할계약에 의하여 다른 공유자의 지분을 취득하는 자의 성명, 주민등록번호, 주소를 "주민등록상 표시"와 일치되게 기재한다.

● 시가표준액 및 국민주택채권매입금액, 국민주택채권매입총액

등록세납부서(OCR용지)에 기재된 시가표준액과 시가표준액의 일정비율에 해당하는 국민주택채권매입금액을 기재한다.

부동산의 2개 이상인 경우에는 각 부동산별로 시가표준액 및 국민주택채권매입금액을 기재한 다음 국민주택채권 매입총액을 기재한다.

● 등록세, 교육세, 세액합계

등록세는 분할로 인하여 받은 부동산가액의 "1,000분의 3"이고, 교육세는 등록세액의 "100분의 20"이며, 세액합계는 등록세액과 교육세액의 합계를 기재한다.

● 등기신청수수료

부동산 1개당 또는 구분건물인 때에는 전유부분 1개당 "7,000원"의 등기 수입증지금액을 기재한다.

● 연월일, 기명날인

신청서 말미에 "제출연월일"을 기재하고, 신청인 또는 대리인이 "기명날인"한다.

신청서가 여러 장인 때에는 각 장 사이에 "간인"한다.

3) 공유물분할로 인한 소유권이전등기신청서의 첨부서면

● 검인계약서

공유물분할계약서는 부동산소재지를 관할하는 시장, 구청장, 군수로부터 「검인(檢印)」을 받는다.

● 인감증명서

등기의무자의 인감증명서를 첨부하되, 발행일로부터 "6개월 이내"의 것이어야 한다.

● 등기필증

등기의무자의 소유권에 관한 「등기필증」(구 등기필증)을 첨부한다.

● 토지 · 건축물대장등본

등기신청대상 부동산의 종류에 따라 「토지대장등본」, 「임야대장등본」, 「건축물대장등본」을 첨부한다.

위 등본은 발행일로부터 "3개월 이내"의 것이어야 한다.

● 개별공시지가확인서

시가표준액의 산출을 위하여 첨부한다.

● 주민등록등본

등기권리자 및 등기의무자의 "주소를 증명하는 서면"으로 등기권리자 및 등기의무자의 「주민등록등(초)본」을 첨부한다.

위 등본은 발행일로부터 "3개월 이내"의 것이어야 한다.

● 등록세영수필확인서 및 통지서

● 국민주택채권매입필증

공유물을 공유지분비율에 따라 분할하여 이전하는 경우에는 매입하지 않는다.

● 신청서 부본

대장소관청 통지용 및 과세자료 송부용(토지·건축물대장등본, 등기권리자와 등기의무자의 주민등록등본 및 검인계약서 각 사본 1통 첨부)으로 신청서와 같은 내용의 부본(副本) 각 1통씩을 첨부한다.

● 위임장

등기신청을 법무사 등 대리인에게 위임하는 경우에 첨부한다.

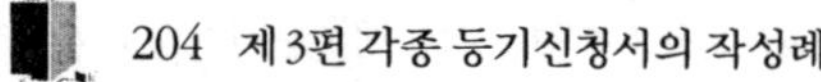

공유물분할로 인한 소유권이전등기선청서의 작성례

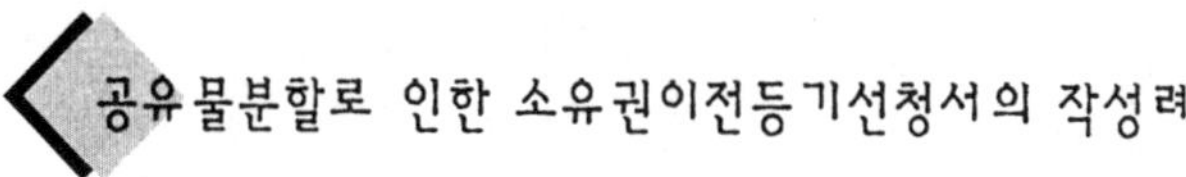

공유물분할로 인한 소유권이전등기신청

〔양식 제2-1호〕

접 수	년 월 일 제 호	처 리 인	접수	조사	기입	교합	등기필 통지	각종 통지

부동산의 표시
서울특별시 서초구 서초동 967 　　　　대 500㎡ 　　　　　　이상

등기원인과 그 연월일	2000년 7월 25일 공유물분할
등기의 목적	공유물분할로 인한 소유권일부이전
이전할 지분	공유자 김갑돌 지분 전부

구분	성명 (상호 · 명칭)	주민등록번호 (등기용 등록번호)	주　소 (소재지)	지 분 (개인별)
등 기 의 무 자	김갑돌	700107 - 1108727	서울 서초구 서초동 967	1/2
등 기 권 리 자	이을순	530301 - 2121212	서울 중구 서소문동 37	

〔양식 제2-2호〕

시가표준액 및 국민주택채권매입금액		
부동산표시	부동산별 시가표준액	부동산별 국민주택채권매입금액
1.	금 원	금 원
2.	금 원	금 원
3.	금 원	금 원
국민주택채권 매입 총액	금 원	
등록세 금 원	교육세 금 원	
세 액 합 계	금 원	
등 기 신 청 수 수 료	금 7,000 원	

<table>
<tr><td colspan="2" align="center">첨 부 서 면</td></tr>
<tr>
<td>
1. 검인계약서　　　　　　　　　　　1통
2. 등록세영수필확인서 및 통지서　각1통
3. 인감증명　　　　　　　　　　　　매
4. 대장등본　　　　　　　　　　　　1통
5. 주민등록등(초)본　　　　　　　　1통
6. 등기필증　　　　　　　　　　　　매
</td>
<td>
7. 신청서 부본　　　　2통
8. 위임장　　　　　　　2통
〈기타〉
</td>
</tr>
</table>

2000년 11월   3일

위 신청인　　　　　　　　　　　　（전화 : 553-9765）

（또는)위 대리인 법무사 홍길동 (직인) (전화 :　　　　）

서울지방법원　　등기과　　귀중

〈신청서 작성요령 및 등기수입증지 첨부〉

※ 1. 부동산표시란에 2개 이상의 부동산을 기재하는 경우에는 그 부동산의 일련번
호를 기재하여야 합니다.

　2. 신청인란 등 해당란에 기재할 여백이 없을 경우에는 별지를 이용합니다.

　3. 등기신청수수료 상당의 등기수입증지를 이 난에 첨부합니다.

◆ 공유물분할로 인한 소유권이전등기의 기재례

(갑구)

2		소유권이전
	접수	1998년 2월 4일 제 2004호
	원인	1998년 2월 3일 매매
	공유자	지분 2분의 1 김 갑 돌 700107 - 1108727 서울 서초구 서초동 967 지분 2분의 1 이 을 순 530301 - 2121212 서울 중구 서소문동 37 ㉑ 박 연 주
3		2번 김 갑 돌 지분 전부이전
	접수	2000년 11월 3일 제 3005호
	원인	2000년 7월 25일 공유물분할
	소유자	이 을 순 530301 - 2121212 서울 중구 서소문동 37 ㉑

7. 판결에 의한 소유권이전등기

판결에 의한 소유권이전등기신청서의 작성요령

1) 판결에 의한 소유권이전등기의 의의

등기권리자 또는 등기의무자가 승소한 판결이 확정된 때에는, 승소한 "원고"가 판결정본과 확정증명을 첨부하여 「판결(判決)에 의한 소유권이전등기」를 신청한다.

판결에 의한 소유권이전등기는 단독으로 신청할 수 있는데, "등기의무자는 등기권리자에게 ○○ 등기절차를 이행하라"는 「등기절차이행청구의 소」를 제기한 등기권리자가 단독으로 등기신청할 수 있을 뿐만 아니라, "등기권리자는 등기의무자로부터 ○○ 등기절차를 인수하라"는 「등기수취청구의 소」를 제기한 등기의무자도 단독으로 등기신청할 수 있다.

2) 판결에 의한 소유권이전등기신청서의 작성

판결에 의한 소유권이전등기신청서는 소정양식 (양식 제2호)에 다음 사항을 기재하여 작성한다.

● 부동산의 표시
판결주문에 표시 부동산을 "등기부상 부동산표시"와 일치되게 기재한다.
만일 판결주문과 등기부상 부동산표시가 다를 때에는 먼저 「판결경정」을 하여야 하고, 등기부와 토지 또는 건축물대장의 부동산표시가 다를 때에는 먼저 「부동산변경 또는 경정등기」를 하여야 한다.

● 등기원인과 그 연월일

등기원인은 판결주문에 표시된 "매매", "증여" 등 등기원인을 기재하고, 그 연월일은 판결주문에 원인일자가 있으면 그 일자를, 판결주문에 원인일자가 없으면 "확정판결의 선고일자"를 각 기재한다.

● 등기의 목적

소유권 전부이전의 경우에는 "소유권이전"으로, 소유권 일부이전의 경우에는 "소유권 일부이전"으로 각 기재한다.

● 이전할 지분

소유권 일부이전의 경우에만 그 "지분(持分)"을 기재한다.

● 등기의무자

매도인 등의 성명, 주민등록번호, 주소를 "등기부상 소유자표시"와 일치되게 기재한다.

● 등기권리자

매수인 등의 성명, 주민등록번호, 주소를 "주민등록상 표시"와 일치되게 기재한다.

● 시가표준액 및 국민주택채권매입금액

● 등록세, 교육세, 세액합계

● 등기신청수수료

부동산 1개당 "7,000원"의 등기수입증지금액을 기재한다.

● 연월일, 기명날인

신청서 말미에 "제출연월일"을 기재하고, 신청인 또는 대리인이 "기명날인"한다.

신청서가 여러 장일 때에는 각 장 사이에 "간인(間印)"한다.

3) 판결에 의한 소유권이전등기신청서의 첨부서면

● 검인받은 판결정본, 확정증명

판결정본과 확정증명을 첨부하되, 판결정본은 부동산 소재지를 관할하는 시장·구청장·군수의 「검인(檢印)」을 받아야 한다.

● 등기필증

등기권리자가 등기신청할 때에는 등기필증을 첨부하지 아니하나, 등기의무자가 등기신청할 때에는 「등기필증」(구 등기필증)을 첨부한다.

● 토지·건축물대장등본

소유권이전할 부동산에 따라 「토지대장등본」, 「임야대장등본」, 「건축물대장등본」을 첨부한다.

위 등본은 발행일로부터 "3개월 이내"의 것이어야 한다.

● 개별공시지가확인서

시가표준액을 산출하기 위하여 첨부한다.

● 주민등록등본

신청인의 "주소를 증명하는 서면"으로 「주민등록등(초)본」을 첨부한다.
위 등초본은 발행일로부터 "3개월 이내"의 것이어야 한다.

● 등록세영수필확인서 및 통지서

● 국민주택채권매입필증

● 신청서 부본

대장소관청 통지용 및 과세자료 송부용(토지 · 건축물대장등본, 등기신청
인의 주민등록등본 및 판결정본 각 사본 1통 첨부)으로 신청서와 같은 내용
의 부본(副本)을 각 1통씩 첨부한다.

◀ 판결에 의한 소유권이전등기신청서의 작성례

판결에 인한 소유권이전등기신청

〔양식 제2-1호〕

접 수	년 월 일 제 호	처 리 인	접수	조사	기입	교합	등기필 통지	각종 통지

부동산의 표시
1. 서울특별시 서초구 서초동 1701-1 　　　　대 540㎡ 2. 서울특별시 서초구 서초동 1701-1 　　시멘트 벽돌조 슬래브지붕 2층 주택 　　　　1층 125㎡ 　　　　2층 125㎡ 　　　　　　　　이상

등기원인과 그 연월일	2000년 8월 2일 매매
등기의 목적	소유권이전
이전할 지분	

구분	성명 (상호·명칭)	주민등록번호 (등기용 등록번호)	주 소 (소재지)	지 분 (개인별)
등 기 의 무 자	김갑돌	700107 - 1108727	서울 서초구 서초동 1701-1	
등 기 권 리 자	이을순	530301 - 2121212	서울 서초구 서초동 967	

〔양식 제2-2호〕

시가표준액 및 국민주택채권매입금액		
부동산표시	부동산별 시가표준액	부동산별 국민주택채권매입금액
1.	금 원	금 원
2.	금 원	금 원
3.	금 원	금 원
국민주택채권 매입 총액	금	원
등록세 금 원	교육세 금	원
세 액 합 계	금	원
등 기 신 청 수 수 료	금 14,000 원	

<table>
<tr><td colspan="2" align="center">첨 부 서 면</td></tr>
<tr>
<td>
검인계약서   통
1. 등록세영수필확인서 및 통지서 각1통
2. 국민주택채권매입필증 매
3. 토지·건축물대장등본 2통
4. 토지가격확인원 1통
5. 주민등록등(초)본 2통
6. 신청서 부본 2통
</td>
<td>
위임장   통
〈기타〉
7. 판결정본 1통
8. 확정증명 1통
</td>
</tr>
</table>

2000년 11월 3일

위 신청인   이 을 순 ㉑   (전화 :   )

(또는) 위 대리인 법무사 홍길동 (직인) (전화 :   )

서울지방법원   등기과   귀중

〈신청서 작성요령 및 등기수입증지 첨부〉

※ 1. 부동산표시란에 2개 이상의 부동산을 기재하는 경우에는 그 부동산의 일련번호를 기재하여야 합니다.

2. 신청인란 등 해당란에 기재할 여백이 없을 경우에는 별지를 이용합니다.

3. 등기신청수수료 상당의 등기수입증지를 이 난에 첨부합니다.

♦ 판결에 의한 소유권이전등기의 기재례

(갑구)

3	소 유 권 이 전

	접수 2000년 11월 3일
	원인 제 3500호
	소유자 이 을 순
	        530301 - 2121212
	        서울 서초구 서초동 967 ㉑

♦ 판결에 의한 소유권이전등기의 기재례

8. 판결에 의한 소유권이전등기말소등기

판결에 의한 소유권이전등기말소등기신청서의 작성요령

1) 판결에 의한 소유권이전등기말소등기의 의의

등기권리자 또는 등기의무자가 "원고"로서 승소한 판결이 확정된 때에는, 판결정본과 확정증명을 첨부하여 「판결(判決)에 의한 소유권이전등기말소등기」를 신청한다.

소유권이전등기의 말소등기는 등기권리자와 등기의무자가 "공동"으로 신청하여야 하나, 판결에 의한 경우에는 승소한 등기권리자 또는 등기의무자가 "단독"으로 신청할 수 있다.

2) 판결에 의한 소유권이전등기말소등기신청서의 작성

판결에 의한 소유권이전등기말소등기신청서는 소정양식(양식 제18호)에 다음 사항을 기재하여 작성한다.

● 부동산의 표시

판결주문에 표시된 부동산을 "등기부상 부동산표시"와 일치되게 기재한다.

만일 판결주문과 등기부상 부동산표시가 다를 때에는 먼저 「판결경정」을 하여야 하고, 등기부와 토지 또는 건축물대장의 부동산표시가 다를 때에는 먼저 「부동산변경 또는 경정등기」를 하여야 한다.

● **등기원인과 그 연월일**

등기원인은 "○○지방법원의 확정판결"로, 그 연월일은 그 판결의 "선고연월일"을 기재한다.

● **등기의 목적**

"소유권말소"라고 기재한다.

● **말소할 등기**

말소할 소유권등기를 특정하기 위하여 "접수연월일", "접수번호", "등기목적"을 기재한다.

● **등기의무자**

등기부상 말소대상이 되는 소유권명의인의 성명, 주민등록번호, 주소를 "등기부상 소유자표시"와 일치되게 기재한다.

● **등기권리자**

판결상 승소한 원고의 성명, 주민등록번호, 주소를 "등기부상 종전 소유명의인표시"와 일치되게 기재한다.

● **등록세, 교육세, 세액합계**

등록세는 부동산 1개당 "3,000원", 교육세는 "600원"으로 계산하여 기재하고, 세액합계는 등록세액과 교육세액의 합계를 기재한다.

● **등기신청수수료**

부동산 1개당 "1,000원"의 등기수입증지금액을 기재한다.

● 연월일, 기명날인

신청서 말미에 "제출연월일"을 기재하고, 신청인 또는 대리인이 "기명날인"한다.

신청서가 여러 장인 때에는 각 장 사이에 "간인"한다.

3) 판결에 의한 소유권이전등기말소등기신청서의 첨부서면

● 판결정본, 확정증명

집행문이나 송달증명은 필요없으나, 조건부판결인 경우에는 "집행문"을 부여받아야 한다.

● 등록세영수필확인서 및 통지서

● 승낙서, 인감증명서

말소에 대하여 등기상 이해관계있는 제3자가 있는 때에는, 그 승낙서 및 인감증명서 또는 이에 대항할 수 있는 재판의 등본을 첨부한다.

● 신청서 부본

대장소관청통 지용으로 신청서와 같은 내용의 부본(副本) 1통을 첨부한다.

판결의 의한 소유권이전등기말소등기신청

〔양식 제18-1호〕

접 수	년 월 일 제 호	처 리 인	접수	조사	기입	교합	등기필 통지	각종 통지

<table>
<tr><td colspan="5" align="center">부동산의 표시</td></tr>
<tr><td colspan="5">

1. 서울특별시 서초구 서초동 1701-1

　　　　대 540㎡

2. 서울특별시 서초구 서초동 1701-1

　　시멘트 벽돌조 슬래브지붕 2층 주택

　　　　1층 125㎡

　　　　2층 125㎡

　　　　　　　　이상

</td></tr>
<tr><td colspan="2">등기원인과 그 연월일</td><td colspan="3">2000년 10월 2일 서울지방법원의 확정판결</td></tr>
<tr><td colspan="2">등기의 목적</td><td colspan="3">소유권 말소</td></tr>
<tr><td colspan="2">말소할 등기의 표시</td><td colspan="3">1999년 7월 1일 접수 제 9822호로 경료한
소유권이전등기</td></tr>
<tr><td>구분</td><td>성명
(상호·명칭)</td><td>주민등록번호
(등기용 등록번호)</td><td>주　소
(소재지)</td><td>지분
(개인별)</td></tr>
<tr><td>등
기
의
무
자</td><td>김갑돌</td><td>700107
- 1108727</td><td>서울 서초구 서초동 1701-1</td><td></td></tr>
<tr><td>등
기
권
리
자</td><td>이을순</td><td>530301
- 2121212</td><td>서울 서초구 서초동 967</td><td></td></tr>
</table>

〔양식 제18-2호〕

등　록　세	금	6,000 원
교　육　세	금	1,200 원
세　액　합　계	금	7,200 원
등 기 신 청 수 수 료	금	2,000 원

<table>
<tr><td colspan="2" align="center">첨　부　서　면</td></tr>
<tr><td>1. 등록세영수필확인서 및 통지서　각1통
2. 판결정본 및 확정증명　각1통
3. 신청서 부본　1통</td><td>〈기타〉</td></tr>
<tr><td colspan="2">

2000년　11월　3일

위 신청인　　　이 을 순 ㊞　　（전화 :　　　）

（또는）위 대리인 법무사 홍길동 （직인）（전화 :　　　）

서울지방법원　　　등기과　　귀중

</td></tr>
</table>

〈신청서 작성요령 및 등기수입증지 첨부〉

※ 1. 부동산표시란에 2개 이상의 부동산을 기재하는 경우에는 그 부동산의 일련번호를 기재하여야 합니다.

2. 신청인란 등 해당란에 기재할 여백이 없을 경우에는 별지를 이용합니다.

3. 등기신청수수료 상당의 등기수입증지를 이 난에 첨부합니다.

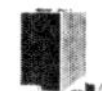

◆ 판결에 의한 소유권이전등기말소등기의 기재례

(갑구)

2	소유권이전
	접수　　1995년 3월 10일 　　　　제 3500호 원인　　1995년 3월 8일 매매 소유자　이 을 순 　　　　530301 - 2121212 　　　　서울 서초구 서초동 967　⑩
3	소유권이전
	접수　　1999년 7월 1일 　　　　제 9822호 원인　　1999년 6월 1일 매매 소유자　김 갑 돌 　　　　700107 - 1108727 　　　　서울 서초구 서초동 1701-1　⑩
3	3번 소유권 말소
	접수　　2000년 11월 3일 　　　　제 10550호 원인　　2000년 10월 2일 서울지방법원의 확정판결　⑩

9. 지상권설정등기

지상권설정등기신청서의 작성요령

1) 지상권설정등기의 의의

지상권(地上權)은, 건물 기타 공작물이나 수목을 소유하기 위하여 타인의 토지를 사용하는 권리로서, 지상권설정계약을 체결한 때에는, 지상권자와 지상권설정자는 「지상권설정등기(地上權設定登記)」를 신청한다.

지상권설정등기는, 지상권자를 「등기권리자」로 하고, 지상권설정자 (소유자)를 「등기의무자」로 하여 "공동"으로 신청하고, 지상권자는 지상권설정등기를 하여야 비로소 「지상권」을 취득한다.

2) 지상권설정등기신청서의 작성

지상권설정등기신청서는, 소정양식(양식 제5호)에 다음 사항을 기재하여 작성한다.

● 부동산의 표시

지상권을 설정하는 부동산을 "등기부상 부동산표시"와 일치되게 기재한다.

● 등기원인과 그 연월일

등기원인은 "지상권설정계약"으로, 그 연월일은 지상권설정계약의 "체결

일"을 기재한다.

◐ 등기의 목적
"지상권설정"이라고 기재한다.

◐ 설정의 목적
사용목적에 따라 존속기간이 다르므로 예컨대, "철근콘크리트조 건물의 소유", "수목의 소유", "공작물의 소유" 등과 같이 구체적으로 기재한다.

◐ 범위
지상권은 1필의 토지의 일부에 대하여도 설정할 수 있으므로, 예컨대, "토지의 전부", "동남쪽 300㎡" 등으로 기재한다.

◐ 존속기간
존속기간은 「임의적기재사항」이므로 약정이 있는 때에 이를 기재한다.
〈예시〉
"2000년 8월 28일부터 30년", "50년", "철탑존속기간으로 한다"

◐ 지료, 지급시기
지료 및 그 지급시기는 「임의적 기재사항」이므로 약정이 있는 때에 이를 기재한다.
〈예시〉
지료 "월 100,000원", 지급시기 "매월 말일"

◐ 등기의무자
소유자의 성명, 주민등록번호, 주소를 "등기부상 소유자표시"와 일치되게 기재한다.

◉ 등기권리자

지상권자의 성명, 주민등록번호, 주소를 "주민등록상 표시" 또는 "주민등록증상 표시"와 일치되게 기재한다.

◉ 등록세, 교육세, 세액합계

등록세는 가격의 "1,000분의 2"이고, 교육세는 등록세액의 "100분의 20"이며, 세액합계는 등록세액과 교육세액의 합계를 기재한다.

◉ 등기신청수수료

부동산 1개당 "7,000원"의 등기수입증지금액을 기재한다.

◉ 연월일, 기명날인

신청서 말미에 "제출연원일"을 기재하고, 신청인 또는 대리인이 "기명날인"한다.

신청서가 여러 장인 때에는 각 장 사이에 "간인"한다.

3) 지상권설정등기신청서의 첨부서면

◉ 지상권설정계약서

"등기원인을 증명하는 서면"으로 「지상권설정계약서」를 첨부하며, 지상권설정계약서에는 정부수입인지 "3,000원"을 붙인다.

등기완료후에는 이 계약서로 「등기필증」(신 등기필증)을 작성하여 등기권리자에게 교부한다.

◉ 도면

1필의 토지의 일부에 지상권을 설정한 때에는 그 범위를 표시한 「지적도」를 첨부한다.

● 인감증명서

지상권설정자인 소유자의 「인감증명서」를 첨부한다.

인감증명서에는 용도는 기재할 필요가 없으며, 발행일로부터 "6개월이내"의 것이어야 한다.

● 등기필증

등기의무자의 소유권에 관한 「등기필증」(구 등기필증)을 첨부한다.

등기필증을 첨부할 수 없는 때에는 그에 갈음하여 법무사 또는 변호사가 작성한 「확인서면」 2통을 첨부한다.

등기완료 후에는 구 등기필증 또는 확인서면 1통은 등기의무자에게 반환한다.

● 주민등록등본

지상권자의 「주민등록등(초)본」 또는 「주민등록증사본」을 첨부한다.

주민등록등본은 발행일로부터 "3개월 이내"의 것이어야 한다.

● 등록세영수필확인서 및 통지서

● 위임장

등기신청을 법무사 등 대리인에게 위임하는 경우에 첨부한다.

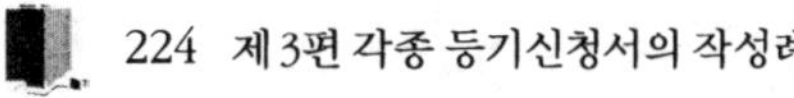

지상권설정등기신청서의 작성례

지상권설정등기신청

〔양식 제5-1호〕

접수	년 월 일 제 호	처리인	접수	조사	기입	교합	등기필 통지	각종 통지

부동산의 표시	
서울특별시 구로구 구로동 52 　　　　대 350㎡ 　　　　　　이 상	

등기원인과 그 연월일	2000년 11월 1일 지상권설정계약
등기의 목적	지상권설정
설정의 목적	철근콘크리트조건물의 소유
범　　위	토지의 전부
존 속 기 간	2000년 11월 1일부터 30년
지　　료	월 100,000원
지 급 시 기	매월 말일

구분	성명 (상호·명칭)	주민등록번호 (등기용 등록번호)	주　소 (소재지)	지분 (개인별)
등기의무자	김갑돌	45124 - 1058339	서울 구로구 구로동 52	
등기권리자	이을순	300114 - 1057329	서울 구로구 구로동 53	

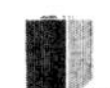

〔양식 제5-2호〕

등 록 세	금	원
교 육 세	금	원
세 액 합 계	금	원
등 기 신 청 수 수 료	금	7,000 원

첨 부 서 면	
1. 지상권설정계약서　　　　　1통 2. 등록세영수필확인서 및 통지서　각1통 3. 인감증명　　　　　　　　　통 4. 등기필증　　　　　　　　　통 5. 주민등록등(초)본　　　　　통 6. 위임장　　　　　　　　　　통	〈기타〉

2000년 11월   3일

위 신청인　　　　　　　　　　（전화 : 553-9765）

（또는） 위 대리인 법무사 홍길동 （직인）（전화 :　　　　　）

서울지방법원　　남부지원　　구로등기소　　　　귀중

〈신청서 작성요령 및 등기수입증지 첨부〉

※ 1. 부동산표시란에 2개 이상의 부동산을 기재하는 경우에는 그 부동산의 일련번호를 기재하여야 합니다.

2. 신청인란 등 해당란에 기재할 여백이 없을 경우에는 별지를 이용합니다.

3. 등기신청수수료 상당의 등기수입증지를 이 난에 첨부합니다.

♦ 지상권설정등기의 기재례

(을구)

1	지상권설정
	접수 2000년 11월 3일
	제 31150호
	원인 2000년 11월 1일 설정계약
	목적 철근콘크리트조 건물의 소유
	범위 토지의 전부
	존속기간 2000년 11월 1일부터 30년
	지료 월 100,000원
	지급시기 매월 말일
	지상권자 이 도 령
	300114 - 1057329
	서울 구로구 구로동 53 ㊞

10. 지역권설정등기

지역권설정등기신청서의 작성요령

1) 지역권설정등기의 의의

지역권(地役權)은, 인수·통행·관망 등 일정한 목적을 위하여 타인의 토지(승역지)를 자기 토지(요역지)의 편익(便益)에 이용하는 권리로서, 지역권설정계약을 체결한 때에는, 지역권자와 지역권설정자는 「지역권설정등기(地役權設定登記)」를 신청한다.

지역권설정등기는, 지역권자를 「등기권리자」로 하고 지역권설정자(소유자)를 「등기의무자」로 하여 "공동"으로 신청하고, 지역권자는 지역권설정등기를 하여야 비로소 「지역권」을 취득한다.

2) 지역권설정등기신청서의 작성

지역권설정등기신청서는, 소정양식(양식 제4호)에 다음 사항을 기재하여 작성한다.

● 부동산의 표시

편익을 주는 토지인 「승역지(承役地)」와 편익을 얻는 토지인 「요역지(要役地)」를 구분하여 각 "등기부상 부동산표시"와 일치되게 기재한다.

● 등기원인과 그 연월일

등기원인은 "지역권설정계약"으로, 그 연월일은 지역권설정계약의 "체결일"을 기재한다.

● 등기의 목적

"지역권설정"이라고 기재한다.

● 설정의 목적

"통행", "용수사용" 등 요역지에 제공되는 편익의 종류를 기재한다.

● 범위

승역지는 1필의 토지의 일부에 대하여도 설정할 수 있으므로, 예컨대, "전부", "동측 50㎡" 등으로 기재한다.

● 특약

특약을 한 때에는 「임의적 기재사항」으로 이를 기재한다.
〈예시〉
① "지역권은 요역지 소유권과 함께 이전하지 않음"
② "용수는 요역지를 위하여 먼저 사용함"
③ "요역지 소유자는 인수시설을 수리함"
④ "승역지 소유자는 지역권행사를 위하여 공작물의 설치 또는 수선할 의무를 부담함"

● 등기의무자

소유자의 성명, 주민등록번호, 주소를 "등기부상 소유자표시"와 일치되게 기재한다.

● 등기권리자

지역권자의 성명, 주민등록번호, 주소를 "주민등록상 표시" 또는 "주민등록증상 표시"와 일치되게 기재한다.

● 등록세, 교육세, 세액합계

등록세는 가격의 "1,000분의 2"이고, 교육세는 등록세액의 "100분의 20"이며, 세액합계는 등록세액과 교육세액의 합계를 기재한다.

● 등기신청수수료

부동산 1개당 "7,000원"의 등기수입증지금액을 기재한다.

● 연월일, 기명날인

신청서 말미에 "제출연월일"을 기재하고, 신청인 또는 대리인이 "기명날인"한다.

신청서가 여러 장인 때에는 각 장 사이에 "간인"한다.

3) 지역권설정등기신청서의 첨부서면

● 지역권설정계약서

"등기원인을 증명하는 서면"으로 「지역권설정계약서」를 첨부하 며, 지역권설정계약서에는 정부수입인지 "3,000원"을 붙인다.

등기완료 후에는 이 계약서로 「등기필증」(신 등기필증)을 작성하여 등기권리자에게 교부한다.

● 도면

승역지가 1필의 토지의 일부인 때에는 그 범위를 표시한 「지적도」를 첨부한다.

● 인감증명서

지역권설정자인 소유자의 「인감증명서」를 첨부한다.

인감증명서에는 용도를 기재할 필요가 없으며, 발행일로부터 "6개월 이내"의 것이어야 한다.

● 등기필증

등기의무자의 소유권에 관한 「등기필증」(구 등기필증)을 첨부한다.

등기필증을 첨부할 수 없는 때에는 그에 갈음하여 법무사 또는 변호사가 작성한 「확인서면」 2통을 첨부한다.

등기완료 후에는 구 등기필증 또는 확인서면 1통은 등기의무자에게 반환한다.

● 주민등록등본

지역권자의 「주민등록등(초)본」 또는 「주민등록증 사본」을 첨부한다.

주민등록등본은 발행일로부터 "3개월 이내"의 것이어야 한다.

● 등록세영수필확인서 및 통지서

● 위임장

등기신청을 법무사 등 대리인에게 위임하는 경우에 첨부한다.

◀ **지역**권설정등기신청서의 작성례

지역권설정등기신청

〔양식 제4-1호〕

접 수	년 월 일	처 리 인	접수	조사	기입	교합	등기필 통지	각종 통지
	제 호							

부동산의 표시
승역지 : 김해시 진례면 신월리 439 　　　　대 540㎡ 요역지 : 김해시 진례면 신원리 438 　　　　대 650㎡ 　　　　　　이 상

등기원인과 그 연월일	2000년 11월 1일 지역권설정계약
등기의 목적	지역권설정
설정의 목적	통행
범　　위	동측 50㎡

구분	성명 (상호·명칭)	주민등록번호 (등기용 등록번호)	주 소 (소재지)	지 분 (개인별)
등기의무자	유진훈	341130 - 1093223	김해시 진례면 신월리 438	
등기권리자	송영환	351201 - 1093318	김해시 진례면 신월리 439	

〔양식 제4-2호〕

등　록　세	금	원
교　육　세	금	원
세　액　합　계	금	원
등　기　신　청　수　수　료	금	7,000 원

<table>
<tr><td colspan="3" align="center">첨　부　서　면</td></tr>
<tr><td>1. 지상권설정계약서
2. 등록세영수증필 및 통지서
3. 인감증명
4. 등기필증
5. 주민등록등(초)본
6. 도면
7. 위임장</td><td>1통
각1통
1통
1통
1통
1통
1통</td><td>〈기타〉</td></tr>
</table>

2000년 11월 3일

위 신청인　　　　　　　　　　　　　　（전화 : 553-9765）

（또는)위 대리인 법무사 홍길동 (직인) (전화 :　　　　　）

창원지방법원　　김해등기소　　귀중

〈신청서 작성요령 및 등기수입증지 첨부〉

※ 1. 부동산표시란에 2개 이상의 부동산을 기재하는 경우에는 그 부동산의 일련번
　　호를 기재하여야 합니다.

　2. 신청인란 등 해당란에 기재할 여백이 없을 경우에는 별지를 이용합니다.

　3. 등기신청수수료 상당의 등기수입증지를 이 난에 첨부합니다.

♦ 지역권설정등기의 기재례

(을구)

1	지역권설정
접수	2000년 11월 3일 제 3005호
원인	2000년 11월 1일 설정계약
목적	**통행**
범위	동측 50㎡
요역지	김해시 진례면 신월리 438
지역권자	송 영 환 351201 - 1093318 김해시 진례면 신월리 439
도면편철장 제 5책 제 6면 ㉑	

II. 전세권설정등기

전세권설정등기신청서의 작성요령

1) 전세권설정등기의 의의

전세권(傳貰權)은, 전세금을 지급하고 타인의 부동산(농경지는 제외)을 점유하여 그 용도에 따라 사용·수익하는 권리로서, 전세권설정계약에 의하여 전세금을 지급한 때에는, 전세권자와 전세권설정자는「전세권설정등기(傳貰權設定登記)」를 신청한다.

전세권설정등기는, 전세권자를「등기권리자」로 하고, 전세권설정자(소유자)를「등기의무자」로 하여, 등기권리자와 등기의무자가 "공동"으로 신청하고, 전세권자는 전세권설정등기를 하여야만 비로소「전세권」을 취득한다.

2) 전세권설정등기신청서의 작성

전세권설정등기신청서는 소정양식(양식 제6호)에 다음 사항을 기재하여 작성한다.

● 부동산의 표시
전세권의 목적부동산을 "등기부상 부동산표시"와 일치되게 기재한다.

● 등기원인과 그 연월일
등기원인은 "전세권설정계약"으로, 그 연월일은 전세권설정계약의 "체결

일"을 기재한다.

등기의 목적
"전세권설정"이라고 기재한다.

전세금
아라비아숫자로 기재한다.

전세금의 목적과 범위
전세권은 공유지분(共有持分)에는 설정할 수 없어도 부동산의 특정일부 (特定一部)에는 설정할 수 있으므로, "토지 전부", "건물 전부", "건물 2층 전부", "건물 2층 중 남측 100㎡" 등으로 기재한다.

존속기간
전세권설정계약서에 기재되어 있는 경우에만 기재한다 (임의적 기재사항). 존속기간은, ① ○○년 월 일부터 ○○년 월 일까지, ② ○○년 월 일부터 ○○년간, ③ ○○년 월 일까지, ④ ○○년간으로 각 기재할 수 있다.

등기의무자
전세권설정자의 성명, 주민등록번호, 주소를 "등기부상 소유자표시"와 일치되게 기재한다.

등기권리자
전세권자의 성명, 주민등록번호, 주소를 "주민등록상 표시"와 일치되게 기재한다.

● 등록세, 교육세, 세액합계

등록세는 전세금의 "1,000분의 2"이고, 교육세는 등록세액의 "100분의 20"이며, 세액합계는 등록세액과 교육세액의 합계를 기재한다.

● 등기신청수수료

부동산 1개당 "7,000원"의 등기수입증지금액을 기재한다.

● 연월일, 기명날인

신청서 말미에 "제출연월일"을 기재하고, 신청인 또는 대리인이 "기명날인"한다.

신청서가 여러 장인 때에는 각 장 사이에 "간인"한다.

3) 전세권설정등기신청서의 첨부서면

● 전세권설정계약서

"등기원인을 증명하는 서면"으로 「전세권설정계약서」를 첨부하 며, "주택"을 제외한 전세권설정계약서에는 정부수입인지 "10,000원"을 붙인다.

등기완료후에는 이 계약서로 「등기필증」(신 등기필증)을 작성하여 등기권리자에게 교부한다.

● 도면

전세권의 목적이 부동산의 일부인 때에는 전세권이 설정부분의 「도면」을 첨부한다.

● 인감증명서

전세권설정자인 소유자의 「인감증명서」를 첨부한다.

인감증명서의 용도는 기재할 필요가 없으며, 발행일로부터 "6개월 이내"의 것이어야 한다.

● 등기필증

등기의무자의 소유권에 관한 「등기필증」(구 등기필증)을 첨부한다.

등기필증을 첨부할 수 없는 때에는 그에 갈음하여 법무사 또는 변호사가 작성한 「확인서면」 2통을 첨부한다.

등기완료 후에는 구 등기필증 또는 확인서면 1통은 등기의무자에게 반환한다.

● 주민등록등본

전세권자의 「주민등록등(초)본」 또는 「주민등록증사본」을 첨부한다.

주민등록등본은 발행일로부터 "3개월 이내"의 것이어야 한다.

● 등록세영수필확인서 및 통지서

● 위임장

등기신청을 법무사 등 대리인에게 위임하는 경우에 첨부한다.

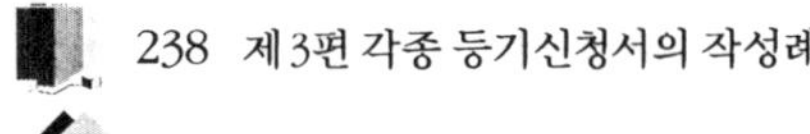

전세권설정등기신청서의 작성례

전세권설정등기신청

〔양식 제6-1호〕

접 수	년 월 일 제 호	처 리 인	접수	조사	기입	교합	등기필 통지	각종 통지

부동산의 표시
1. 서울특별시 용산구 효창동 5 　　　대 250㎡ 2. 서울특별시 용산구 효창동 5 　　　시멘트 벽돌조 슬래브지붕 2층 주택 　　　1층 90㎡ 　　　2층 90㎡ 　　　　　이상

등기원인과 그 연월일	2000년 11월 1일 전세권설정계약
등기의 목적	전세권설정
전 세 금	금 70,000,000원
전세의 목적과 범위	토지 및 주택 2층 남측 40㎡
존속기간	2000년 11월 일부터 2002년 10월 31일까지

구분	성명 (상호·명칭)	주민등록번호 (등기용 등록번호)	주　소 (소재지)
등기의무자	김갑돌	454124 - 1058339	서울 용산구 효창동 5
등기권리자	이을순	300114 - 1057329	서울 용산구 효창동 5

〔양식 제6-2호〕

등 록 세	금	140,000 원
교 육 세	금	28,000 원
세 액 합 계	금	168,000 원
등 기 신 청 수 수 료	금	7,000 원

첨 부 서 면

1. 지상권설정계약서 1통 2. 등록세영수필확인서 및 통지서 각1통 3. 인감증명 1통 4. 등기필증 1통 5. 주민등록등(초)본 1통 6. 도면 1통 7. 위임장 1통	〈기타〉	

2000년 11월 3일

위 신청인　　　　김 갑 돌 ⑩　　　（전화 ： 553-9765）

　　　　　　　　이 을 순 ⑩　　　（전화 ： 553-9766）

（또는） 위 대리인　　　　　　　　（전화 ：　　　　　　）

서울지방법원　　　용산등기소　　　귀중

〈신청서 작성요령 및 등기수입증지 첨부〉

※ 1. 부동산표시란에 2개 이상의 부동산을 기재하는 경우에는 그 부동산의 일련번호를 기재하여야 합니다.

   2. 신청인란 등 해당란에 기재할 여백이 없을 경우에는 별지를 이용합니다.

   3. 등기신청수수료 상당의 등기수입증지를 이 난에 첨부합니다.

◆ 전세권설정등기의 작성례

(을구)

1	전 세 권 설 정
접수	2000년 11월 3일 제 3005호
원인	2000년 11월 11일 설정계약
전세금	70,000,000원
범위	토지 및 주택 2층 중 남측 40㎡
존속기간	2000년 11월 1일부터 2002년 10월 31일까지
전세권자	이 도 령 300114 - 1057329 서울 용산구 효창동 5 ㉑

12. 전세권말소등기

전세권말소등기신청서의 작성요령

1) 전세권말소등기의 의의

전세권이 그 존속기간의 만료, 소멸청구 등으로 종료하게 된 때에는, 전세권자와 전세권설정자는「전세권말소등기(傳貰權抹消登記)」를 신청한다.

전세권말소등기는, 전세권설정자를「등기권리자」로 하고, 전세권자를「등기의무자」로 하여 "공동"으로 신청한다.

2) 전세권말소등기신청서의 작성

전세권말소등기신청서는, 소정양식(양식 제18호)에 다음 사항을 기재하여 작성한다.

● 부동산의 표시

전세권의 목적부동산을 "등기부상 부동산표시"와 일치되게 기재한다.

부동산이 구분건물인 경우에는, ① 1동의 건물의 표시와 ② 전유부분의 건물의 표시를 나누어 기재하고, ③ 대지권의 표시는 기재하지 아니한다. 그것은 특정전유부분의 대지권에 대하여는 전세권설정등기를 할 수 없기 때문이다.

● 등기원인과 그 연월일

등기원인은 전세계약의 종료사유에 따라 "해지", "소멸" 등으로, 그 연월일은 "해지연월일" 또는 "소멸연월일" 등을 기재한다.

● 등기의 목적

"전세권말소"라고 기재한다.

● 말소할 등기

말소할 전세권등기의 "접수연월일", "접수번호", "등기목적"을 기재한다.

● 등기의무자

전세권자의 성명, 주민등록번호, 주소를 "등기부상 전세권자표시"와 일치되게 기재한다.

● 등기권리자

전세권설정자의 성명, 주민등록번호, 주소를 "등기부상 소유자표 시"와 일치되게 기재한다.

● 등록세, 교육세, 세액합계

전유부분 1개당 등록세는 "3,000원", "교육세는 "600원"으로 계산하여 기재하고, 세액합계는 등록세액과 교육세액의 합계를 기재한다.

● 등기신청수수료

전유부분 1개당 "1,000원"의 등기수입증지금액을 기재한다.

● 연월일, 기명날인

신청서 말미에 "제출연월일"을 기재하고, 신청인 또는 대리인이 "기명날

인"한다.

신청서가 여러 장인 때에는 각 장 사이에 "간인"한다.

3) 전세권말소등기신청서의 첨부서면

● 해지증서

전세권등기의 말소사유에 관한 증서로서「해지증서」를 첨부한다.

등기완료 후에는 이 해지증서로「등기필증」(신 등기필증)을 작성하여 등기권리자에게 교부한다.

● 등기필증

등기의무자인 전세권자의 전세권에 관한「등기필증」(구 등기필증)을 제출한다.

등기필증을 제출할 수 없는 때에는, 그에 대신하여 법무사 또는 변호사가 작성한「확인서면」2통과 등기의무자인 전세권자의「인감증명서」1통을 첨부하고, 신청서 또는 위임장에 "인감"을 날인한다.

등기완료 후에는, 구 등기필증 또는 확인서 1통은 등기필의 뜻을 기재하고 등기소인을 찍어 등기의무자에게 반환한다.

● 등록세영수필확인서 및 통지서

● 위임장

등기신청을 법무사 등 대리인에게 위임한 경우에 첨부한다.

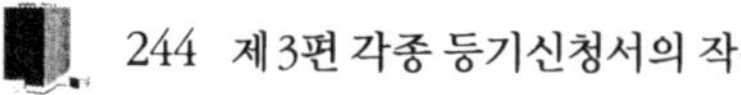

전세권 말소등기신청(구분건물)

〔양식 제18-1호〕

접 수	년 월 일 제 호	처 리 인	접수	조사	기입	교합	등기필 통지	각종 통지

부동산의 표시

1동의 건물의 표시
 서울특별시 중구 다동 9
 서울특별시 중구 다동 10
  무지개아파트 가동
전유부분의 건물의 표시
 건물의 번호 2-304
 구   조 철근콘크리트조
 면   적 2층 304호
            79.02㎡
              이상

등기원인과 그 연월일	2000년 11월 1일 해지
등기의 목적	전세권등기말소
말소할 등기의 표시	1996년 11월 1일 접수 제 6471호 경료한 전세권설정등기

구분	성명 (상호·명칭)	주민등록번호 (등기용 등록번호)	주 소 (소재지)
등기의무자	이도일	580303 - 1017812	서울 중구 다동 9
등기권리자	이도령	300114 - 1057329	서울 용산구 효창동 5

〔양식 제18-2호〕

등 록 세	금	3,000 원
교 육 세	금	600 원
세 액 합 계	금	3,600 원
등 기 신 청 수 수 료	금	1,000 원

<table>
<tr><td colspan="2" align="center">첨   부   서   면</td></tr>
<tr>
<td>
1. 해지증서   통
2. 등록세영수필확인서 및 통지서   통
3. 등기필증   통
4. 위임장   통
</td>
<td>
〈기타〉
</td>
</tr>
</table>

2000년 11월 3일

위 신청인   (전화 : 553-9765)

(또는)위 대리인 법무사 홍 길 동 (전화 :)

서울지방법원 중부등기소 귀중

〈신청서 작성요령 및 등기수입증지 첩부〉

※ 1. 부동산표시란에 2개 이상의 부동산을 기재하는 경우에는 그 부동산의 일련번호를 기재하여야 합니다.

2. 신청인란 등 해당란에 기재할 여백이 없을 경우에는 별지를 이용합니다.

3. 등기신청수수료 상당의 등기수입증지를 이 난에 첩부합니다.

◆ 전세권말소등기의 기재례

(을구)

1	전세권설정		
	접수	1996년 11월 1일	
		제6471호	
	원인	1996년 10월 26일 설정계약	
	범위	건물 전부	
	전세권자	이도일	
		580303 - 1017812	
		서울 중구 다동 9 ㉑	
2	1번 전세권 말소		
	접수	2000년 11월 3일	
		제3456호	
	원인	2000년 11월 1일 해지 ㉑	

I3. 근저당권설정등기

근저당권설정등기신청서의 작성요령

1) 근저당권설정등기의 의의

근저당권(根抵當權)은 계속적인 거래관계로부터 발생하는 다수의 불특정 채권을 장래의 결산기에 일정한 한도(채권최고액)까지 담보하는 저당권으로서, 근저당권설정계약을 체결한 때에는, 근저당권자와 근저당권설정자는 「근저당권설정등기(根抵當權設定登記)」를 신청한다.

근저당권설정등기는, 근저당권자를 「등기권리자」로 하고, 근저당권설정자 (소유자)를 「등기의무자」로 하여 "공동"으로 신청하고, 근저당권자는 근저당권설정등기를 하여야 비로소 「근저당권」을 취득한다.

2) 근저당권설정등기신청서의 작성

근저당권설정등기신청서는, 소정양식(양식 제9호)에 다음 사항을 기재하여 작성한다.

● 부동산의 표시
근저당권을 설정하는 부동산을 "등기부상 부동산표시"와 일치되게 기재한다.

◉ 등기원인과 그 연월일

등기원인은 "근저당권설정계약"으로, 그 연월일은 근저당권설정계약의 "체결일"을 기재한다.

◉ 등기의 목적

"근저당권설정"이라고 기재한다.

◉ 채권최고액

아라비아숫자로 기재한다.

〈예시〉

금50,000,000원

◉ 채무자

채무자의 성명과 주소를 기재한다.

근저당권설정자와 채무자가 동일인인 경우에는 채무자의 표시를 기재한다.

◉ 설정할 지분

소유권 전부에 설정할 때에는 공란으로 하고, 소유권의 일부지분에 설정할 경우에는 그 지분을 기재한다.

〈예시〉

"홍길동지분 전부", "2번 김선달지분 2분의 1중 일부 (4분의 1)"

◉ 등기의무자

소유자의 성명, 주민등록번호, 주소를 "등기부상 소유자표시"와 일치되게 기재한다.

● 등기권리자

근저당권자의 성명, 주민등록번호, 주소를 "주민등록상 표시" 또는 주민
등록증상 표시"와 일체되게 기재한다.

● 등록세, 교육세, 세액합계

등록세는 채권최고액의 "1,000분의 2"이고, 교육세는 등록세액의 "100분
의 20"이며, 세액합계는 등록세액과 교육세액의 합계를 기재한다.

● 등기신청수수료

부동산 1개당 "7,000원"의 등기수입증지금액을 기재한다.

● 국민주택채권매입금액

채권최고액이 1,000만원 이상인 경우에, 채권최고액의 "1,000분의 10"에
해당하는 국민주택채권매입금액을 기재한다.

● 연월일, 기명날인

신청서 말미에 "제출연월일"을 기재하고, 신청인 또는 대리인이 "기명날
인"한다.

신청서가 여러 장인 때에는 각 장 사이에 "간인"한다.

3) 전세권설정등기신청서의 첨부서면

● 근저당권설정계약서

"등기원인을 증명하는 서면"으로 「근저당권설정계약서」를 첨부하며, 근
저당권설정계약서에는 인지를 붙이지 않는다.

등기완료 후에는 이 계약서로 「등기필증」(신 등기필증)을 작성하여 등기
권리자에게 교부한다.

● 인감증명서

근저당권설정자인 소유자의 「인감증명서」를 첨부한다.

인감증명서에는 용도를 기재할 필요가 없으며, 발행일로부터 "6개월 이내"의 것이어야 한다.

● 등기필증

등기의무자의 소유권에 관한 「등기필증」(구 등기필증)을 첨부한다.

등기필증을 첨부할 수 없는 때에는 그에 대신하여 법무사 또는 변호사가 작성한 「확인서면」 2통을 첨부한다.

등기완료 후에는 구 등기필증 또는 확인서면 1통은 등기필의 뜻을 기재하고 등기소인을 찍어 등기의무자에게 반환한다.

● 주민등록등본

저당권자의 「주민등록등(초)본」 또는 「주민등록증 사본」을 첨부한다.

주민등록등본은 발행일로부터 "3개월 이내"의 것이어야 한다.

● 등록세영수필확인서 및 통지서

● 위임장

등기신청을 법무사 등 대리인에게 위임하는 경우에 첨부한다.

근저당권설정등기신청서의 작성례

근저당권설정등기신청

〔양식 제9-1호〕

접 수	년 월 일 제 호	처 리 인	접수	조사	기입	교합	등기필 통지	각종 통지

부동산의 표시
1. 서울특별시 용산구 효창동 5 　　　대 250㎡ 2. 서울특별시 용산구 효창동 5 　　　시멘트 벽돌조 슬래브지붕 2층 주택 　　　1층 90㎡ 　　　2층 90㎡ 　　　　　이상

등기원인과 그 연월일	2000년 11월 1일 근저당권설정계약
등기의 목적	근저당권설정
채권최고액	금 70,000,000원
채무자	이도령 서울 종로구 원남동 3-1
설정할 지분	

구분	성명 (상호·명칭)	주민등록번호 (등기용 등록번호)	주 소 (소재지)
등기의무자	김갑돌	454124 - 1058339	서울 용산구 효창동 5
등기권리자	김삼남	561213 - 1089723	서울 종로구 원서동 6

〔양식 제9-2호〕

등 록 세	금	140,000 원
교 육 세	금	28,000 원
세 액 합 계	금	168,000 원
등 기 신 청 수 수 료	금	14,000 원

첨 부 서 면	
1. 근저당권설정계약서　　　　　　1통 2. 등록세영수증필확인서 및 통지서　각1통 3. 국민주택채권매입필증　　　　　　매 4. 인감증명　　　　　　　　　　　1통 5. 등기필증　　　　　　　　　　　1통 6. 주민등록(등)초본　　　　　　　1통 7. 위임장　　　　　　　　　　　　통	〈기타〉

2000년　11월　　3일

위 신청인　　　　김 갑 돌 ㊞　　　（전화 : 553-9765）

　　　　　　　　김 삼 남 ㊞　　　（전화 : 368-9821）

（또는）위 대리인　　　　　　　　　（전화 : 　　　　）

서울지방법원　　용산등기소　귀중

〈신청서 작성요령 및 등기수입증지 첩부〉

※ 1. 부동산표시란에 2개 이상의 부동산을 기재하는 경우에는 그 부동산의 일련번
호를 기재하여야 합니다.

2. 신청인란 등 해당란에 기재할 여백이 없을 경우에는 별지를 이용합니다.

3. 등기신청수수료 상당의 등기수입증지를 이 난에 첩부합니다.

♦ 근저당권설정등기의 기재례

(을구)

<table>
<tr><td>1</td><td colspan="3" align="center">전 세 권 설 정</td></tr>
<tr><td></td><td>접수</td><td colspan="2">2000년 11월 3일
제 3005호</td></tr>
<tr><td></td><td>원인</td><td colspan="2">2000년 11월 1일 설정계약</td></tr>
<tr><td></td><td>채권최고액</td><td colspan="2">금 70,000,000원</td></tr>
<tr><td></td><td>채무자</td><td colspan="2">이 도 령
서울 종로구 원남동 3-1</td></tr>
<tr><td></td><td>근저당권자</td><td colspan="2">김 삼 남
561213 - 1089703
서울 종로구 원서동 6 ㉑</td></tr>
</table>

14. 근저당권변경등기

근저당권변경등기신청서의 작성요령

1) 근저당권변경등기의 의의

근저당권의 피담보채권이 확정되기 전이나 확정 후에 채무자가 변경된 경우에는, 「근저당권변경등기(根抵當權變更登記)」를 신청한다.

근저당권변경등기는 근저당권자를 「등기권리자」로 하고 부동산소유자를 「등기의무자」로 하여 등기권리자와 등기의무자가 "공동"으로 신청한다.

2) 근저당권변경등기신청서의 작성

근저당권변경등기신청서는, 소정양식(양식 제19호)에 다음 사항을 기재하여 작성한다.

● 부동산의 표시

변경할 근저당권의 목적부동산을 기재하되, "등기부상 부동산표시"와 일치되게 기재한다.

부동산이 구분건물인 경우에는, ① 1동의 건물의 표시, ② 전유부분의 건물의 표시, ③ 대지권의 표시를 나누어 기재한다.

● 등기원인과 그 연월일

등기원인은 ① 피담보채권이 확정되기 전에는, "계약인수", "계약의 일부

인수", "중첩적 계약인수", ② 피담보채권이 확정된 후에는, "확정채무의 면책적 인수", "확정채무의 중첩적 인수", ③ 채무자의 상속의 경우에는, "협의분할에 의한 상속" 등으로, 그 연월일은 위"계약서 작성일" 또는 "상속개시일"(사망일) 등을 기재한다.

● 등기의 목적
"근저당권변경"이라고 기재한다.

● 변경할 사항
변경할 근저당권등기의 접수연월일, 접수번호를 기재하여 변경등기를 특정하고, 채무자변경 등 변경되는 사항을 기재한다.
〈예시〉
2000년 8월 9일 접수 제9802호로 경료한 등기사항 중 구채무자 이도령, "서울 중구 필동 5"를 신채무자 김삼남, "서울 은평구 응암동 9"로 변경

● 등기의무자
부동산소유자의 성명, 주민등록번호, 주소를 기재하되, "등기부상 소유자 표시"와 일치되게 기재한다.

● 등기권리자
근저당권자의 성명, 주민등록번호, 주소를 "등기부상 표시"와 일치되게 기재한다.

● 등록세, 교육세, 세액합계
전유부분 1개당 등록세 "3,000원", 교육세 "600원"으로 계산하여 기재하고, 세액합계는 등록세액과 교육세액의 합계를 기재한다.

● 등기신청수수료

전유부분 1개당 "1,000원"의 등기수입증지금액을 기재한다,

● 연월일, 기명날인

신청서 말미에 "제출연월일"을 기재하고, 신청인 또는 대리인이 "기명날인"한다.

신청서가 여러 장인 때에는 각 장 사이에 "간인"한다.

3) 근저당권변경등기신청서의 첨부서면

● 근저당권변경계약서

등기원인을 증명하는 서면으로 「근저당권변경계약서」를 첨부한 다.

등기완료 후에는, 이 계약서로 「등기필증」(신 등기필증)을 작성하여 등기권리자에게 교부한다.

● 인감증명서

소유자의 「인감증명서」를 첨부한다.

인감증명서의 용도는 기재할 필요가 없으며, 발행일로부터 "6개월 이내"의 것이어야 한다.

● 등기필증

등기의무자의 소유권에 관한 「등기필증」(구 등기필증)을 첨부한다. 근저당권등기필증은 첨부할 필요가 없다.

등기필증을 첨부할 수 없는 때에는 그에 대신하여 법무사 또는 변호사가 작성한 「확인서면」 2통을 첨부한다.

● 등록세영수필확인서 및 통지서

● 위임장
등기신청을 법무사 등 대리인에게 위임하는 경우에 첨부한다.

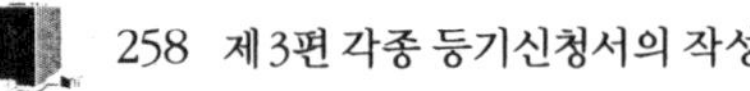

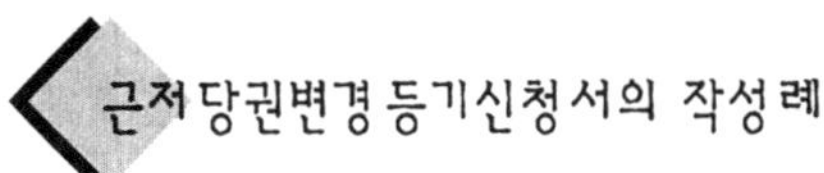

근저당권변경등기등기신청(구분건물)

〔양식 제 19-1호〕

접 수	년 월 일 제 호	처리인	접수	조사	기입	교합	등기필 통지	각종 통지

부동산의 표시

1동의 건물의 표시
     서울특별시 용산구 효창동 6
     서울특별시 용산구 효창동 7
     한빛아파트 가동
전유부분의 건물의 표시
    건물의 번호   2-304
    구조   철근콘크리트조
    면적   2층 304호 98.05㎡
대지권의 표시
    토지의 표시   1. 서울특별시 용산구 효창동 6.   대 2,300㎡
                2. 서울특별시 용산구 효창동 7.   대 2,100㎡
    대지권의종류   소유권
    대지권의비율   4,500분의 600
                이   상

등기원인과 그 연월일	2000년 11월 1일 확정채무의 면책적 인수
등기의 목적	근저당권변경
변경할사항	2000년 8월 9일 접수 제 9802호로 경료한 등 기사항중 구채무자 김을동, "서울 중구 필동 5"을 신채무자 이갑동. "서울 은평구 음앙동 9"로 변경

구분	성명 (상호·명칭)	주민등록번호 (등기용 등록번호)	주 소 (소재지)
등기의무자	김 갑 돌	454124 - 1058339	서울 용산구 효창동 5
등기권리자	김 삼 남	561213 - 1089723	서울 종로구 원서동 6

〔약식 제19-2호〕

등 록 세	금	3,000 원
교 육 세	금	600 원
세 액 합 계	금	3,600 원
등 기 신 청 수 수 료	금	1,0000 원

첨　부　서　면

1. 확정채무면책적 인수계약서　　1통 2. 등록세영수필확인서 및 통지서　1통 3. 인감증명　　1통 4. 등기필증　　1통	〈기타〉 1. 위임장　　1통

2000년   11월   3일

위 신청인　　　　　　　　　　　　(전화 :　　　　　)

　　　　　　　　　　　　　　　　(전화 :　　　　　)

(또는) 위 대리인 법무사 홍 길 동 (직인) (전화 : 512 - 5236)

서울지방법원　　　용산등기소　　　귀중

〈신청서 작성요령 및 등기수입증지 첩부〉

※ 1. 부동산표시란에 2개 이상의 부동산을 기재하는 경우에는 그 부동산의 일련번
호를 기재하여야 합니다.

2. 신청인란 등 해당란에 기재할 여백이 없을 경우에는 별지를 이용합니다.

3. 등기신청수수료 상당의 등기수입증지를 이 난에 첩부합니다.

◆ 근저당권변경등기의 기재례

(을구)

1 부1	근저당권설정
	접수　　　　2000년 8월 9일 　　　　　　제9802호 원인　　　　2000년 8월 8일 설정계약 채권최고액　금 10,000,000원 채무자　　　김 을 동 　　　　　　서울 중구 평동 5 근저당권자　김 삼 남 　　　　　　561213 - 1089703 　　　　　　서울 종로구 원서동 6 ㊞
1 부기 1호	근저당권설정
	접수　　　　2000년 11월 3일 　　　　　　제13245호 원인　　　　2000년 11월 1일 확정채무의 면책적 인수 채무자　　　이 갑 동 　　　　　　서울 은평구 응암동 9 ㊞

15. 근저당권말소등기

근저당권말소등기신청서의 작성요령

1) 근저당권말소등기의 의의

근저당권설정계약의 해지 등으로 종료된 경우에는, 근저당권자와 근저당권설정자는 「근저당권말소등기(根抵當權抹消登記)」를 신청한다.

근저당권말소등기는, 근저당권설정자 또는 소유자(제3취득자)를 「등기권리자」로 하고, 근저당권자를 「등기의무자」로 하여 등기권리자와 등기의무자가 "공동"으로 신청한다.

2) 근저당권말소등기신청서의 작성

근저당권말소등기신청서는, 소정양식(양식 제18호)에 다음 사항을 기재하여 작성한다.

● 부동산의 표시
근저당권의 목적부동산을 "등기부상 부동산표시"와 일치되게 기재한다.

● 등기원인과 그 연월일
등기원인은 그 원인에 따라 "해지", "포기", "혼동" 등으로, 그 연월일은 "해지연월일" 또는 "포기연월일" 등을 기재한다.

● 등기의 목적

"근저당권말소"라고 기재한다.

● 말소할 등기

말소할 근저당권의 "접수연월일", "접수번호", "등기목적"을 기재한다.

● 등기의무자

근저당권자의 성명, 주민등록번호, 주소를 "등기부상 근저당권자 표시"와 일치되게 기재한다.

● 등기권리자

근저당권설정자 또는 소유자(제3취득자)의 성명, 주민등록번호, 주소를 "등기부상 표시"와 일치되게 기재한다.

● 등록세, 교육세, 세액합계

부동산 1개당 등록세 "3,000원", 교육세 "600원"으로 계산하여 기재하고, 세액합계는 등록세액과 교육세액의 합계를 기재한다.

● 등기신청수수료

부동산 1개당 "1,000원"의 등기수입증지금액을 기재한다.

● 연월일, 기명날인

신청서 말미에 "제출연월일"을 기재하고, 신청인 또는 대리인이 "기명날인"한다.

신청서가 여러 장인 때에는 각 장 사이에 "간인"한다.

3) 근저당권말소등기신청서의 첨부서면

● 해지증서
근저당권등기의 말소사유에 관한 증서로서 「해지증서」를 첨부한다.

등기완료후에는 해지증서로 「등기필증」(신 등기필증)을 작성하여 등기권리자에게 교부한다.

● 등기필증
등기의무자인 근저당권자의 근저당권에 관한 「등기필증」(구 등기필증)을 제출한다.

근저당권이 이전되어 부기등기를 받은 근저당권자가 그 근저당권등기의 말소등기를 신청하는 경우에 있어서 제출하여야 하는 등기의무자의 권리에 관한 등기필증은 근저당권이전등기의 등기필증이다.

등기필증을 제출할 수 없는 때에는 그에 갈음하여 법무사나 변호사가 작성한 「확인서면」 2통과 등기의무자인 근저당권자의 「인감증명서」 1통을 첨부하고, 신청서 또는 위임장에 "인감"을 날인한다.

● 등록세영수필확인서 및 통지서

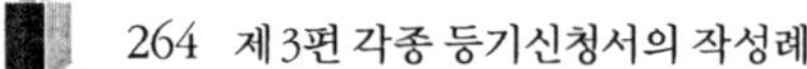

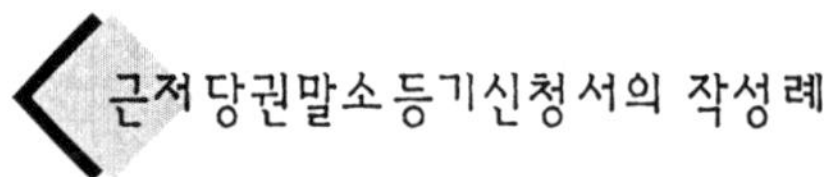
근저당권말소등기신청서의 작성례

근저당권등기말소등기신청

〔양식 제18-1호〕

접 수	년 월 일 제 호	처 리 인	접수	조사	기입	교합	등기필 통지	각종 통지

부동산의 표시
1. 서울특별시 노원구 공릉동 622 　　　대 550㎡ 2. 서울특별시 노원구 공릉동 622 　　　시멘트 벽돌조 슬래브지붕 2층 주택 　　　1층 150㎡ 　　　2층 150㎡ 　　　　　이상

등기원인과 그 연월일	2000년 11월 1일 해지
등기의 목적	근저당권말소
말소할 등기의 표시	199년 2월 2일 접수 제 1961호로 경료한 근저당권설정등기

구분	성명 (상호·명칭)	주민등록번호 (등기용 등록번호)	주　소 (소재지)
등기의무자	박　결	610721 - 1100317	서울 노원구 공릉동 622
등기권리자	이현규	610228 - 1117314	서울 마포구 공덕동 105-1

〔양식 제18-2호〕

등 록 세	금	6,000 원
교 육 세	금	1,200 원
세 액 합 계	금	7,200 원
등 기 신 청 수 수 료	금	2,000 원

<table>
<tr><td colspan="2" align="center">첨 부 서 면</td></tr>
<tr><td>
1. 해지증서   1통
2. 등록세영수필확인서 및 통지서   1통
3. 등기필증   1통
4. 위임장   1통
</td><td><기타></td></tr>
</table>

2000년 11월   3일

위 신청인 박 　 결 ㉑ （전화 : 861-2690 ）

이 현 규 ㉑ （전화 : 861-4180 ）

(또는) 위 대리인 （전화 :　　　　　 ）

서울지방법원　　북부지원등기소　　　　귀중

〈신청서 작성요령 및 등기수입증지 첨부〉

※ 1. 부동산표시란에 2개 이상의 부동산을 기재하는 경우에는 그 부동산의 일련번
호를 기재하여야 합니다.

2. 신청인란 등 해당란에 기재할 여백이 없을 경우에는 별지를 이용합니다.

3. 등기신청수수료 상당의 등기수입증지를 이 난에 첨부합니다.

♦ 근저당권말소등기의 기재례

(을구)

1	근 저 당 권 설 정
	접수 　　　 1999년 2월 2일 　　　　　　 제 1961호 원인 　　　 1999년 2월 1일 설정계약 채권최고액 금 50,000,000원 채무자 　　 이현규 　　　　　　 서울 마포구 공덕동 105-1 근저당권자 박　　결 　　　　　　 610721- 1100317 　　　　　　 서울 노원구 공릉동 622 ㉑
2	1번 근 저 당 권 설 정
	접수 　　　 2000년 11월 3일 　　　　　　 제 3005호 원인 　　　 2000년 11월 1일 해지 ㉑

16. 임차권설정등기

임차권설정등기신청서의 작성요령

1) 임차권설정등기의 의의

임차권(賃借權)은, 채권계약인 임대차계약에 따라 임차인이 임차물을 사용·수익할 수 있는 권리로서, 임차권설정계약을 체결한 때에는, 임차권자와 임차권설정자는「임차권설정등기(賃借權設定登記)」를 신청할 수 있다.

임차권설정등기는, 임차권자를「등기권리자」로 하고, 임차권설정자(소유자)를「등기의무자」로 하여 "공동(共同)"으로 신청하고, 임차권자는 임차권설정등기를 하여야 제3자에게 "대항"할 수 있다.

2) 임차권설정등기신청서의 작성

임차권설정등기신청서는, 소정양식(양식 제10호)에 다음 사항을 기재하여 작성한다.

◉ 부동산의 표시

임차권의 목적부동산을 "등기부상 부동산표시"와 일치되게 기재한다.

◉ 등기원인과 그 연월일

등기원인은 "임차권설정계약"으로, 그 연월일은 임차권설정계약의 "체결일"을 기재한다.

〈예시〉
2000년 11월 1일 임차권설정계약

◑ 등기의 목적
"임차권설정"이라고 기재한다.

◑ 임차보증금, 차임, 차임지급시기
임차보증금은 약정이 있는 경우에 이를 기재하고, 임차보증금 및 차임은
아라비아숫자로 기재한다.
차임지급시기는 "매월 말일" 등으로 기재한다.

◑ 존속기간
임차권의 존속기간의 약정이 있는 경우에 이를 기재한다.

◑ 등기의무자
소유자의 성명, 주민등록번호, 주소를 "등기부상 소유자표시"와 일치되게
기재한다.

◑ 등기권리자
임차권자의 성명, 주민등록번호, 주소를 "주민등록상 표시" 또는 "주민등
록증상 표시"와 일치되게 기재한다

◑ 등록세, 교육세, 세액합계
등록세는 월차임의 "1,000분의 2"이고(세액이 3,000원 미만인 때에는
3,000원으로 한다), 교육세는 등록세액의 "100분의 20"이며, 세액합계는 등
록세액과 교육세액의 합계액을 기재한다.

● 등기신청수수료

부동산 1개당 또는 구분건물은 전유부분 1개당 "7,000원"의 등기수입증지 금액을 기재한다.

● 연월일, 기명날인

신청서 말미에 "제출연월일"을 기재하고, 신청인 또는 대리인이 "기명날인"한다.

신청서가 여러 장인 때에는 각 장 사이에 "간인"한다.

3) 임차권설정등기신청서의 첨부서면

● 임차권설정계약서

"등기원인을 증명하는 서면"으로 「임차권설정계약서」를 첨부하며, 주택 이외의 임차권설정계약서에는 인지 "10,000원"을 붙인다.

등기완료 후에는 이 계약서로 「등기필증」(신 등기필증)을 작성하여 등기권리자에게 교부한다.

● 인감증명서

임차권설정자인 소유자의 「인감증명서」를 첨부한다.

인감증명서는 용도를 기재할 필요가 없으며, 발행일로부터 "6개월 이내"의 것이어야 한다.

● 등기필증

등기의무자의 소유권에 관한 「등기필증」(구 등기필증)을 첨부한다.

등기필증을 첨부할 수 없는 때에는 그에 갈음하여 법무사 또는 변호사가 작성한 「확인서면」 2통을 첨부한다.

등기완료 후에는 구 등기필증 또는 확인서면 1통은 등기필의 뜻을 기재하고 등기소인을 찍어 등기의무자에게 반환한다.

● 주민등록등본

임차권자의 「주민등록등(초)본」 또는 「주민등록증 사본」을 첨부한다.
주민등록등본은 발행일로부터 "3개월 이내"의 것이어야 한다.

● 등록세영수필확인서 및 통지서

등록세액표시란의 좌측 상단 여백에 첨부한다.

● 위임장

등기신청을 법무사 등 대리인에게 위임하는 경우에 첨부한다.

임차권설정등기신청서의 작성례

임차권설정등기신청

〔양식 제10-1호〕

접 수	년 월 일 제 호	처 리 인	접수	조사	기입	교합	등기필 통지	각종 통지

부동산의 표시
1. 서울특별시 용산구 효창동 5 　　　시멘트 벽돌조 슬래브지붕 2층 주택 　　　1층 90㎡ 　　　2층 90㎡ 　　　　　이상

등기원인과 그 연월일	2000년 11월 1일 임차권설정계약
등기의 목적	임차권설정
임차보증금	금 70,000,000원
차임	금 60,000,000원
차임지급시기	매월 말일
존속기간	2000년 11월 1일부터 2002년 10월 31일까지

구분	성명 (상호·명칭)	주민등록번호 (등기용 등록번호)	주 소 (소재지)
등기의무자	김갑돌	454124 - 1058339	서울 용산구 효창동 5
등기권리자	이도령	300114 - 1057329	서울 용산구 효창동 5

〔양식 제10-2호〕

등 록 세	금	3,000 원
교 육 세	금	600 원
세 액 합 계	금	3,600 원
등 기 신 청 수 수 료	금	7,000 원

<table>
<tr><td colspan="3" align="center">첨 부 서 면</td></tr>
<tr><td>
1. 임차권설정계약   1통
2. 등록세영수필확인서 및 통지서   1통
3. 인감증명   1통
4. 등기필증   1통
5. 주민등록(등)초본   1통
6. 위임장   통
</td><td><기타></td></tr>
</table>

2000년 11월 3일

위 신청인 김 갑 돌 ⑪ (전화 : 861-2690)

이 도 령 ⑪ (전화 : 861-4180)

(또는)위 대리인 (전화 :)

서울지방법원 용산등기소 귀중

〈신청서 작성요령 및 등기수입증지 첨부〉

※ 1. 부동산표시란에 2개 이상의 부동산을 기재하는 경우에는 그 부동산의 일련번호를 기재하여야 합니다.

2. 신청인란 등 해당란에 기재할 여백이 없을 경우에는 별지를 이용합니다.

3. 등기신청수수료 상당의 등기수입증지를 이 난에 첨부합니다.

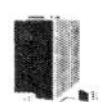

◆ 임차권설정등기의 기재례

(을구)

2	근 저 당 권 설 정
	접수　　　2000년 11월 3일 　　　　　제 9765호 원인　　　2000년 11월 1일 설정계약 임차권보증금　　　　금 70,000,000원 차임　　　금 600,000원 존속기간　2000년 11월 1일 부터 　　　　　2002년 10월 31일까지 임차권자　이 도 령 　　　　　30114 - 1057329 　　　　　서울 용산구 효창동 5 ㊞

17. 임차권말소등기

임차권말소등기신청서의 작성요령

1) 임차권말소등기의 의의

임차권이 그 존속기간의 만료, 해지 등으로 종료하게 되는 경우에는, 임차권자와 임차권설정자는 「임차권말소등기(賃借權抹消登記)」를 신청한다.

임차권말소등기는, 임차권설정자를 「등기권리자」라 하고, 임차권자를 「등기의무자」로 하여 "공동(共同)"으로 신청한다.

2) 임차권말소등기신청서의 작성

임차권말소등기신청서는, 소정양식(양식 제18호)에 다음 사항을 기재하여 작성한다.

◑ 부동산의 표시

말소할 임차권의 목적부동산을 "등기부상 부동산표시"와 일치되게 기재한다.

◑ 등기원인과 그 연월일

등기원인은 임차권종료의 사유에 따라 "존속기간만료", "해지" 등으로, 그 연월일은 임대차계약의 "해지일" 등으로 기재한다.

● 등기의 목적

"임차권말소"라고 기재한다.

● 말소할 등기

말소할 임차권등기의 "접수연월일", "접수번호", "등기목적"을 기재한다.

● 등기의무자

임차권자의 성명, 주민등록번호, 주소를 "등기부상 임차권자표시"와 일치되게 기재한다.

● 등기권리자

임차권설정자의 성명, 주민등록번호, 주소를 "등기부상 소유자표시"와 일치되게 기재한다.

● 등록세, 교육세, 세액합계

부동산 1개당 등록세 "3,000원", 교육세 "600원"으로 계산하여 기재하고, 세액합계는 등록세액과 교육세액의 합계를 기재한다.

● 등기신청수수료

부동산 1개당 "1,000원"의 등기수입증지금액을 기재한다.

● 연월일, 기명날인, 간인

신청서 말미에 "제출연월일"을 기재하고, 신청인 또는 대리인이 "기명날인"한다.

신청서가 여러 장인 때에는 각 장 사이에 "간인"한다.

3) 임차권말소등기신청서의 첨부서면

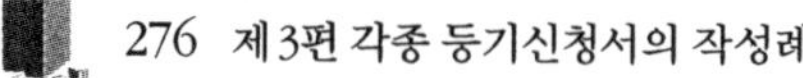 해지증서

임차권등기의 말소사유에 관한 증서로서 「해지증서」를 첨부한다.

등기완료 후에는, 이 해지증서로 「등기필증」(신 등기필증)을 작성하여 등기권리자에게 교부한다.

등기필증

등기의무자인 임차권자의 임차권에 관한 「등기필증」(구 등기필증)을 제출한다.

등기필증을 제출할 수 없는 때에는, 그에 대신하여 법무사 또는 변호사가 작성한 「확인서면」 2통과 등기의무자인 임차권자의 「인감증명서」 1 통을 첨부하고, 신청서 또는 위임장에 "인감"을 날인한다.

등기완료 후에는, 구 등기필증 또는 확인서 1통은 등기필의 뜻을 기재하고 등기소인을 찍어 등기의무자에게 반환한다.

등록세영수필확인서 및 통지서

위임장

등기신청을 법무사 등 대리인에게 위임한 경우에 첨부한다.

임차권말소등기신청서의 작성례

임차권말소등기신청

〔양식 제18-1호〕

접 수	년 월 일 제 호	처리인	접수	조사	기입	교합	등기필 통지	각종 통지

부동산의 표시
서울특별시 용산구 효창동 5 　시멘트 벽돌조 슬래브지붕 2층 주택 　　　1층 90㎡ 　　　2층 90㎡ 　　　　　이상

등기원인과 그 연월일	2000년 11월 1일 해지
등기의 목적	임차권말소
말소할 등기의 표시	2000년 11월 1일 접수 제6471호로 경료한 임차권설정등기

구분	성명 (상호·명칭)	주민등록번호 (등기용 등록번호)	주 소 (소재지)
등기의무자	이도령	300114 - 1057329	서울 용산구 효창동 5
등기권리자	김갑돌	454124 - 1058339	서울 용산구 효창동 5

〔양식 제18-2호〕

등 록 세	금	3,000 원
교 육 세	금	600 원
세 액 합 계	금	3,600 원
등 기 신 청 수 수 료	금	1,000 원

<table>
<tr><td colspan="3" align="center">첨　부　서　면</td></tr>
<tr>
<td>
1. 해지증서　　　　　　　　　　　1통
2. 등록세영수필확인서 및 통지서　1통
3. 등기필증　　　　　　　　　　　1통
4. 위임장　　　　　　　　　　　　통
</td>
<td colspan="2">〈기타〉</td>
</tr>
<tr>
<td colspan="3">
　　　　　　　　　년　월　일
　위 신청인　　　이 도 령 ㉑　　　（전화 : 386-9802 ）
　　　　　　　　　김 갑 돌 ㉑　　　（전화 : 389-9821 ）
　（또는）위 대리인　　　　　　　　（전화 :　　　　　）

　　　서울지방법원　용산등기소　　　　귀중
</td>
</tr>
</table>

〈신청서 작성요령 및 등기수입증지 첨부〉

※ 1. 부동산표시란에 2개 이상의 부동산을 기재하는 경우에는 그 부동산의 일련번호를 기재하여야 합니다.

2. 신청인란 등 해당란에 기재할 여백이 없을 경우에는 별지를 이용합니다.

3. 등기신청수수료 상당의 등기수입증지를 이 난에 첨부합니다.

◆ 임차권말소등기의 기재례

(을구)

1	임 차 권 설 정

	접수 1996년 11월 1일
	            제6471호
	원인 1996년 10월 30일 설정계약
	임차보증금 20,000,000원
	차임 월 50,000원
	차임지급시기 매월 말일
	존속기간 2000년 12월 31일 까지
	임차권자 이 도 령
	            30114 - 1057329
	            서울 용산구 효창동 5 ⑩

1	1번 임 차 권 말 소
	접수 2000년 11월 3일 제6517호 원인 2000년 11월 1일 해지 ⑩

18. 주택임차권설정등기

주택임차권설정등기신청서의 작성요령

1) 주택임차권설정등기의 의의

임대차가 종료된 후 보증금을 반환받지 못한 임차인은 법원에 임차권등기명령을 신청할 수 있으나, 임차인이 임대인의 협력을 얻어 「주택임차권설정등기(住宅賃借權設定登記)」를 신청할 수 있다.

주택임차권설정등기는, 대항력 또는 우선변제권을 갖춘 임차인을 「등기권리자」로 하고, 임대인(소유자)를 「등기의무자」로 하여 "공동(共同)"으로 신청하고, 주택임차권설정등기를 한 때에는 대항요건을 상실하더라도 이미 취득한 대항력 또는 우선변제권을 상실하지 아니한다.

2) 주택임차권설정등기신청서의 작성

주택임차권설정등기신청서는, 소정양식(양식 제19호)에 다음 사항을 기재하여 작성한다.

● 부동산의 표시
임차권의 목적주택을 "등기부상 건물표시"와 일치되게 기재한다.

● 등기원인과 그 연월일
등기원인은 "임차권설정계약"으로, 그 연월일은 임대차설정계약의 "체결일"을 기재한다.

◕ 등기의 목적

"주택임차권설정"이라고 기재한다.

◕ 임차보증금, 차임, 차임지급시기

임차보증금 및 차임은 아라비아숫자로 기재하고, 차임이 없는 경우에는
이를 기재하지 아니한다.

◕ 범위

주택의 일부에 대하여도 설정할 수 있으므로 예컨대, "주택전부", "주택 2
층 전부" 등으로 기재한다.

◕ 존속기간

임차권의 존속기간의 약정이 있는 경우에 이를 기재한다.

◕ 주민등록일자, 점유개시일자, 확정일자

임차인이 대항력 또는 우선변제권을 갖추는 요건이다.

◕ 등기의무자

소유자의 성명, 주민등록번호, 주소를 "등기부상 소유자표시"와 일치되게
기재한다.

◕ 등기권리자

임차권자의 성명, 주민등록번호, 주소를 "주민등록상 표시"와 일치되게
기재한다.

● 등록세, 교육세, 세액합계

등록세는 월차임의 "1,000분의 2"이나 세액이 3,000원 미만이거나 월차임이 없는 경우에는 3,000원이고, 교육세는 등록세액의 "100분의 20"이며, 세액합계는 등록세액과 교육세액의 합계액을 기재한다.

● 등기신청수수료

부동산 1개당 또는 구분건물은 전유부분 1개당 "7,000원"의 등기수입증지 금액을 기재한다.

● 연월일, 기명날인

신청서 말미에 "제출연월일"을 기재하고, 신청인 또는 대리인이 "기명날인"한다.

신청서가 여러 장인 때에는 각 장 사이에 "간인"한다.

3) 주택임차권설정등기신청서의 첨부서면

● 임대차계약서

"등기원인을 증명하는 서면"으로 「임대차계약서」를 첨부하며, 임차인이 우선변제권을 갖춘 경우에는 "확정일자"를 받거나 "공정증서"로 작성한다.

등기완료 후에는 이 계약서로 「등기필증」(신 등기필증)을 작성하여 등기권리자에게 교부한다.

● 임차주택을 점유한 날을 증명하는 서면

예컨대, 임대인이 작성한 점유사실확인서 등을 첨부한다.

● 주민등록을 마친 날을 증명하는 서면

임차인의 「주민등록등(초)본」을 첨부한다.

주민등록등본은 발행일로부터 "3개월 이내"의 것이어야 한다.

● 도면

임대차의 목적이 주택의 일부분인 경우에 그 목적인 부분을 표시한 「도면」을 첨부한다.

● 인감증명서

임대인인 소유자의 「인감증명서」를 첨부한다.

인감증명서에는 용도를 기재할 필요가 없으며, 발행일로부터 "6개월 이내"의 것이어야 한다.

● 등기필증

등기의무자의 소유권에 관한 「등기필증」(구 등기필증)을 첨부한다.

등기필증을 첨부할 수 없는 때에는 그에 갈음하여 법무사 또는 변호사가 작성한 「확인서면」 2통을 첨부한다.

등기완료 후에는 구 등기필증 또는 확인서면 1통은 등기필의 뜻을 기재하고 등기소인을 찍어 등기의무자에게 반환한다.

● 등록세영수필확인서 및 통지서

등록세액표시란의 좌측 상단 여백에 첨부한다.

● 위임장

등기신청을 법무사 등 대리인에게 위임하는 경우에 첨부한다.

주택임차권설정등기신청서의 작성례

주택임차권설정등기신청

〔양식 제10-1호(변형)〕

접수	년 월 일 제 호	처리인	접수	조사	기입	교합	등기필 통지	각종 통지

부동산의 표시
1동의 건물의 표시 　　　대전광역시 유성구 이은동 99 　　　한빛아파트 제130동 전유부분의 건물의 표시 　　　건물의 번호　　　　130-7-755 　　　구　　　조　　　　철근콘크리트조 　　　면　　　적　　　　7층 755호 84.97제곱미터

등기원인과 그 연월일	2000년 10월 25일　　임차권설정계약
등기의 목적	주택임차권설정
임차보증금	금 20,000,000원
차임	금 100,000원
차임지급시기	매월 말일
범위	주택전부
존속기간	2000년 10월 25일까지
주민등록일자	2000년 10월 27일
점유개시일자	2000년 10월 26일
확정일자	2000년 10월 27일

구분	성명 (상호 · 명칭)	주민등록번호 (등기용 등록번호)	주　　소 (소재지)
등기의무자	박 결	610721 - 1100317	서울 노원구 공릉동 622
등기권리자	이 현 규	610228 - 1117314	대전 유성구 이은동 99

〔양식 제10-2호(변형)〕

등 록 세	금	3,000 원
교 육 세	금	600 원
세 액 합 계	금	3,600 원
등 기 신 청 수 수 료	금	7,000 원

<table>
<tr><td colspan="2" align="center">첨 부 서 면</td></tr>
<tr>
<td>
1. 임차권설정계약   1통
2. 등록세영수필확인서 및 통지서   1통
3. 인감증명   1통
4. 등기필증   1통
5. 주민등록(등)초본   1통
6. 위임장   1통
</td>
<td>
〈기타〉
7. 점유사실확인서   1통
8. 도면   1통
</td>
</tr>
</table>

년   월   일

위 신청인   (전화 :   )

(또는) 위 대리인   법무사 홍길동 (직인) (전화 386 - 9821)

대전지방법원   등기소   귀중

〈신청서 작성요령 및 등기수입증지 첨부〉

※ 1. 부동산표시란에 2개 이상의 부동산을 기재하는 경우에는 그 부동산의 일련번호를 기재하여야 합니다.

2. 신청인란 등 해당란에 기재할 여백이 없을 경우에는 별지를 이용합니다.

3. 등기신청수수료 상당의 등기수입증지를 이 난에 첨부합니다.

♦ 주택임차권설정등기의 기재례

2	주 택 임 차 권 설 정
접수	2000년 11월 3일 제 9765호
원인	2000년 10월 25일 설정계약
임차보증금	20,000,000원
차임	월 100,000원
차임지급시기	매월 말일
범위	주택전부
존속기간	2002년 10월 25일 까지
주민등록일자	2000년 10월 27
점유개시일자	2000년 10월 26일
확정일자	2000년 10월 27일
임차권자	이 현 규 610228 - 1117314 대전 유성구 이은동 99 ㊞

19. 소유권이전청구권가등기

◀ 소유권이전청구권가등기신청서의 작성요령

1) 소유권이전청구권가등기의 의의

부동산매매계약을 체결한 때에는, 소유권이전청구권을 보전하기 위하여 가등기권리자와 가등기의무자가 「소유권이전청구권가등기(所有權移轉請求權假登記)」를 신청한다.

소유권이전청구권가등기는, 가등기권리자를 「등기권리자」로 하고, 가등기의무자(소유자)를 「등기의무자」로 하여 "공동(共同)"으로 신청한다.

다만, 가등기의무자인 소유자의 인감증명과 승낙서를 첨부하거나 또는 법원의 가등기가처분명령정본을 첨부하여 가등기권리자가 "단독"으로 신청할 수 있다.

2) 소유권이전청구권가등기신청서의 작성

소유권이전청구권가등기신청서는, 소정양식(양식 제11호)에 다음 사항을 기재하여 작성한다.

● 부동산의 표시
가등기의 목적부동산을 "등기부상 부동산표시"와 일치되게 기재한다.

● 등기원인과 그 연월일

등기원인은 "매매예약", "매매" 등으로, 그 연월일은 매매예약 또는 매매계약이 "체결된 날"을 기재한다.

● 등기의 목적

"소유권이전청구권가등기"라고 기재한다.

● 가등기할 지분

지분에 대하여 가등기를 할 경우에만 기재한다.
〈예시〉
"홍길동 지분 전부" "3번 김갑돌 지분 3분의 1 중 일부 (6분의 1)"

● 등기의무자

소유자의 성명, 주민등록번호, 주소를 "등기부상 소유자표시"와 일치되게 기재한다.

● 등기권리자

가등기권리자의 성명, 주민등록번호, 주소를 "주민등록상 표시"와 일치되게 기재한다.

● 등록세, 교육세, 세액합계

등록세는 부동산가액의 "1,000분의 2"이고, 교육세는 등록세액의 "100분의 20"이며, 세액합계는 등록세액과 교육세액의 합계를 기재한다.

● 등기신청수수료

부동산 1개당 "7,000원"의 등기수입증지금액을 기재한다.

● 연월일, 기명날인

신청서 말미에 "제출연월일"을 기재하고, 신청인 또는 대리인이 "기명날인"한다.

신청서가 여러 장인 때에는 각 장 사이에 "간인"한다.

3) 소유권이전청구권가등기신청서의 첨부서면

● 매매예약서

등기원인을 증명하는 서면으로「매매예약서」또는「매매계약서」를 첨부한다.

등기완료 후에는 매매예약서 또는 매매계약서로「등기필증」(신 등기필증)을 작성하여 등기권리자에게 교부한다.

● 인감증명서

가등기설정자인 소유자의「인감증명서」를 첨부한다.

● 등기필증

등기의무자의 소유권에 관한「등기필증」(구 등기필증)을 첨부한다.

등기필증을 첨부할 수 없는 때에는 그에 갈음하여 법무사나 변호사가 작성한「확인서면」2통을 첨부한다.

등기완료 후에는 구 등기필증 또는 확인서면 1통은 등기필의 뜻을 기재하고 등기소인을 찍어 등기의무자에게 반환한다.

● 주민등록등본

등기권리자의「주민등록등(초)본」을 첨부한다.

주민등록등본은 발행일로부터 "3개월 이내"의 것이어야 한다.

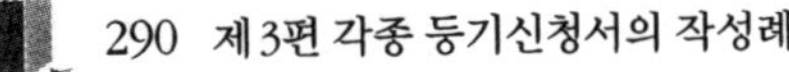

● 신청서 부본

과세자료 송부용으로 신청서와 같은 내용의 부본(副本)을 첨부한다.

신청서 부본에는 등기권리자의 주민등록등본 및 매매예약서 등 사본 각 1통을 첨부한다.

● 등록세영수필확인서 및 통지서

● 위임장

등기신청을 법무사 등 대리인에게 위임한 경우에 첨부한다.

소유권이전청구권가등기신청서의 작성례

소유권이전청구권가등기신청

〔양식 제11-1호〕

접 수	년 월 일 제 호	처리인	접수	조사	기입	교합	등기필 통지	각종 통지

부동산의 표시
1. 부산광역시 동래구 온천동 707 　　　대 630㎡ 2. 부산광역시 동래구 온천동 707 　　　시멘트 벽돌조 슬래브지붕 2층 주택 　　　1층 215㎡ 　　　2층 215㎡ 　　　　　　이상

등기원인과 그 연월일	2000년 11월 1일 매매예약
등기의 목적	소유권이전청구권가등기
가등기할 지분	

구분	성명 (상호·명칭)	주민등록번호 (등기용 등록번호)	주 소 (소재지)
등기의무자	박지현	670115 - 2093314	부산 동래구 온천동 707
등기권리자	정승윤	640223 - 1093312	대구 수성구 범어동 176-1

〔양식 제11-2호〕

등 록 세	금	원
교 육 세	금	원
세 액 합 계	금	원
등 기 신 청 수 수 료	금	14,000 원

첨 부 서 면	
1. 매매예약서　　　　　　　　　　1통 2. 등록세영수필확인서 및 통지서　1통 3. 인감증명　　　　　　　　　　　1통 4. 등기필증　　　　　　　　　　　1통 5. 주민등록(등)초본　　　　　　　1통 6. 신청서 부본　　　　　　　　　　1통 7. 위임장　　　　　　　　　　　　통	〈기타〉

2000년 11월 4일

위 신청인　　　박 지 현 ㊞ (전화 : 240-1114)

정 승 윤 ㊞ (전화 : 757-6600)

(또는) 위 대리인　　　　　　　(전화　　　　　)

지방법원　　　등기소　　　귀중

〈신청서 작성요령 및 등기수입증지 첨부〉

※ 1. 부동산표시란에 2개 이상의 부동산을 기재하는 경우에는 그 부동산의 일련번호를 기재하여야 합니다.

2. 신청인란 등 해당란에 기재할 여백이 없을 경우에는 별지를 이용합니다.

3. 등기신청수수료 상당의 등기수입증지를 이 난에 첨부합니다.

◆ 소유권이전청구권가등기의 기재례

(갑구)

3	소유권이전청구권가등기
	접수 2000년 11월 4일 제 9765호 원인 2000년 11월 1일 매매예약 권리자 정 승 윤 640223 - 1093312 대구 수성구 범어동 176-1 ㎡

20. 소유권이전본등기

◤ 소유권이전본등기신청서의 작성요령

1) 소유권이전본등기의 의의

부동산매매예약에 의하여 소유권이전청구권보전의 가등기를 한 후에 예약완결로 부동산매매계약이 성립된 경우에는, 가등기권리자와 가등기의무자는「소유권이전본등기(所有權移轉本登記)」를 신청한다.

소유권이전본등기는, 가등기권리자를「등기권리자」로 하고, 가등기의무자를「등기의무자」로 하여 등기권리자와 등기의무자가 "공동(共同)"으로 신청한다.

2) 소유권이전본등기신청서의 작성

소유권이전본등기신청서는, 소정양식(양식 제14호)에 다음 사항을 기재하여 작성한다.

● 부동산의 표시

가등기가 되어 있는 부동산을 "등기부상 부동산표시"와 일치되게 기재한다.

부동산이 구분건물인 경우에는, ① 1동의 건물의 표시, ② 전유부분의 건물의 표시, ③ 대지권의 표시를 나누어 기재한다.

● 등기원인과 그 연월일

등기원인은 "매매"로, 그 연월일은 예약완결일 즉 매매계약 "성립일"을 기재한다.

● 등기의 목적

"소유권이전"이라고 기재한다.

● 가등기의 표시

본등기할 소유권이전청구권가등기의 "접수연월일", "접수번호", "등기목적"을 기재한다.

● 이전할 지분

지분에 대한 가등기에 기한 본등기를 하는 경우에만 기재한다.

● 등기의무자

가등기의무자의 성명, 주민등록번호, 주소를 "등기부상 가등기의무자표시"와 일치되게 기재한다.

가등기 이후에 제3취득자가 있는 경우에도 본등기의무자는 제3취득자가 아니고 가등기의무자이다. 다만, 제한물권에 대한 가등기의 본등기의무자는 가등기의무자 또는 본등기를 신청할 당시의 소유권의 등기명의인 중 누구라도 상관없다.

● 등기권리자

가등기권리자와 성명, 주민등록번호, 주소를 "등기부상 가등기권리자표시"와 일치되게 기재한다.

◐ 시가표준액 및 국민주택채권매입금액, 국민주택채권매입총액

등록세납부서(OCR용지)에 기재된 시가표준액과 시가표준액의 일정비율에 해당하는 국민주택매입금액을 기재한다.

부동산이 2개 이상인 경우에는 각 부동산별로 시가표준액 및 국민주택채권매입금액을 기재한 다음 국민주택채권매입총액을 기재한다.

◐ 등록세, 교육세, 세액합계

등록세는 시가표준액의 "1,000분의 30"(농지는 "1,000분의 10")이고, 교육세는 등록세액의 "100분의 20"이며, 세액합계는 등록세액과 교육세액의 합계를 기재한다.

◐ 등기신청수수료

전유부분 1개당 "7,000원"의 등기수입증지금액을 기재한다.

◐ 연월일, 기명날인

신청서 말미에 "제출연월일"을 기재하고, 신청인 또는 대리인이 "기명날인"한다.

신청서가 여러 장인 때에는 각 장 사이에 "간인"한다.

3) 소유권이전본등기신청서의 첨부서면

◐ 검인계약서

매매계약서는 부동산소재지를 관할하는 시장, 구청정, 군수로부터 "검인(檢印)"을 받고, 계약서에 기재된 거래금액이 500만원을 초과하는 경우에는 일정액의 "정부수입인지"를 붙인다.

등기완료 후에는, 매매계약서로 「등기필증」(신 등기필증)을 작성하여 등기권리자에게 교부한다.

● 인감증명서

부동산매수자란에 성명(또는 법인명), 주민등록번호(또는 부동산등기용 등록번호) 및 주소가 기재된 「매도인의 인감증명서」를 첨부한다.

인감증명서는 발행일로부터 "6개월 이내"의 것이어야 한다.

● 등기필증

등기의무자의 소유권에 관한 「등기필증」(구 등기필증)을 첨부한다. 그러나 가등기필증은 제출할 필요가 없다.

등기필증을 첨부할 수 없는 때에는 그에 갈음하여 법무사 또는 변호사가 작성한 「확인서면」 2통을 첨부한다.

등기완료 후에는, 구 등기필증 또는 확인서면 1통은 등기필의 뜻을 기재하고 등기소인을 찍어 등기의무자에게 반환한다.

● 집합건축물대장등본

등기신청대상 부동산이 구분건물인 경우에는 「집합건물대장등본」을 첨부한다.

위 등본은 발행일로부터 "3개월 이내"의 것이어야 한다.

● 개별공시지가확인서

시가표준액의 산출을 위하여 첨부한다.

● 주민등록등본

등기권리자 및 등기의무자의 "주소를 증명하는 서면"으로 각 발행일로부터 "3개월 이내"의 「주민등록등(초)본」을 첨부한다.

● 부동산양도신고확인서

"3년 이상 등기부상 보유한 주택"과 "8년 이상 등기부상 보유한 농지"를 제외하고는, 세무서장이 발급한 「부동산양도확인서」를 첨부한다. 대물변제도 양도신고대상에 포함된다.

다만, 3년 이상 보유한 주택이라도 ① 서울, 광역시, 경기도의 시는 단독주택 264㎡ 이상, 토지 495㎡ 이상, 공동주택 165㎡ 이상, ② 기타의 지역은 6억원 초과하는 경우에는 양도신고확인서를 첨부한다.

● 등록세영수필확인서 및 통지서

신청서의 등록세액표시란의 좌측 상단 여백에 첨부한다.

● 국민주택채권매입필증

별지에 붙여 첨부한다.

● 신청서 부본

대장소관청통지용 및 과세자료송부용(등기권리자와 등기의무자의 주민등록등본, 검인계약서 및 부동산양도신고확인서 각 사본 1통 첨부)으로, 신청서와 같은 내용의 부본(副本)을 각 1통씩 첨부한다.

● 위임장

등기신청을 법무사 등 대리인에게 위임하는 경우에 첨부한다.

등기의무자는 위임장에 "인감"을 날인한다.

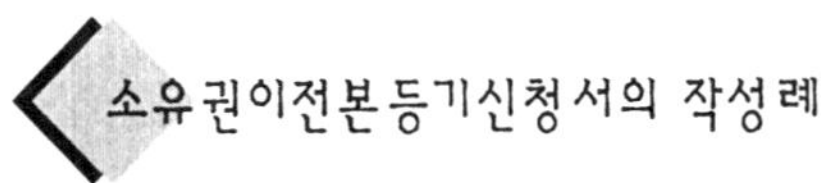

소유권이전본등기신청(구분건물)

〔양식 제14-1호〕

접 수	년 월 일 제 호	처 리 인	접수	조사	기입	교합	등기필 통지	각종 통지

<table>
<tr><td colspan="2" align="center">부동산의 표시</td></tr>
<tr><td>

1동의 건물의 표시

   부산광역시 동래구 온천동 707

   부산광역시 동래구 온천동 708

   럭키아파트 12동

전유부분의 건물의 표시

   건물의 번호   7-705

   구조   철근콘크리트조

   면적   7층 705호 155.1㎡

</td><td>

대지권표시

   토지의 표시

1. 부산광역시 동래구 온천동 707 대 2,300㎡

2. 부산광역시 동래구 온천동 708 대 3,400㎡

대지권의 종류 소유권

대지권의 비율 5,700분의 150

</td></tr>
</table>

등기원인과 그 연월일	2000년 11월 1일 매매
등기의 목적	소유권이전
가등기의 표시	1999년 7월 20일 접수 제9876호로 등기된 소유권이전청구권 보전의 가등기
이전할 지분	

구분	성명 (상호·명칭)	주민등록번호 (등기용 등록번호)	주 소 (소재지)
등기의무자	박 지 현	670115 - 2093314	부산 동래구 온천동 707
등기권리자	정 승 윤	640223 - 1093312	대구 수성구 범어동 176-1

〔양식 제14-2호〕

시가표준액 및 국민주택채권매입금액		
부동산표시	부동산별 시가표준액	부동산별 국민주택채권매입금액
1.	금　　　　　　원	금　　　　　　원
2.	금　　　　　　원	금　　　　　　원
3.	금　　　　　　원	금　　　　　　원
국민주택채권 매입 총액	금　　　　　　원	
등록세 금　　　　원	교육세 금　　　　원	
세 액 합 계	금　　　　　　원	
등 기 신 청 수 수 료	금　　　　　7,000 원	

첨 　 부 　 서 　 면

1. 검인계약서	1통	8. 주민등록(등)초본	각1통
2. 등록세영수필확인서 및 통지서	각1통	9. 신청서 부본	2통
3. 국민주택채권매입필증	1통	10. 위임장	1통
4. 인감증명서	1통	〈기타〉	
5. 등기필증	1통	11. 부동산양도신고확인서	1통
6. 집합건축물대장	각1통		
7. 토지가격확인원	통		

2000년　11월　　3일

위 신청인　　　　　　　　　　　　（전화 :　　　　　）

（또는） 위 대리인 법무사 홍길동 （직인）（전화 :　　　　　）

부산지방법원　　동부지원　　등기과　　귀중

〈신청서 작성요령 및 등기수입증지 첨부〉

※ 1. 부동산표시란에 2개 이상의 부동산을 기재하는 경우에는 그 부동산의 일련번호를 기재하여야 합니다.

2. 신청인란 등 해당란에 기재할 여백이 없을 경우에는 별지를 이용합니다.

3. 등기신청수수료 상당의 등기수입증지를 이 난에 첨부합니다.

◆ 소유권이전본등기의 기재례

(갑구)

3	소유권이전청구권가등기	
	접수	1999년 7월 20일 제 9876호
	원인	1999년 7월 18일 매매계약
	권리자	정 승 윤 640223 - 1093312 대구 수성구 범어동 176-1 ㉙
	소유권이전	
	접수	2000년 11월 3일 제 12354호
	원인	2000년 11월 1일 매매
	소유자	정 승 윤 640223 - 1093312 대구 수성구 범어동 176 - 1 ㉙

21. 토지분필등기

토지분필등기신청서의 작성요령

1) 토지분필등기의 의의

토지가 분할되어 토지대장 또는 임야대장이 정리된 후에는, 분할된 토지대장등본 또는 임야대장등본을 첨부하여 「토지분필등기(土地分筆登記)」를 신청한다.

토지분필등기는 1등기용지를 토지대장대로 2이상의 등기용지에 나누어 등기하는 것이다.

지적법상의 「분할(分割)」은 부동산등기법에서는 「분필(分筆)」이라고 한다.

2) 등기신청과 등기촉탁

토지대장에 등록된 1필지를 2필지 이상으로 나누어 등록하여 분할되면, 그 토지의 소유권의 등기명의인은 1월 이내에 분필등기를 신청하여야 하지만, 시장·구청장·군수(이를 「소관청(所管廳)」이라 한다)도 지체없이 분필등기를 촉탁하도록 하고 있다.

그래서, 토지분필등기는 토지소유자의 등기신청이나 소관청의 등기촉탁 중 어느 한가지 방법에 의하여 이루어 진다.

따라서 종전에는 토지소유자가 토지대장의 분할일로부터 1월 이내에 토지분필등기를 신청하지 아니하면 5만원 이하의 과태료를 물었으나, 1997. 1.

1부터 토지소유자는 1월안에 토지분필등기의 신청의무는 있어도 이를 게을
리하였다고하여 과태료는 물지 않는다.

3) 토지분필등기신청서의 작성

토지분필등기신청서는 소정양식(양식 제15호)에 다음 사항을 기재한다.

🌑 부동산의 표시
"분할 전의 표시", "분할의 표시", "분할 후의 표시"로 나누어 기재한다.
(가) 분할 전의 표시는, 분할되기 전의 토지의 표시를,
(나) 분할의 표시는, 분할되어 나가는 토지의 표시를,
(다) 분할 후의 표시는, 분할되어 나간 토지를 제외하고 남은 토지의 표시
를 각 토지대장등본의 내용과 일치되게 기재한다.

🌑 등기원인과 그 연월일
등기원인은 "분할"로, 그 연월일은 토지대장에 표시된 "분할일"을 기재한
다.

🌑 등기의 목적
"토지표시변경"이라고 기재한다.

🌑 기타 필요한 사항
등기의 목적 다음 빈 칸에 기재한다.
(가) 분할되어 나간 토지나 분할 후의 토지에 대하여 소유권 이외의 권리
의 소멸승낙(消滅承諾)이 있는 경우에는, 그 권리자와 소멸되는 토지의 표시
를 기재하고,
(나) 분할 전의 토지의 일부에 종속하던 지상권, 승역지지역권, 전세권,

임차권 등이 분할후의 특정대지 또는 그 일부에만 존속(存續)하는 경우에는
그 존속하는 토지 또는 그 부분을 기재한다.

⬤ 신청인

신청인의 성명, 주민등록번호, 주소를 기재한다.

⬤ 등록세, 교육세, 세액합계

부동산 1개당 등록세 "3,000원", 교육세 "600원"으로 계산하여 기재하고,
세액합계는 등록세액과 교육세액의 합계를 기재한다.

⬤ 연월일, 기명날인

신청서 말미에 "제출연월일"을 기재하고, 신청인 또는 대리인이 "기명날
인"한다.

신청서가 여러 장인 때에는 각 장 사이에 "간인(間印)"한다.

4) 토지분필등기신청서의 첨부서면

⬤ 토지대장등본

분할사유가 기재된 분할 후의 토지대장등본과 분할되어 나간 토지대장등
본 각 1통을 첨부한다.

토지대장등본은 발행일로부터 "3개월 이내"의 것이어야 한다.

⬤ 등록세영수필확인서 및 통지서

신청서의 등록세액표시란의 좌측 상단 여백에 첨부한다.

⬤ 신청서 부본

등기필증작성용으로 신청서와 같은 내용의 부본(副本) 1통을 첨부한다.

◑ 위임장

등기신청을 법무사 등 대리인에게 위임하는 경우에 첨부한다.

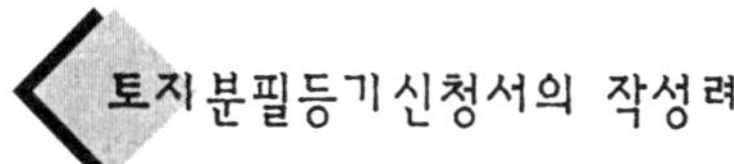

토지분필등기신청

〔양식 제15-1호〕

접수	년 월 일		처리인	접수	조사	기입	교합	등기필 통지	각종 통지
수	제	호							

부동산의 표시
분할 전의 표시　　　서울특별시 강남구 논현동 151-31 　　　　　　　　　　대 330㎡
분할의 표시　　　　서울특별시 강남구 논현동 151-32 　　　　　　　　　　대 130㎡
분할 후의 표시　　　서울특별시 강남구 논현동 151-31 　　　　　　　　　　대 200㎡ 　　　　　　　　　　이상

등기원인과 그 연월일	2000년 11월 1일 분할
등기의 목적	토지표시변경

구분	성명 (상호 · 명칭)	주민등록번호 (등기용 등록번호)	주　소 (소재지)
신청인	김갑동	580105 - 1109011	서울 강남구 논현동 151-31

〔양식 제15-2호〕

등 록 세	금	3,000 원
교 육 세	금	600 원
세 액 합 계	금	3,600 원
등 기 신 청 수 수 료	금	1,000 원

첨 부 서 면	
1. 토지대장　　　　　　　　　　　　1통 2. 등록세영수필확인서 및 통지서　　각1통 3. 신청서 부본　　　　　　　　　　1통 4. 위임장　　　　　　　　　　　　　1통	〈기타〉

2000년 11월 3일

위 신청인　　　　　　　　　　　（전화 :　　　　　　　）

（또는）위 대리인 법무사 홍 길 동（직인）（전화 386 - 0921 ）

서울지방법원　　강남등기소　　귀중

〈신청서 작성요령 및 등기수입증지 첨부〉

※ 1. 부동산표시란에 2개 이상의 부동산을 기재하는 경우에는 그 부동산의 일련번
　　호를 기재하여야 합니다.

2. 신청인란 등 해당란에 기재할 여백이 없을 경우에는 별지를 이용합니다.

3. 등기신청수수료 상당의 등기수입증지를 이 난에 첨부합니다.

◆ 토지분필등기의 기재례

(갑지, 표제부)

1	접수　　　　　　1967년 6월 20일 서울특별시 강남구 논현동 151-31 　　　　　　대 330㎡ ⑪
2	접수　　　　　　2000년 11월 3일 서울특별시 강남구 논현동 151-31 　　　　　　대 200㎡ 분할로 인하여 대 130㎡을 등기 제 151-32호에 이기 ⑪

(을지, 표제부)

1	접수　　　　　　2000년 11월 3일 서울특별시 강남구 논현동 151-32 　　　　　　대 130㎡ 분할로 인하여 등기 제151-30호에서 이기 ⑪

(을지, 갑구)

1 (전2)	소유 권 이 전	
	접수	1977년 5월 1일 제1934호
	원인	1977년 4월 30일 매매
	소유자	이 을 순 640223 - 2093312 서울 광진구 자양2동 680-22
2 (전3)	압 류	
	접수	1988년 8월 20일 제3200호
	원인	1988년 8월 18일 압류
	권리자	국 처분청 마포세무서
3 (전4)	소유 권 이 전	
	접수	1988년 10월 5일 제4300호
	원인	1988년 10월 4일 매매
	소유자	김 갑 동 580105 - 1109011 서울 강남구 논현동 151-31
	분할로 인하여 순위 제1번, 제2번, 제3번 등기를 등기제 151-31호에서 전사	
	접수	2000년 11월 3일 제5400호 ㉞

(갑지, 을구)

1 부 1	저당권설정 (생략)
1 부 1 1호	분할로 인하여 등기 제151-32호에 이기한 대 130㎡와 함께 공동담보 2000년 11월 3일 부기 ㊞

(을지, 을구)

1 (전1)	저당권설정 (생략)
	분할로 인하여 등기 제 151-31호에서 전사 공동담보로 분할 후의 토지 등기 제151-31호 접수　　　　　2000년 11월 3일 　　　　　제5400호 ㊞

22. 토지합필등기

토지합필등기신청서의 작성요령

1) 토지합필등기의 의의

토지가 합병되어 토지대장 또는 임야대장이 정리된 후에는, 합병된 토지대장등본 또는 임야대장등본을 첨부하여 「토지합필등기(土地合筆登記)」를 신청한다.

토지합필등기는 2이상의 등기용지를 토지대장대로 1등기용지에 합하여 등기하는 것이다.

지적법상의 「합병(合併)」은 부동산등기법에서는 「합필(合筆)」이라고 한다.

2) 등기신청과 등기촉탁

토지대장에 등록된 2필 이상을 1필로 합하여 등록하여 합병되면, 그 토지의 소유권의 등기명의인은 1개월 이내에 합필등기를 신청하여야 하지만, 시장·구청장·군수(이를 「소관청(所管廳)」이라 한다)도 지체없이 합필등기를 촉탁하도록 하고 있다.

그래서, 토지합필등기는 토지소유자의 등기신청이나 소관청의 등기촉탁 중 어느 한가지 방법에 의하여 이루어 진다.

따라서 토지소유자는 토지합필등기의 신청의무는 있어도 해태에 대한 벌

칙이 없음은 토지분필등기의 경우와 같다.

3) 토지합필등기신청서의 작성

토지합필등기신청서는 소정양식(양식 제16호)에 다음 사항을 기재하여 작성한다.

● 부동산의 표시
"합필 전의 표시", "합필의 표시", "합필 후의 표시"로 나누어 기재한다.
(가) 합필 전의 표시는, 합필하는 토지의 표시를,
(나) 합필의 표시는, 합필되는 토지의 표시를,
(다) 합필 후의 표시는, 합필의 결과 하나가 된 토지의 표시를 각 토지대장등본의 내용과 일치되게 기재한다.

● 등기원인과 그 연월일
등기원인은 "합필"로, 그 연월일은 토지대장에 표시된 "합병일"을 기재한다.

● 등기의 목적
"토지표시변경"이라고 기재한다.

● 신청인
신청인의 성명, 주민등록번호, 주소를 기재한다.

● 등록세, 교육세, 세액합계
부동산 1개당 등록세 "3,000원", 교육세 "600원"으로 계산하여 기재하고, 세액합계는 등록세액과 교육세액의 합계를 기재한다.

● 연월일, 기명날인

신청서 말미에 "제출연월일"을 기재하고 신청인 또는 대리인이 "기명날인"한다.

신청서가 여러 장일 때에는 각 장 사이에 "간인(間印)"한다.

4) 토지합필등기신청서의 첨부서면

● 토지대장등본

합필사유가 기재된 합필 후의 토지대장등본과 합필되는 토지대장등본 각 1통을 첨부한다.

토지대장등본은 발행일로부터 "3개월 이내"의 것이어야 한다.

● 등록세영수필확인서 및 통지서

신청서의 등록세액표시란의 좌측 상단 여백에 첨부한다.

● 신청서 부본

등기필증작성용으로 신청서와 같은 내용의 부본(副本) 1통을 첨부한다.

● 위임장

등기신청을 법무사 등 대리인에게 위임하는 경우에 첨부한다.

토지합필등기신청서의 작성례

토지합필등기신청

〔양식 제16-1호〕

접 수	년 월 일 제 호	처 리 인	접수	조사	기입	교합	등기필 통지	각종 통지

부동산의 표시	
합필 전의 표시	서울특별시 강남구 논현동 151-31 대 200㎡
합필의 표시	서울특별시 강남구 논현동 151-32 대 130㎡
합필 후의 표시	서울특별시 강남구 논현동 151-31 대 330㎡ 이상
등기원인과 그 연월일	2000년 11월 1일 합필
등기의 목적	토지표시변경

구분	성명 (상호·명칭)	주민등록번호 (등기용 등록번호)	주 소 (소재지)
신 청 인	김갑동	580105 - 1109011	서울 강남구 논현동 151-31

〔양식 제16-2호〕

등 록 세	금	3,000 원
교 육 세	금	600 원
세 액 합 계	금	3,600 원
등 기 신 청 수 수 료	금	1,000 원

<table>
<tr><td colspan="2" align="center">첨 부 서 면</td></tr>
<tr><td>
1. 토지대장　　　　　　　　　　　 1통
2. 등록세영수필확인서 및 통지서　 각1통
3. 신청서 부본　　　　　　　　　　 1통
4. 위임장　　　　　　　　　　　　 1통
</td><td>〈기타〉</td></tr>
</table>

2000년 11월 3일

위 신청인　　　　　　　　　　 (전화 :　　　　　)

(또는) 위 대리인 법무사 홍 길 동 (직인) (전화 386 - 0921)

서울지방법원　　 강남등기소　　 귀중

〈신청서 작성요령 및 등기수입증지 첨부〉

※ 1. 부동산표시란에 2개 이상의 부동산을 기재하는 경우에는 그 부동산의 일련번호를 기재하여야 합니다.

2. 신청인란 등 해당란에 기재할 여백이 없을 경우에는 별지를 이용합니다.

3. 등기신청수수료 상당의 등기수입증지를 이 난에 첨부합니다.

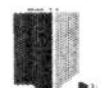

◆ 토지합필등기의 기재례

(갑지, 표제부)

1	접수　　　　　　　1966년 7월 1일 서울특별시 강남구 논현동 151-32 　　　　　　　대 130㎡ ㊞
2	접수　　　　　　　2000년 11월 3일 합병으로 인하여 등기 제151-31호에 이기 ㊞
	2번 등기하였으므로 본호 용지 폐쇄 2000년 11월 3일 ㊞

(을지, 표제부)

1	접수　　　　　　　1967년 7월 20일 서울특별시 강남구 논현동 151-31 　　　　　　　대 200㎡ ㊞
	접수　　　　　　　2000년 11월 3일 서울특별시 강남구 논현동 151-31 　　　　　　　대 330㎡ 합병으로 인하여 대 130㎡를 등기 제151-32호에서 이기 ㊞

(을지, 갑구)

2	소유권이전
	접수　　　1977년 5월 1일 　　　　　제1934호 원인　　　1977년 4월 30일 매매 소유자　　김갑동 　　　　　580105 - 1109011 　　　　　서울 강남구 논현동 151-31 ㉶
3 (전2)	합병한 등기 제151-32호 대 130㎡에 대하여도 2번등기와 동일한 사항의 등기임
	접수　　　2000년 11월 3일 　　　　　제9765호 ㉶

(을지, 갑구)

2	소유권이전 (생략)
3 (전2)	합병한 대 130㎡에 대한 이기 소유권이전 (생략)
	합병으로 인하여 등기 제131-32호에서 이기 접수　　　2000년 11월 3일 　　　　　제9765호 ㉶

(을지, 을구)

1 부1	저당권설정 (생략)
1 부기 1호	1번 저당권등기는 합병 후의 토지 전부에 관한 것임 접수　　　2000년 11월 3일 ㉶

23. 지목변경등기

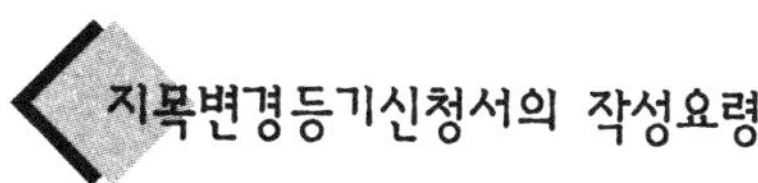

1) 지목변경등기의 의의

지목이 변경되어 토지대장이 정리된 후에는, 지목변경된 토지대장등본을 첨부하여 「지목변경등기(地目變更登記)」를 신청한다.

지목변경등기는 토지대장상 지목이 변경된 경우에 등기부를 이와 일치시키기 위하여 하는 등기이다.

2) 등기신청과 등기촉탁

토지대장상 지목이 변경되었을 때에는 그 토지의 소유권의 등기명의인이 1월 이내에 등기를 신청하여야 하지만, 시장·구청장·군수(이를 「소관청(所管廳)」이라 한다)도 지체없이 지목변경등기를 촉탁하도록 하고 있다.

따라서 토지소유자는 지목변경등기의 신청의무는 있으나 해태에 대한 벌칙은 없다.

3) 지목변경등기신청서의 작성

지목변경등기신청서는 소정양식(양식 제15호 또는 제16호 준용)에 다음 사항을 기재하여 작성한다.

● 부동산의 표시

"변경 전의 표시"와 "변경 후의 표시"를 구분하여 기재한다.

(가) 변경 전의 표시는, "등기부상 토지표시"와 일치되게 기재한다.

(나) 변경 후의 표시는, "토지대상상 토지표시"와 일치되게 기재한다.

● 등기원인과 그 연월일

등기원인은 "지목변경"으로, 그 연월일은 토지대장에 표시된 "지목변경일"을 기재한다.

● 등기의 목적

"토지표시변경"이라고 기재한다.

● 신청인

신청인의 성명, 주민등록번호, 주소를 기재한다.

● 등록세, 교육세, 세액합계

부동산 1개당 등록세 "3,000원", 교육세 "600원"으로 계산하여 기재하고, 세액합계는 등록세액과 교육세액의 합계를 기재한다.

● 연월일, 기명날인

신청서 말미에 "제출연월일"을 기재하고, 신청인 또는 대리인이 "기명날인"한다.

신청서가 2장 이상인 때에는 각 장 사이에 "간인(間印)"한다.

4) 지목변경등기신청서의 첨부서면

⚫ 토지대장등본

지목변경사유가 기재된 토지대장등본 1통을 첨부한다.
토지대장등본은 발행일로부터 "3개월 이내"의 것이어야 한다.

⚫ 등록세영수필확인서 및 통지서

⚫ 신청서 부본

등기필증작성용으로 신청서와 같은 내용의 부본(副本) 1통을 첨부한다.

⚫ 위임장

등기신청을 법무사 등 대리인에게 위임하는 경우에 첨부한다.

지목변경등기 신청서의 작성례

지목변경등기신청

〔양식 제16-1호〕

접 수	년 월 일 제 호	처 리 인	접수	조사	기입	교합	등기필 통지	각종 통지

부동산의 표시	
변경 전의 표시	서울특별시 강남구 논현동 151-31 공원 330㎡
변경 후의 표시	서울특별시 강남구 논현동 151-31 대 330㎡ 이상

등기원인과 그 연월일	2000년 11월 1일 지목변경
등기의 목적	토지표시변경

구분	성명 (상호·명칭)	주민등록번호 (등기용 등록번호)	주 소 (소재지)
신 청 인	김갑동	580105 - 1109011	서울 강남구 논현동 151-31

〔양식 제16-2호〕

등 록 세	금	3,000 원
교 육 세	금	600 원
세 액 합 계	금	3,600 원
등 기 신 청 수 수 료	금	1,000 원

첨 부 서 면

1. 토지대장　　　　　　　　　　　　 1통 2. 등록세영수필확인서 및 통지서　 각1통 3. 신청서 부본　　　　　　　　　　 1통 4. 위임장　　　　　　　　　　　　 1통	〈기타〉

2000년 11월 3일

위 신청인　　　　　　　　　　（전화 :　　　　　）

（또는）위 대리인 법무사 홍 길 동 （직인）（전화 386 - 0921 ）

서울지방법원　　강남등기소　　귀중

〈신청서 작성요령 및 등기수입증지 첨부〉

※ 1. 부동산표시란에 2개 이상의 부동산을 기재하는 경우에는 그 부동산의 일련번
　　호를 기재하여야 합니다.

　 2. 신청인란 등 해당란에 기재할 여백이 없을 경우에는 별지를 이용합니다.

　 3. 등기신청수수료 상당의 등기수입증지를 이 난에 첨부합니다.

◆ 지목변경등기의 기재례

(표제부)

1	접수　　　　　　　1967년 7월 20일 서울특별시 강남구 논현동 151-31 　　　　　　공원 330㎡ ㊞
2	접수　　　　　　　2000년 11월 3일 서울특별시 강남구 논현동 151-31 　　　　　　대 330㎡ 지목변경 ㊞

24. 건물구조변경등기

건물구조변경등기신청서의 작성요령

1) 건물구조변경등기의 의의

건물의 구조가 변경되어 건축물대장이 변경등록된 후에는, 변경등록된 건축물대장등본을 첨부하여 「건물구조변경등기」를 신청한다.

건물구조변경등기는 건축물대장상 구조가 변경된 경우에 등기부를 이와 일치시키기 위하여 하는 등기이다.

2) 건물구조변경등기의 신청의무

건물의 구조가 변경된 때에는 그 건물의 소유권의 등기명의인은 1개월 이내에 건물구조변경등기를 신청하여야 하고, 만일 등기신청의 의무있는 자가 1개월 이내에 그 등기신청을 해태(懈怠)한 때에는 5만원 이하의 과태료에 처한다. 건물의 구조뿐만 아니라 건물의 표시가 변경된 때에도 또한 같다.

3) 건물구조변경등기신청서의 작성

건물구조변경등기신청서는 소정양식(양식 제15호 또는 제16호 준용)에 다음 사항을 기재하여 작성한다.

● 부동산의 표시
"변경 전의 표시"와 "변경 후의 표시"를 구분하여 기재한다.
(가) 변경 전의 표시는, "등기부에 기재된 구조변경 전의 건물의 표시"를 기재하고,
(나) 변경 후의 표시는, "건축물대장에 표시된 구조변경 후의 표시"를 기재한다.

● 등기원인과 그 연월일
건축물대장에 표시된 "구조변경원인"과 "변경일"을 기재한다.

● 등기의 목적
"건물표시변경"이라고 기재한다.

● 신청인
신청인의 성명, 주민등록번호, 주소를 기재한다.

● 등록세, 교육세, 등록세액
부동산 1개당 등록세 "3,000원", 교육세 "600원"으로 계산하여 기재하고, 세액합계는 등록세액과 교육세액의 합계를 기재한다.

● 등기신청수수료
부동산 1개당 "1,000원"의 등기수입증지금액을 기재한다.
등기수입증지는 등기과·소 및 지정금융기관(조흥은행 등)에서 판매한다.

● 연월일, 기명날인
신청서 말미에 "제출연월일"을 기재하고, 신청인 또는 대리인이 "기명날

인" 한다.

신청서가 여러 장일 때에는 각 장 사이에 "간인(間印))" 한다.

4) 건물구조변경등기신청서의 첨부서면

● 건축물대장등본

건물구조변경사유가 기재된 건축물대장등본 1통을 첨부한다.

건축물대장등본은 발행일로부터 "3개월 이내"의 것이어야 한다.

● 등록세영수필확인서 및 통지서

● 신청서 부본

등기필증작성용으로 신청서와 같은 내용의 부본(副本) 1통을 첨부한다.

● 위임장

등기신청을 법무사 등 대리인에게 위임하는 경우에 첨부한다.

건물구조변경 등기신청서의 작성례

건물구조변경등기신청

〔양식 제16-1호〕

접 수	년 월 일 제 호	처 리 인	접수	조사	기입	교합	등기필 통지	각종 통지

<table>
<tr><td colspan="2" align="center">부동산의 표시</td></tr>
<tr><td>변경 전의 표시</td><td>서울특별시 강남구 논현동 151-31
시멘트 벽돌조 스레트지붕 단층주택 120㎡</td></tr>
<tr><td>변경 후의 표시</td><td>서울특별시 강남구 논현동 151-31
시멘트 벽돌조 슬래브지붕 단층주택 120㎡

이상</td></tr>
</table>

등기원인과 그 연월일	2000년 11월 1일 지붕바꿈
등기의 목적	건물표시변경

구분	성명 (상호·명칭)	주민등록번호 (등기용 등록번호)	주 소 (소재지)
신 청 인	김갑동	580105 - 1109011	서울 강남구 논현동 151-31

〔양식 제16-2호〕

등 록 세	금	3,000 원
교 육 세	금	600 원
세 액 합 계	금	3,600 원
등 기 신 청 수 수 료	금	1,000 원

첨 부 서 면	
1. 건축물대장등본　　　　　　　　1통 2. 등록세영수필확인서 및 통지서　　각1통 3. 신청서 부본　　　　　　　　　1통	〈기타〉

2000년 11월 3일

위 신청인　　　　김 갑 동 ㉑　(전화 :　　　　　)

(또는) 위 대리인　　　　　　　　(전화　　　　　)

서울지방법원　　강남등기소　　귀중

〈신청서 작성요령 및 등기수입증지 첨부〉

※ 1. 부동산표시란에 2개 이상의 부동산을 기재하는 경우에는 그 부동산의 일련번
　　호를 기재하여야 합니다.

　2. 신청인란 등 해당란에 기재할 여백이 없을 경우에는 별지를 이용합니다.

　3. 등기신청수수료 상당의 등기수입증지를 이 난에 첨부합니다.

♦ 건물구조변경등기의 기재례

(표제부)

<table>
<tr><td>1</td><td>접수   1967년 7월 20일
서울특별시 강남구 논현동 151-31
시멘트 벽돌조 스레트지붕 단층주택
          120㎡</td></tr>
<tr><td>2</td><td>접수   1967년 7월 20일
서울특별시 강남구 논현동 151-31
시멘트 벽돌조 스레트지붕 단층주택
          120㎡
지붕바꿈 ㉠</td></tr>
</table>

25. 건물대지지번변경등기

건물대지지번변경등기신청서의 작성요령

1) 건물대지지번변경등기의 의의

건물의 소재지번이 변경되어 건축물대장이 변경등록된 후에는, 변경등록된 건축물대장등본을 첨부하여 「건물대지지번변경등기(建物垈地地番變更登記)」를 신청한다.

건물대지지번변경등기는 건물대지의 분할·합병, 행정구역의 변경 등으로 인하여 건물의 소재지번이 변경된 경우에 등기부를 이와 일치시키기 위하여 하는 등기이다.

2) 건물대지지번변경등기의 신청의무

건물의 소재지번이 변경된 때에는 그 건물의 소유권의 등기명의인은 1개월 이내에 건물대지지번변경등기를 신청하여야 하고, 만일 위 기간안에 그 등기신청을 하지 아니한 때에는 5만원 이하의 과태료에 처한다.

우리 부동산등기법에는 등기신청의무규정이 없는데, 유일한 예외로서 부동산표시의 변경등기만은 등기신청의무가 있으나, 다만 등기신청의무의 해태에 대한 과태료는 부동산 중 "건물"에 대해서만 부과한다.

3) 건물대지지번변경등기신청서의 작성

건물대지지번변경등기신청서는 소정양식(양식 제15호 또는 제16호 준용)

에 다음 사항을 기재하여 작성한다.

● 부동산의 표시
"변경 전의 표시"와 "변경 후의 표시"를 구분하여 기재한다.

(가) 변경 전의 표시는, "등기부에 기재된 지번변경 전의 건물의 표시"를 기재하고,

(나) 변경 후의 표시는, "건축물대장에 표시된 지번변경 후의 표시"를 기재한다.

● 등기원인과 그 연월일
등기원인은 "지번변경"으로, 그 연월일은 건축물대장에 표시된 "지번변경일"을 기재한다.

● 등기의 목적
"건물표시변경"이라고 기재한다.

● 신청인
신청인의 성명, 주민등록번호, 주소를 기재한다.

● 등록세, 교육세, 세액합계
부동산 1개당 등록세 "3,000원", 교육세 "600원"으로 계산하여 기재하고, 세액합계는 등록세액과 교육세액의 합계를 기재한다.

그러나 "지적소관청의 지번변경"으로 인하여 등기를 신청하는 때에는 등록세 등을 납부하지 아니하므로 등록세란에 "지방세법 제128조 제4호"라고 기재한다.

● 등기신청수수료
부동산 1개당 "1,000원"의 등기수입증지금액을 기재한다.

● 연월일, 기명날인

신청서 말미에 "제출연월일"을 기재하고, 신청인 또는 대리인이 "기명날인"한다.

신청서가 여러 장일 때에는 각 장사이에 "간인(間印)"한다.

4) 건물대지지번변경등기신청서의 첨부서면

● 건축물대장등본

건물대지의 지번변경사유가 기재된 건축물대장등본 1통을 첨부한다.
건축물대장등본은 발행일로부터 "3개월 이내"의 것이어야 한다.

● 등록세영수필확인서 및 통지서

● 신청서 부본

등기필증작성용으로 신청서와 같은 내용의 부본(副本) 1통을 첨부한다.

건물대지지번변경등기신청서의 작성례

건물대지지번변경등기신청

[양식 제16-1호]

접 수	년 월 일 제 호	처 리 인	접수	조사	기입	교합	등기필 통지	각종 통지

부동산의 표시	
변경 전의 표시	서울특별시 강남구 논현동 151-31 시멘트 벽돌조 스레트지붕 단층주택 120㎡
변경 후의 표시	서울특별시 강남구 논현동 151-32 시멘트 벽돌조 슬래브지붕 단층주택 120㎡ 이상

등기원인과 그 연월일	2000년 11월 1일 지붕바꿈
등기의 목적	건물표시변경

구분	성명 (상호·명칭)	주민등록번호 (등기용 등록번호)	주 소 (소재지)
신 청 인	김갑동	580105 - 1109011	서울 강남구 논현동 151-31

〔양식 제16-2호〕

등 록 세	금	3,000 원
교 육 세	금	600 원
세 액 합 계	금	3,600 원
등 기 신 청 수 수 료	금	1,000 원

첨 부 서 면	
1. 건축물대장등본　　　　　　　1통 2. 등록세영수필확인서 및 통지서　각1통 3. 신청서 부본　　　　　　　　　1통	〈기타〉

2000년 11월 3일

위 신청인　　　　김 갑 동 ㊞　（전화 :553 - 9765 ）

（또는)위 대리인　　　　　　　（전화　　　　　）

서울지방법원　　강남등기소　　귀중

〈신청서 작성요령 및 등기수입증지 첨부〉

※ 1. 부동산표시란에 2개 이상의 부동산을 기재하는 경우에는 그 부동산의 일련번호를 기재하여야 합니다.

2. 신청인란 등 해당란에 기재할 여백이 없을 경우에는 별지를 이용합니다.

3. 등기신청수수료 상당의 등기수입증지를 이 난에 첨부합니다.

◆ 건물대지지번변경등기의 기재례

(표제부)

1	접수　　　　　1988년 9월 1일 서울특별시 강남구 논현동 151-31 시멘트 벽돌조 슬레브지붕 단층주택 　　　　　120㎡ ㉑
2	접수　　　　　2000년 11월 3일 서울특별시 강남구 논현동 151-32 시멘트 벽돌조 슬레브지붕 단층주택 　　　　　120㎡ 지번변경　㉑

26. 등기명의인표시의 변경등기

등기명의인표시변경등기신청서의 작성요령

1) 등기명의인표시변경등기의 의의

등기부상 소유권의 등기명의인이나, 전세권자, 저당권자 등 소유권 이외의 권리자의 성명, 주소 등 표시가 변경된 경우에는, 「등기명의인표시변경등기(登記名義人表示變更登記)」를 신청한다.

등기명의인표시변경등기는 등기명의인의 표시인 성명 또는 명칭, 주민등록번호 또는 부동산등기용 등록번호, 주소 또는 사무소소재지가 변경된 경우에, 등기명의인이 그 변경을 증명하는 시·구·읍·면의 장의 서면 또는 이를 증명함에 족한 서면을 첨부하여 "단독"으로 신청한다.

등기명의인의 주소가 수차에 걸쳐서 이전되었을 경우에는, 중간의 변경사항을 "생략"하고 최종 주소지로 등기명의인표시변경등기를 신청할 수 있다.

2) 소유권이전등기와 직권등기

등기명의인표시변경등기는 등기명의인이 "신청"하여야 하나, 소유권이전등기를 신청함에 있어서는 등기명의인의 주소가 변경된 경우에도 등기신청서에 첨부된 주민등록등본에 의하여 변경된 사실이 명백히 나타나는 때에는 등기관이 "직권"으로 등기명의인표시변경등기를 한다.

따라서 이 경우에는 등기명의인표시변경등기를 신청할 필요가 없다.

3) 등기명의인표시변경등기신청서의 작성

등기명의인표시변경등기신청서는 소정양식(양식 제17호)에 다음 사항을
기재하여 작성한다.

● 부동산의 표시
"등기부상 부동산표시"와 일치되게 기재한다.

● 등기원인과 그 연월일
 등기원인은 "개명", "전거" 등으로, 그 연월일은 호적등본상 "개명일"또는
주민등록등본상 "전거일"을 기재한다.

● 등기의 목적
"등기명의인표시변경"이라고 기재한다.

● 변경사항
변경하는 내용을 기재한다.
〈예시〉갑구 1번 등기명의인 김상만의 주소 "서울 중구 명동 2가 5"를
"서울 중구 명동 1가 10"으로 변경

● 신청인
 등기명의인표시가 변경될 자의 성명, 주민등록번호, 주소를 "주민등록상
표시"와 일치되게 기재하되, 등기부에 성명에 한자로 기재되어 있는 때에는
그 성명에 한자를 병기한다.

● 등록세, 교육세, 세액합계
 부동산 1개당 등록세는 "3,000원", 교육세는 "600원"으로 계산하여 기재
하고, 세액합계는 등록세액과 교육세액의 합계를 기재한다.

● 등기신청수수료

부동산 1개당 "1,000원"의 등기수입증지금액을 기재한다.

● 연월일, 기명날인

신청서 말미에 "제출연월일"을 기재하고, 신청인 또는 대리인이 "기명날인"한다.

신청서가 여러 장일 때에는 각 장 사이에 "간인(間印)"한다.

4) 등기명의인표시변경등기신청서의 첨부서면

● 주민등록등본

"주소등 변경사실을 증명하는 서면"으로 「주민등록등(초)본」을 첨부한다.

주민등록등(초)본에는 등기부상의 전주소와 변경하고자 하는 주소가 연결되어 나타나야 하고, 발행일로부터 "3개월 이내"의 것이어야 한다.

● 등록세영수필확인서 및 통지서

● 신청서 부본

등기필증 작성용 및 대장소관청 송부용으로 신청서와 같은 내용의 부본(副本)을 각 1통씩 첨부한다.

 등기명의인표시변경등기신청서의 작성례

등기명의인표시변경등기신청

〔양식 제17-1호〕

접 수	년 월 일 제 호	처 리 인	접수	조사	기입	교합	등기필 통지	각종 통지

<table>
<tr><td colspan="4" align="center">부동산의 표시</td></tr>
<tr><td colspan="4">1. 서울특별시 중구 명동 1가 10

　　　　대 250㎡

2. 서울특별시 중구 명동 1가 10

　　　　시멘트 벽돌조 슬레브지붕 2층 주택
　　　　1층 80㎡
　　　　2층 80㎡
　　　　　　　이상

</td></tr>
<tr><td colspan="2">등기원인과 그 연월일</td><td colspan="2">2000년 8월 2일 전거</td></tr>
<tr><td colspan="2">등기의 목적</td><td colspan="2">등기명의인 표시변경</td></tr>
<tr><td colspan="2">변경사항</td><td colspan="2">갑구 1번 등기명의인 김상만의 주소 "서울 중구 명동 2가 5"를 "서울 중구 명동 1가 10"으로 변경</td></tr>
<tr><td>구분</td><td>성명
(상호·명칭)</td><td>주민등록번호
(등기용 등록번호)</td><td>주　소 (소재지)</td></tr>
<tr><td>신

청

인</td><td>김 상 만</td><td>580303
- 2027821</td><td>서울 중구 명동 1가 10</td></tr>
</table>

〔양식 제17-2호〕

등 록 세	금	6,000 원
교 육 세	금	1,200 원
세 액 합 계	금	7,200 원
등 기 신 청 수 수 료	금	2,000 원

첨 부 서 면

1. 주민등록(등)초본　　　　1통 2. 등록세영수필확인서 및 통지서　1통 3. 신청서부본　　　　2동 4. 위임장　　　　통	〈기타〉	

2000년　11월　3일

　　　위 신청인　　　　김 상 만 ㊞　（전화 :386 - 9821 ）

　　　（또는）위 대리인　　　　　　　（전화　　　　）

서울지방법원　중부등기소　귀중

〈신청서 작성요령 및 등기수입증지 첩부〉

※ 1. 부동산표시란에 2개 이상의 부동산을 기재하는 경우에는 그 부동산의 일련번호를 기재하여야 합니다.

2. 신청인란 등 해당란에 기재할 여백이 없을 경우에는 별지를 이용합니다.

3. 등기신청수수료 상당의 등기수입증지를 이 난에 첩부합니다.

♦ 등기명의인표시변경등기의 기재례

(갑구)

1 부 1	소유권보전	
	접수	1994년 12월 24일 제9876호
	소유자	김 상 만 580303 - 1017821 서울 중구 명동 2가 5 ⑪
1 부기 1호	1번 등기명의인표시변경	
	접수	2000년 11월 3일 제9642호
	원인	2000년 8월 2일 전거
	주소	서울 중구 명동 1가 10 ⑪

27. 등기명의인표시의 경정등기

등기명의인표시경정등기신청서의 작성요령

1) 등기명의인표시경정등기의 의의

등기부상 소유권의 등기명의인이나, 전세권자, 저당권자 등 소유권 이외의 권리자의 성명, 주소 등 표시가 착오신청으로 등기부에 잘못기재되었거나 기재가 누락된 경우에는, 「등기명의인표시경정등기(登記名義人表示更正登記)」를 신청한다.

등기부상 등기명의인표시와 주민등록상 등기명의인표시가 불일치한 경우에, (1) 그 등기신청 전의 "원시적인 불일치"를 시정하는 등기가 「등기명의인표시경정등기」이고, (2) 그 등기신청 후의 "후발적인 불일치"를 시정하는 등기가 「등기명의인표시변경등기」이다.

2) 등기명의인표시경정등기신청서의 작성

등기명의인표시경정등기신청서는 소정양식(양식 제17호)에 다음 사항을 기재하여 작성한다.

● 부동산의 표시
"등기부상 부동산표시"와 일치되게 기재한다.

부동산이 구분건물인 경우에는, ① 1동의 건물의 표시, ② 전유부분의 건물의 표시, ③ 대지권의 표시를 나누어 기재한다.

◉ 등기원인과 그 연월일

등기원인은 "신청착오", "착오발견", "유류발견" 등으로, 그 연월일은 신청착오는 "착오가 생긴 등기의 신청연월일"을, 착오발견 또는 유류발견은 "경정등기의 신청연월일"을 각 기재한다.

◉ 등기의 목적

"소유권등기명의인표시경정" 또는 "근저당권등기명의인 표시경정"이라고 기재한다.

◉ 경정할 사항

경정대상인 사항과 정정하여 등기부에 기재하고자 하는 사항을 기재한다.
〈예시〉 소유명의인의 성명 "이갑돌"을 "이도일"로 경정

◉ 신청인

등기명의인표시가 경정될 자의 성명, 주민등록번호, 주소를 "주민등록상 표시"와 일치되게 기재하되, 등기부에 성명이 한자로 기재되어 있는 때에는 그 성명에 한자를 병기한다.

◉ 등록세, 교육세, 세액합계

전유부분 1개당 등록세 "3,000원", 교육세 "600원"으로 계산하여 기재하고, 세액합계는 등록세액과 교육세액의 합계를 기재한다.

다만, 착오발견이나 유류발견의 경우에는 등록세와 교육세를 납부하지 아니하므로 "지방세법 제128조"로 기재하고, 세액합계는 기재하지 않는다.

◉ 등기신청수수료

전유부분 1개당 "1,000원"의 등기수입증지금액을 기재한다. 다만, 착오발견이나 유류발견의 경우에는 등기수입증지를 붙이지 아니하므로 그 금액을 기재하지 않는다.

◗ 연월일, 기명날인

신청서 말미에 "제출연월일"을 기재하고, 신청인 또는 대리인이 "기명날인"한다.

신청서가 2장 이상인 때에는 각 장 사이에 "간인"한다.

3) 등기명의인표시경정등기신청서의 첨부서면

◗ 주민등록등본

신청착오의 경우에는 발행일로부터 "3개월 이내"의 「주민등록등(초)본」을 첨부하고, 착오발견 또는 유루발견의 경우에는 그 경정등기대상등기의 "등기신청서 사본"을 첨부한다.

필요한 경우에는 「동일인보증서」를 첨부한다.

◗ 등록세영수필확인서 및 통지서

◗ 신청서 부본

등기필증작성용 및 대장소관청 송부용으로 신청서와 같은 내용의 부본(副本)을 각 1통씩 첨부한다.

◗ 위임장

등기신청을 법무사 등 대리인에게 위임하는 경우에 첨부한다.

등기명의인표시경정등기신청서의 작성례

등기명의인표시경정등기신청

〔양식 제17-1 호〕

접 수	년 월 일 제 호	처 리 인	접수	조사	기입	교합	등기필 통지	각종 통지

부동산의 표시
1동의 건물의 표시 　　　　서울특별시 중구 다동 9 　　　　서울특별시 중구 다동 10 　　　　무지개아파트 가동 전유부분의 건물의 표시 　　　　건물의 번호　　　　　2-304 　　　　구조　　　　　　　　철근콘크리트조 　　　　면적　　　　　　　　2층 304호 79.02㎡ 대지권의 표시 　　　　토지의 표시　　　　1. 서울특별시 중구 다동 9 대 2,300㎡ 　　　　　　　　　　　　　2. 서울특별시 중구 다동 10 대 3,400㎡ 　　　　대지권의 종류　　　소유권 　　　　대지권의 비율　　　5,700분의 400

등기원인과 그 연월일	2000년 8월 3일 신청착오
등기의 목적	소유권등기명의인표시경정
경정할 사항	소유명의인의 성명 "이갑돌"을 "이도일"로 경정

구분	성명 (상호 · 명칭)	주민등록번호 (등기용 등록번호)	주 소 (소재지)
신 청 인	이도일	580303 - 1017821	서울 중구 다동 9

〔양식 제17-2호〕

등 록 세	금	3,000 원
교 육 세	금	600 원
세 액 합 계	금	3,600 원
등 기 신 청 수 수 료	금	1,000 원

<table>
<tr><td colspan="2" align="center">첨   부   서   면</td></tr>
<tr>
<td>
1. 주민등록표등본   1통
2. 등록세영수필확인서 및 통지서   1통
3. 신청서부본   2통
4. 위임장   1통
</td>
<td>
〈기타〉
5. 동일인보증서   1통
</td>
</tr>
</table>

2000년 11월 3일

위 신청인   (전화 :   )

(또는) 위 대리인   법무사 홍 길 동   (전화 368 - 9821)

서울지방법원   중부등기소   귀중

〈신청서 작성요령 및 등기수입증지 첨부〉

※ 1. 부동산표시란에 2개 이상의 부동산을 기재하는 경우에는 그 부동산의 일련번호를 기재하여야 합니다.

2. 신청인란 등 해당란에 기재할 여백이 없을 경우에는 별지를 이용합니다.

3. 등기신청수수료 상당의 등기수입증지를 이 난에 첨부합니다.

♦ 등기명의인표시경정등기의 기재례

(갑구)

2 부1	소유권이진	
	접수	1994년 12월 24일 제9876호
	소유자	이갑돌 580303 - 1017821 서울 중구 다동 9 ㉞
2 부기 1호	2번 등기명의인표시변경	
	접수	2000년 11월 3일 제9642호
	원인	신청착오
	성명	이도일 ㉞

28. 건물멸실등기

◀ 건물멸실등기신청서의 작성요령

1) 건물멸실등기의 의의

건물이 멸실되고 건축물대장이 멸실등록된 경우에는, 멸실등록된 건축물대장등본을 첨부하여 「건물멸실등기(建物滅失登記)」를 신청한다.

건물멸실등기는 건축물대장상에 건물이 "멸실"되었거나 건물이 "부존재"한 경우에 등기부를 이와 일치시키기 위하여 하는 등기이다.

등기되어 건물이 철거된 경우에는 건축물대장에 먼저 멸실등록한 다음 건물멸실등기를 할 것이고, 존재하지 아니하는 건물에 대한 등기가 있는 경우에는 이를 증명하는 서면을 첨부하여 건물이 멸실된 경우와 같이 건물멸실등기를 할 것이다.

2) 대지소유자의 대위신청

건물이 멸실된 때에는 그 건물의 소유권의 등기명의인은 1월 이내에 건물멸실등기를 신청하여야 한다.

건물의 소유권의 등기명의인이 1개월 이내에 건물멸실등기를 신청하지 아니한 때에는 그 건물대지의 소유자가 건물소유자를 대위(代位)하여 멸실등기를 신청할 수 있다.

3) 건물멸실등기신청서의 작성

건물멸실등기신청서는 소정양식(양식 제15호 또는 제16호 준용)에 다음 사항을 기재하여 작성한다.

◑ 부동산의 표시
"등기부상 건물표시"와 일치되게 기재한다.

◑ 등기원인과 그 연월일
건축물대장에 표시된 멸실원인과 그 연월일을 기재하나, 건물이 부존재한 경우에는 등기원인만 "부존재"로 기재하고, 그 연월일은 기재하지 아니한다.

◑ 등기의 목적
"건물멸실"이라고 기재한다.

◑ 신청인
신청인의 성명, 주민등록번호, 주소를 기재하되, 등기부에 성명이 한자로 기재되어 있는 때에는 그 성명에 한자를 병기(倂記)한다.

◑ 등록세, 교육세, 세액합계
부동산 1개당 등록세 "3,000원", 교육세 "600원"으로 계산하여 기재하고, 세액합계는 등록세액과 교육세액의 합계를 기재한다.

◑ 등기신청수수료
부동산 1개당 "1,000원"의 등기수입증지금액을 기재한다.
「등기수입증지」는 등기과·등기소 및 지정금융기관(조흥은행 등)에서 판매한다.

◑ 연월일, 기명날인
신청서 말미에 "제출연월일"을 기재하고, 신청인 또는 대리인이 "기명날

인" 한다.

신청서가 여러 장일 때에는 각 장 사이에 "간인(間印)" 한다.

4) 건물멸실등기신청서의 첨부서면

● 건축물대장등본

건물멸실사유가 기재된 건축물대장등본 1통을 첨부한다. 건축물대장등본은 발행일로부터 "3개월 이내"의 것이어야 한다.

등기된 건물이 건축물대장에 등재되지 아니한 경우에는 구청장발행의 「건축물대장무등재증명」을 첨부하고, 이해관계인이 기명날인한 「건물의 멸실·부존재의 뜻을 기재한 서면」을 첨부할 수 있다. 이 서면에는 이해관계인의 인감증명을 첨부하고, 이 서면을 첨부한 때에는 등기관이 이해관계인에게 통보하지 아니한다.

● 등록세영수필확인서 및 통지서

● 신청서 부본

등기필증 작성용으로 신청서와 같은 내용의 부본(副本) 1통을 첨부한다.

● 위임장

등기신청을 법무사 등 대리인에게 위임하는 경우에 첨부한다.

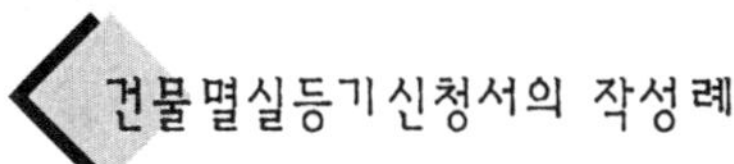
건물멸실등기신청서의 작성례

건물멸실등기신청

〔양식 제16-1호〕

접수	년　월　일 제　　　　호	처리인	접수	조사	기입	교합	등기필 통지	각종 통지

부동산의 표시
서울특별시 강남구 논현동 151-31 시멘트 벽돌조 스레트지붕 단층주택 120㎡ 부속 시멘트 벽돌조 슬래브지붕 단층창고 30㎡ 　　　　　이상

등기원인과 그 연월일	2000년 11월 1일 멸실
등기의 목적	건물멸실

구분	성명 (상호·명칭)	주민등록번호 (등기용 등록번호)	주　소 (소재지)
신 청 인	김갑동	580105 - 1109011	서울 강남구 논현동 151-31

〔양식 제16-2호〕

등 록 세	금	3,000 원
교 육 세	금	600 원
세 액 합 계	금	3,600 원
등 기 신 청 수 수 료	금	1,000 원

첨 부 서 면	
1. 건축물대장등본　　　　　　　1통 2. 등록세영수필확인서 및 통지서　각1통 3. 신청서 부본　　　　　　　　　1통	〈기타〉

2000년 11월 3일

위 신청인　　　　김 갑 돌 ㊞　　（전화 :　　　　　）

（또는）위 대리인　　　　　　　　（전화　　　　　　）

서울지방법원　　강남등기소　　귀중

〈신청서 작성요령 및 등기수입증지 첨부〉

※ 1. 부동산표시란에 2개 이상의 부동산을 기재하는 경우에는 그 부동산의 일련번
호를 기재하여야 합니다.

2. 신청인란 등 해당란에 기재할 여백이 없을 경우에는 별지를 이용합니다.

3. 등기신청수수료 상당의 등기수입증지를 이 난에 첨부합니다.

♦ 건물멸실등기의 기재례

(표제부)

1	접수　　　　　　　1967년 7월 20일 서울특별시 강남구 논현동 151-31 시멘트 벽돌조 스레트지붕 단층주택 　　　　　　　120㎡ 부속 시멘트 벽돌조 슬래브지붕 단층주택 　　　　　　　30㎡ 도면편철장 제5책 제1면 ㉑
2	접수　　　　　　　2000년 11월 3일 2000년 11월 1일 멸실 ㉑
	2번 등기하였으므로 본호 용지 폐쇄 2000년 11월 6일 ㉑

29. 위임장

 위임장의 작성요령

1) 위임장의 의의

위임은 위임인이 사무의 처리를 위탁하고 수임인이 이를 승낙함으로써 성립하는 계약으로, 등기신청인이 대리인에게 등기신청서를 작성하여 등기소에 제출하는 행위를 위임하는 것이다.

등기사건을 법무사나 변호사 또는 일반인에게 위임하는 때에는, "대리권(代理權)을 증명하는 서면"으로 「위임장(委任狀)」을 작성하여 등기신청서에 첨부한다.

따라서 본인이 직접 등기신청서를 작성하여 등기소에 제출할 때에는 위임장이 필요없다.

2) 법무사 · 변호사아닌 일반인에게 위임하는 경우

등기신청은 법무사나 변호사 아닌 일반인을 대리인으로하여 등기신청할 수 있고, 이 경우에도 위임장을 첨부한다.

그런데, 일반인은 보수를 받고 대리인이 될 수 없으며, 비록 보수를 받지 않더라도 계속적으로 하거나 반복적으로 하는 등 이른바 "업(業)"으로 할 수 없다.

업으로 등기신청한 때에는 법무사법위반으로 3년이하 징역 또는 500만원 이하의 벌금에 처한다.

등기관은 일반인이 업으로 한다는 의심이 있을 경우에는 신청인에게 보수

를 지급하지 아니하였다는 뜻의 신청인(등기권리자 및 등기의무자)의 확인
서를 위임장에 첨부하도록 요구할 수 있다.

3) 위임장의 작성

위임장은 소정양식(양식 제20호)에 다음 사항을 기재하여 작성한다.

● 부동산의 표시

● 등기원인과 그 연월일

● 등기의 목적

● 기타 필요한 사항
등기의 목적 다음의 공란에 기재한다.

● 수임인, 연월일, 위임인의 기명날인
수임인의 성명, 주소, 위임연월일, 위임인인 등기신청인의 성명, 주소를
기재하고 위임인이 날인한다.
신청인이 법인 또는 법인아닌 사단 또는 재단인 경우에는, 상호(명칭), 본
점(주사무소 소재지), 대표자의 성명과 주소를 기재한다.
등기의무자가 인감증명서를 첨부하여야 할 경우에는 인감(印鑑)을 날인
하되, 법인은 등기소의 증명을 얻은 대표자의 인감을, 법인아닌 사단 또는
재단은 대표자의 개인인감을 날인한다.

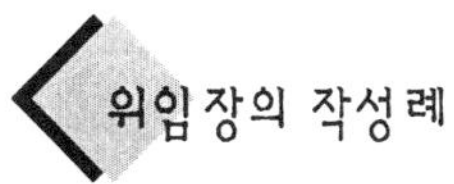
위임장의 작성례

〔양식 제20호〕

<table>
<tr><td colspan="2" align="center">위　임　장</td></tr>
<tr><td rowspan="2">부
동
산
의
표
시</td><td>1. 서울특별시 강남구 논현동 151-31

　　　대 330㎡

2. 서울특별시 강남구 논현동 151-31

　　　시멘트 벽돌조 슬래브지붕 2층 주택

　　　1층 200㎡

　　　2층 200㎡

　　　　　이상</td></tr>
<tr><td></td></tr>
</table>

등기원인과 그 연월일	2000년 11월 1일 전세권설정계약
등기의 목적	전세권 설정

<table>
<tr><td></td><td>법무사 이병화
서울 서초구 서초동967</td></tr>
<tr><td>등기의무자　　　　김갑동 ⑪
　　　　　서울 강남구 논현동 151-31

등기권리자　　　　박을순　　⑪
　　　　　부산 동래구 온천동 707
　　　　　럭키아파트 12동 705호</td><td>위 사람을 대리인으로 정
하고 위 부동산 등기신청
및 취하에 관한 모든 행위
를 위임한다.
또한 복대리인 선임을 허
락한다.

2000년 11월 3일</td></tr>
</table>

30. 취하서

취하서의 작성요령

1) 취하서의 의의

등기신청은 "교합(校合)"하기 전까지 취하할 수 있으므로, 등기신청인 또는 그 대리인은 등기신청을 취하할 수 있다.

등기신청을 취하하려면 등기신청인 또는 그 대리인이 「취하서(取下書)」를 작성하여 등기소에 제출한다. 등기신청대리인이 등기신청을 취하하는 경우에는 취하에 관한 "특별수권"이 있어야 하며, 등기신청을 등기권리자와 등기의무자가 공동으로 신청한 경우에는 등기신청의 취하 역시 등기권리자와 등기의무자가 공동으로 취하하여야 하고 등기권리자 또는 등기의무자 어느 한쪽만이 취하할 수 없다.

2) 취하서의 작성

취하서는 소정양식(등기예규 제877호 별지)에 다음 사항을 기재하여 작성한다.

◗ 부동산의 표시

◗ 신청인
등기의무자와 등기권리자의 성명, 주민등록번호, 주소를 각 기재한다.

◗ 등기의 목적

접수연월일 및 번호

◉ 연월일, 기명날인

"취하의 뜻"과 "제출연월일"을 기재하고, 취하자가 "기명날인"한다.

◉ 등기소의 표시

취 하 서

1. 부동산의 표시
　　　(1) 서울특별시 강남구 논현동 151-31
　　　　 대 330㎡
　　　(2) 서울특별시 강남구 논현동 151-31
　　　시멘트 벽돌조 슬래브지붕 2층 주택
　　　　 1층 200㎡
　　　　 2층 200㎡
　　　　　　　　이 상

2. 신청인
　　　(1) 등기의무자　　　김갑동
　　　　　　　　　　700107 - 1108727
　　　　　　　　　　서울 강남구 논현동 151-31
　　　(2) 등기권리자　　　박을 순
　　　　　　　　　　530301 - 2121212
　　　　　　　　　　부산 동래구 온천동 707
　　　　　　　　　　럭키아파트 12동 705호

3. 등기의 목적
　　　전세권설정

4. 접수연월일 및 번호
　　　2000년 11월 1일 접수 제9765호

　　　위 등기신청을 취하합니다.

　　　　　　　　　　　　2000년 11월 3일

　　　　　　　　위 대리인 이병화 (직인)
　　　　　　　　서울 서초구 서초동 967

　　　　서울지방법원 강남등기소　　귀중

참고자료 및 법령

1. 등기에 관한 주요 판례 일람표

 등 기 사 항

● 준용하천(準用河川)은 「등기할 수 있다」는 판례(대법원 1964. 6. 2 선고, 63 다 927 판결)

하천법 제2조의 적용이 있는 소위 적용하천은 동법 제12조(구)에 의하여 관리청이 하천의 구역을 지정함으로써 그 지정된 토지에 대한 소유권 기타 사권이 소멸되고 국가소유로 귀속되나, 동법 제9조(구)에 의하여 하천법이 준용되는 소위 준용하천에 있어서는 위와 같은 절차를 거쳤다 하더라도 소유권 기타 권리는 당연히 소멸되지 않는다.

● 유류저장탱크를 「등기할 수 있다」는 판례(대법원 1990. 7. 27 선고, 90 다카 6160 판결)

유류저장탱크가 손쉽게 이동시킬 수 있는 구조물이 아니고, 그 토지에 견고하게 부착시켜 그 상태로 계속 사용할 목적으로 축조된 것이며, 거기에 저장하려고 하는 유류를 자연으로부터 보호하기 위하여 벽면과 지붕을 갖추어 독립된 건물로 볼 수 있는 경우라면 그 탱크의 높이와는 관계없이 그 건물에 대한 소유권보존등기를 할 수 있다.

등기의 효력

● 사망자를 상대로 한 무효인 확정판결에 의한 등기라도 실체적 권리관계에 부합하면 「유효하다」는 판례(대법원 1962. 3. 29 선고, 4294 민상 1338 판결)

죽은 자를 상대로하여 확정판결을 얻었을 경우에 있어서 그 확정판결은 무효라 할지라도 그 확정판결에 의하여 취득한 부동산에 관한 등기가 소유권에 관하여 실체상의 권리관계가 부합되는 경우에 있어서는 그 등기는 유효한 것이라고 할 것이다.

그러므로 죽은 자를 상대로 한 확정판결이 무효라는 것과 무효인 확정판결에 의하여 된 등기가 유효라는 결론에 모순이 있다고 할 수 없다.

● 우리나라 등기제도상 「공신력이 없다」는 판례(대법원 1969. 6. 10 선고, 68 다 199 판결)

부동산에 관한 법률행위로 인한 물권의 득실변경은 등기하여야 효력이 발생하도록 되어 있으나, 등기의 공신력이 인정되지 않는 현행 등기제도하에서는 등기기재에 부합하는 실체상의 권리관계가 존재함을 전제로 그 유효성이 인정된다.

● 선등기가 원인무효가 아닌한 후등기가 「무효」라는 판례(대법원 1990. 11. 27 선고 87 다카 2961, 87 다 453 전원합의체 판결)

동일 부동산에 관하여 등기명의인을 달리하여 중복된 소유권보존등기가 경료된 경우에는, 먼저 이루어진 소유권보존등기가 원인무효가 되지 아니하는 한 뒤에 된 소유권보존등기는 비록 그 부동산의 매수인에 의하여 이루어진 경우라도 1부동산 1용지주의를 채택하고 있는 부동산등기법 아래에서는 무효라고 해석함이 상당하다.

● 등기신청의 접수효과는 등기관이 등기신청서를 「받았을 때」에 발생한다는 판례(대법원 1977. 10. 31자, 77 마 262 결정)

등기신청의 접수효과는 등기공무원(현재의 등기관)이 신청서를 받았을 때에 바로 발생하는 것이고, 그 이후 등기신청접수장에 소요사항을 기입하거나 등기신청서의 접수, 조사, 기입, 색출 등 해당란에 관계 공무원이 날인을 하는 것과 같은 것은 등기공무원이 접수효과를 확인하고 그 증거를 보전하는 절차에 불과한 것이다.

● 등기관에게 실질적 심사권이 「없다」는 판례(대법원 1987. 3. 6자, 87 마 15 결정)

등기공무원(현재의 등기관)은 등기신청절차의 형식적 요건만을 심사할 수 있는 것이고, 그 등기원인이 되는 법률관계의 유·무효와 같은 실질적인 심사권은 없다할 것이나, 법원의 촉탁에 의한 등기를 실행하는 경우 촉탁서의 기재내용과 촉탁서에 첨부된 판결의 기재내용이 일치하는지 여부는 심사할 수 있다.

● 등기관이 흠결사항의 보정을 명할 「의무가 없다」는 판례(대법원 1968. 7. 8자, 67 마 300 결정)

등기공무원(현재의 등기관)이 등기신청서류를 심사하여 흠결을 발견하였을 경우, 이를 보정하도록 당사자에 권장함은 바람직한 일이나, 법률상 보정명령을 하거나 석명할 의무를 지니고 있다고는 새겨지지 않으므로 출석하여야 할 대리인이 출석하지 않고서 그로 인한 책임을 등기공무원의 보정명령해태로 돌릴 수는 없다 할 것이다.

등기절차

● 태아는 등기신청적격이 없어 「등기신청할 수 없다」는 판례(대법원 1976. 9. 14 선고, 76 다 1365 판결)

태아의 손해배상청구에 관하여는 이미 태어난 것으로 본다는 법취지는 태아가 살아서 출생할 때에 출생시기가 문제의 시기까지 소급하여 그 때에 출생한 것과 같이 법률상 보아 주는 것이라고 해석함이 상당하다.

● 동·리민의 총유재산은 법인아닌 사단인 동·리(洞 · 里)명의로 「등기할 수 있다」는 판례(대법원 1965. 2. 9 선고, 64다 1768 판결)

동민이 법인아닌 사단을 구성하고 그 명칭을 행정구역인 동명의와 동일하게하여 동민의 집합체로서 총유로 취득한 성황당, 제사용 위토(位土) 등 부동산에 대하여 지방자치법시행 이후에는 동민의 총유형태가 없어진 것처럼 법리를 오해한 것은 부당하다 할 것이다.

● 등기신청은 교합(校合)전까지는 언제든지 「취하할 수 있다」는 판례 (대법원 1966. 6. 17 선고, 66 다 538 판결)

등기공무원(현재의 등기관)이 등기부에 등기사항을 기입한 후에 날인함으로써 등기가 끝나는 것이므로, 이와 같은 등기가 끝나기 전에는 등기신청인은 그 등기신청을 취하할 수 있다.

● 교합인(校合印)이 누락되었다고하여 등기가 「무효로 되는 것은 아니다」라는 판례(대법원 1977. 10. 31자, 77마 262 결정)

등기의 완성은 등기부에 등기사항을 기입하고 등기공무원(현재의 등기관)이 날인함으로써 완성되는 것이지만, 등기기재의 적정 여부를 확인하는

등기공무원의 교합인이 누락되었다고하여 그것만으로 그 등기가 부존재한다고 할 수 없다.

● 계약시에는 허가대상이나 등기시에는 허가대상이 아닌 경우, 토지거래허가증이 「필요없다」는 판례(대법원 1999. 6. 17 선고, 98 다 4059 전원합의체 판결)

허가구역안의 토지에 대하여 토지거래허가를 받지 않고 체결한 토지거래계약은, 허가를 받을 때까지만 법률상 미완성의 법률행위로서 채권적 효력도 발생하지 아니하지만, 일단 허가를 받으면 소급해서 유효로 되고 이와 달리 불허가가 된 때에는 무효로 확정되는 이른바 유동적 무효의 상태에 있다고 보아야 한다.

그런데 허가구역지정을 해제하거나 또는 지정기간이 만료되었음에도 허가구역 재지정을 하지 아니한 때에는, 사적 자치에 대한 공법적 규제가 해제되었으므로 해제전에 확정적으로 무효로 된 경우를 제외하고는 더 이상 행정청으로부터 허가받을 필요없이 확정적으로 유효로 된다 (다수 의견).

소유권에 관한 등기

● 건물을 신축한 자는 등기없이도 건물의 소유권을 「취득한다」는 판례 (대법원 1965. 4. 6 선고, 65다 113 판결)

건물을 건축하여 소유권을 취득한 경우에는, 등기없이도 그 소유권을 누구에게나 주장할 수 있다 할 것이며, 근 20년간 소유권을 주장한 사실이 없다하더라도 소유권이 없어지는 것은 아니다.

● 공유물분할판결의 확정으로 각자의 취득부분에 대한 단독 소유권이 「창설된다」는 판례(대법원 1969. 12. 29 선고, 68 다 242 판결)

공유물분할청구의 소는 공유자 사이의 기존의 공유관계를 폐기하고 각자의 단독소유권을 취득하게 하는 형성의 소로서 공유자 사이의 권리관계를 정하는 창설적 판결을 구하는 것이므로, 그 판결전에는 공유물은 아직 분할되지 않고 따라서 공유물의 급부(이전)를 청구할 권리는 발생하지 않으며 분할판결의 확정으로 각자의 취득부분에 대하여 비로서 단독소유권이 창설되는 것이다.

● 특정토지부분을 매수하고 공유지분으로 「등기청구할 수 없다」는 판례(대법원 1971. 4. 6 선고, 71다 232 판결)

대지 37평 6홉 중 특정지 5평을 매수하였다는 인정사실만으로는 그 특정지 5평의 등기이전 방법에 관하여 특정지 아닌 5/37.6 지분권 이전등기의 방법에 의하기로 합의한 것이라고 미루어 볼 수는 없다.

● 각 특정토지부분을 공유지분등기로 한 경우는 「상호명의신탁」이라고 한 판례(대법원 1973. 2. 28 선고 72다 317 판결)

여러 사람이 대지를 특정하여 매수하고 다만, 그에 대한 소유권이전등기만은 편의상 공유지분등기를 경유한 경우에는, 각자 특정매수한 부분에 관하여 상호명의신탁을 하고 있다고 볼 것이다.

● 토지조사령에 의한 사정을 받은 자는 그 토지의 소유권을 「원시적으로 취득한다」는 판례(대법원 1984. 1. 24 선고, 83 다카 1152 판결)

토지조사령에 의하여 토지조사부에 소유자로 등재되어 있는 자는 이의, 재심절차에 의하여 사정내용이 변경되지 않은 한 그 토지의 소유자로 사정받은 것으로 볼 것이다.

토지조사령에 의한 토지사정을 받은 자는 그 토지를 원시적으로 취득한다.

● 대장상 소유권이전등록을 받은 자 명의로 보존등기를「할 수 없다」는 판례(대법원 1985. 12 16자, 85마 798 결정)

건물의 소유권보존등기는 그 건물의 소유자만이 할 수 있으므로 미등기건물을 매수한 자는, 원소유자 명의로 소유권보존등기를 거친 후 소유권이전등기를 하여야 하고 직접 자기명의로 소유권보존등기를 신청할 수 없으며, 건축물관리대장상의 권리 이전 사실기재를 부동산등기법 제131조 제1호 소정의 가옥대장상 소유자등록과 같이 볼 수 없다.

● 진정한 등기명의를 회복하려면, 말소등기를 하거나 직접 이전등기를「할 수 있다」는 판례(대법원 1990. 11. 27 선고, 89 다카 12398 전원합의체 판결)

이미 자기 앞으로 소유권을 표상하는 등기가 되어 있었거나 법률의 규정에 의하여 소유권을 취득한 자가 진정한 등기명의를 회복하기 위한 방법으로는, 현재의 등기명의인을 상대로 그 등기의 말소를 구하는 외에 "진정한 등기명의인의 회복"을 원인으로 한 소유권이전등기절차의 이행을 직접 구하는 것도 허용되어야 할 것이다.

따라서 위의 견해에 어긋나는 취지의 당원 1972. 12. 26 선고, 72 다 1846, 1847 판결과 1981. 1. 13 선고, 78 다 1916 판결 등은 변경하기로 한다.

● 미등기 부동산에 대한 경매신청등기촉탁서에는 "채무자의 소유임을 증명하는 서면"을「첨부하여야 한다」는 판례(대법원 1995. 12. 11자, 96 마 1262 결정)

등기부에 채무자의 소유로 등기되지 아니한 부동산에 대하여 경매신청을 할 때에는 즉시 채무자의 명의로 등기할 수 있음을 증명할 서류를 첨부하여야 하고(민사소송법 제602조 제1항 제2호, 제728조), 미등기건물의 소유권보존등기는 가옥대장등본에 의하여 자기 또는 피상속인이 가옥대장에 소유자로서 등록되어 있는 것을 증명하는 자나 판결 또는 기타 시·구·읍·면의 장의 서면에 의하여 자기의 소유권을 증명하는 자 및 수용으로 인하여 소유권을 취득하였음을 증명하는 자만이 이를 신청할 수 있는 것으로(부동산등기법 제131조), 토지에 대한 저당권자가 민법 제365조에 의하여 그 지상의 미등기건물에 대하여 토지와 함께 경매를 청구하는 경우에는 지상 건물이 채무자 또는 저당권설정자의 소유임을 증명하는 서류로서 부동산등기법 제131조 소정의 서면을 첨부하여야 한다.

상 속 등 기

● 절가호주(絶家戶主)의 유산은 근친자가 승계하고, 사후양자는 「재산상속할 수 없다」는 판례(대법원 1968. 11. 26 선고, 68 다 1543 판결)

민법시행전의 관습에 의하면 절가호주의 유산은 근친자가 승계하거나 리(里)·동(洞)의 소유에 귀속되고, 사후양자는 재산상속권이 없으며, 1915. 4. 1 개정 민적법의 시행에 따라 종래 신관가(宦官家)와 봉시가(奉侍家)에 한하여 인정되던 이성양자제도는 폐지되었다.

● 여호주의 전혼가의 유산은 「전혼가(前婚家)의 출가녀가 상속받는 것」이 재래의 관습이라는 판례(대법원 1972. 2. 29 선고, 71다 2307 판결)

처인 여호주가 재혼하여 사망하고 그를 상속할 사람이 없는 경우 그 전혼가의 유산은, 여호주의 재혼 후 출생한 자녀가 아니고 여호주의 전혼가에 태어난 출가녀에게 돌아간다고 함이 재래의 우리 관습이다 (1922. 9. 22 조선고등법원 판결).

따라서 망부의 상속재산은 여호주가 호주상속하였다가 무후(無後)로 끝났으며, 사후양자도 한 바 없으니, 여호주명의로 소유권등기가 된 이 건 부동산은 여호주의 유산으로 되어 우리 관습에 좇아 망부의 출가녀에게로 돌아가고, 여호주의 특유재산으로 여호주의 혈족에게 돌아가는 것이 아니다.

● 호주가 상속할 남자없이 사망한 경우에는 모, 처, 딸이 사후양자가 선임될 때까지 「일시 호주 및 재산상속한다」는 판례(대법원 1981. 12. 22 선고, 80 다 2755 판결)

민법시행 전의 관습에 의하면 호주가 미혼자로서 사망한 때에는 형망제급의 원칙에 의하여 사망호주의 아우가 호주 및 재산상속을 하게 되고, 또 호주가 상속할 남자없이 사망한 경우에는 모, 처, 딸이 존비의 순서에 따라 사망호주의 사후양자가 선임될 때까지 일시 호주 및 재산상속을 하게 된다.

● 협의분할로 고유의 상속분을 초과하는 재산을 취득하여도 「증여받은 것이 아니다」라는 판례(대법원 1985. 10. 8 선고, 85 누 70 판결)

민법 제1015조에 의하여 상속재산의 분할은 상속개시된 때에 소급하여 그 효력이 있다고 규정하고 있는 바, 이는 분할에 의하여 각 공동상속인에게 귀속되는 재산이 상속개시 당시에 이미 피상속인으로부터 직접 분할받은 자에게 승계된 것을 의미하며, 분할에 의하여 공동상속인 상호간에 상속분의 이전이 생기는 것이 아니다.

그러므로 공동상속인 상호간에 상속재산에 관하여 민법 제1013조의 규정에 의한 협의분할이 이루어 짐으로써 공동상속인 중 1인이 고유의 상속분을 초과하는 재산을 취득하게 되었다고 하여도 이는 상속개시 당시에 피상속인으로부터 승계받은 것으로 보아야 하고, 다른 공동상속인으로부터 증여받은 것으로 볼 것이 아니다.

● 협의에 의한 상속재산의 분할은 공동상속인 전원의 동의가 있어야 「유효하다」는 판례(대법원 1987. 3. 10 선고, 85 므 80 판결)

협의에 의한 상속재산의 분할은 공동상속인 전원의 동의가 있어야 유효하고, 공동상속인 중 1인의 동의가 없거나 그 의사표시에 대리권의 흠결이 있다면 분할은 무효이다.

상속재산에 대하여 그 소유의 범위를 정하는 내용의 상속재산분할협의는 민법 제921조 소정의 이해상반되는 행위에 해당하므로 친권자가 미성년자의 특별대리인을 선임하지 아니하고서 한 상속재산분할의 협의는 무효이다.

● 구민법상 호주아닌 가족이 사망한 경우에, 배우자를 제외한 동일호적내에 있는 직계비속이 「균등상속한다」는 판례(대법원 1990. 2. 27 선고, 88 다카 33619 전원합의체 판결)

1960. 1. 1 민법이 공포시행되기 전에 있어서는 조선민사령 제11조의 규정에 의하여 친족 및 상속에 관하여는 관습에 의하도록 되어 있었는 바, 호주아닌 가족이 사망한 경우에 그 재산은 배우자인 남편이나 처가 아니라 동일 호적내에 있는 직계비속인 자녀들이 균등하게 상속된다는 것이 당시의 우리나라의 관습이었다(조선고등법원 1944. 8. 15 선고, 소화 19 민상 249 판결 등).

따라서 종전에 위와 달리 호주아닌 가족이 처와 딸을 남겨두고 사망한 경우에 처만이 재산상속을 하는 것이 구관습이라는 견해 (1981. 6. 23 선고 80 다 2821 판결 등)는 폐기한다.

지상권에 관한 등기

● 법정지상권성립 후 토지소유자는 지상권등기없는 건물의 전득자(轉得者)에 대하여 건물철거를 「청구할 수 없다」는 판례(대법원 1985. 4. 9 선고, 84 다카 1131, 1132 전원합의체판결)

법정지상권을 가진 건물소유자로부터 건물을 양수하면서 법정지상권까지 양도받기로한 자는 채권자대위의 법리에 따라 전건물소유자 및 대지소유자에 대하여 차례로 지상권의 설정등기 및 이전등기절차이행을 구할 수 있다 할 것이므로, 이러한 법정지상권을 취득할 지위에 있는 자에 대하여 대지소유자가 소유권에 기하여 건물철거를 구함은, 지상권의 부담을 용인하고 그 설정등기절차를 이행할 의무있는 자가 그 권리자를 상대로 한 청구라할 것이어서 신의성실의 원칙상 허용될수 없다.

위의 견해에 저촉되는 당원 1982. 10. 12 선고, 80 다 2667 판결 등 종전의 견해는 이를 변경하기로 한다.

전세권에 관한 등기

● 전세권의 법정갱신은 법률규정에 의한 물권의 변동이므로 등기없이 그 권리를 「주장할 수 있다」는 판례(대법원 1989. 7. 11 선고, 88다카 21029 판결)

건물의 전세권설정자가 전세권의 존속기간 만료전 6월부터 1월까지 사이에 전세권자에 대하여 갱신거절의 통지 또는 조건을 변경하지 아니하면 갱신하지 아니한다는 뜻의 통지를 하지 아니한 경우에는 그 기간이 만료되는 때에 전 전세권과 동일한 조건(다만, 전세권의 존속기간은 그 정함이 없는 것으로 봄)으로 다시 전세권을 설정한 것으로 보는 것이고(민법 제312조 제4항), 이는 법률의 규정에 의한 부동산에 관한 물권의 변동으로 보아야 할 것이므로 전세권의 법정갱신의 경우에는 전세권갱신에 관한 등기를 필요로 하지 아니하고 전세권자는 그 등기없이도 전세권설정자나 그 목적물을 취득한 제3자에 대하여 그 권리를 주장할 수 있는 것이다.

저당권에 관한 등기

● 저당권이 이전된 경우 저당권말소등기의 등기의무자는, 저당권의 양도인이 아니고 「양수인」이라는 판례(대법원 1967. 6. 13 선고, 67다 482 판결)

근저당권의 양도에 의한 등기는 부기에 의하여 이를 할 것이며, 부기등기는 기존등기에 부기하여 그 일부를 변경하여 그 등기를 유지하는 것이고, 구등기와는 독립된 별개의 새로운 등기는 아니라 할 것이어서, 근저당권이 양도되어 부기등기가 경유된 경우, 근저당권설정등기가 원인무효라하여 말소등기를 청구하는 때에는 양수자만을 상대로하면 족한 것이고, 양도자는 피고적격이 없다 할 것이다.

● 신축한 건물에 대한 등기를 멸실된 건물의 등기부에 「등기할 수 없다」는 판례(대법원 1976. 10. 26 선고, 75 다 2211 판결)

기존 건물이 멸실된 후 그곳에 새로이 건물을 신축한 경우에, 신축된 건물

그것이 곧 멸실된 바로 그 건물이라고 할 수 없으므로, 신축한 건물의 물권변동에 관한 등기를 멸실된 건물의 등기부에 하여도 이는 진실에 부합하지 아니하는 것이고, 비록 당사자가 멸실건물의 등기로서 신축한 건물의 등기에 갈음할 의사를 가졌다하여도 그 등기는 무효이니, 이미 멸실된 건물에 대한 근저당권설정등기에 의하여 신축한 건물에 대한 근저당권이 설정되었다고는 할 수 없으니 그 등기에 기하여 진행된 경매에서 신축된 건물을 경락받았다하더라도 그로써 소유권취득을 내세울 수는 없다.

● 저당권은 주등기만 말소하면, 채무자를 추가하는 변경의 부기등기는 직권으로 「말소된다」는 판례(대법원 1988. 3. 8 선고 87다카 2583 판결)

채무자의 추가를 내용으로 하는 근저당권변경의 부기등기는 기존의 주등기인 근저당권설정등기에 종속되어 주등기와 일체를 이루는 것이고 주등기와 별개의 새로운 등기는 아니라 할 것이므로 그 피담보채무의 변제로 인하여 소멸된 경우, 위 주등기가 말소되는 경우에는 그에 기한 부기등기는 판결로 그 말소를 명하지 않더라도 직권으로 말소되어야 할 성질의 것이라고 할 것이다.

● 저당권말소등기의 등기권리자는 저당권설정자와 제삼취득자 중 「누구라도 될 수 있다」는 판례(대법원 1994. 1. 25 선고, 93다 16338 전원합의체 판결)

근저당권이 설정된 후에 그 부동산의 소유권이 제3자에게 이전된 경우에는 현재의 소유자가 자신의 소유권에 터잡아 피담보채무의 소멸을 원인으로 그 근저당권설정등기의 말소를 청구할 수 있음은 물론이지만, 근저당권설정자인 종전의 소유자도 근저당권설정계약의 당사자로서 근저당권소멸에 따른 원상회복으로 근저당권자에게 근저당권설정등기의 말소를 구할 수 있는 계약상 권리가 있으므로 이러한 계약상 권리에 터잡아 근저당권자에게 피담보채무의 소멸을 이유로하여 그 근저당권설정등기의 말소를 청구할 수 있다고 봄이 상당하고(당원 1988. 9. 13 선고, 86 다카 1332 판결; 1993. 9. 14 선고, 92 다카 1353 판결 참조), 목적물의 소유권을 상실하였다는 이유만으로 그러한 권리를 행사할 수 없다고 볼 것은 아니다.

이에 어긋나는 취지의 당원 1962. 4. 26 선고, 4294 민상 1350 판결은 이로써 폐기하기로 한다.

● 기존건물에 설정된 저당권의 효력을 증축부분에 미치게 하는 취지의 저당권변경등기를 「할 수 없다」는 판례(대법원 1999. 7. 27 선고, 98 다 32540 판결)

1동의 건물의 증축부분이 별개의 건물이 아니고 기존 건물의 구성부분이거나 이에 부합된 것으로서 증축 후의 현존 건물의 현황에 맞추어 증축으로 인한 건물표시변경등기가 경료된 경우에는, 기존 건물에 대하여 이미 설정되어 있던 저당권의 효력은 법률에 특별한 규정이나 설정행위 등에 다른 약정이 없는 한 증축부분에도 미친다고 할 것이므로 기존 건물에 설정된 저당권의 효력을 증축부분에 미치게 하는 취지의 저당권변경등기를 할 수 없는 것이고, 설차 그러한 등기가 경료되었다고 하더라도 아무런 효력이 없다.

경정등기

● 다른 보존등기나 이해관계인이 없는 경우에는, 동일성이 없어도 예외적으로 경정등기를 「할 수 있다」는 판례(대법원 1975. 4. 23 선고, 74다 2188 전원합의체 판결)

　일반적으로 부동산에 관한 등기의 지번표시에 다소의 착오 또는 오류가 있다할지라도 그것이 실질상의 권리관계를 표시함에 족한 정도로 동일 혹은 유사성이 있는 경우에 한하여 그 등기는 유효하고 따라서 그 경정등기도 허용될 것이고, 만약 그 표시상의 착오 또는 오류가 중대하여 그 실질관계와 동일성 혹은 유사성조차 인정할 수 없을 경우에는 그 등기는 무효이고 따라서 그 경정등기도 허용할 수 없다고 할 것이다.

　그러나 이러한 동일성 혹은 유사성을 인정할 수 없는 경우에도 그 부동산에 대하여 따로 보존등기가 없거나 등기의 형식상으로 보아 예측할 수 없는 손해를 미칠 우려가 있는 이해관계인이 없는 경우에는 예외적으로 당해 오류있는 등기의 경정을 허용하는 것이 상당하다고 할 것이다.

● 등기관이 등기사항 전부를 유탈한 경우에도 경정등기를 「할 수 있다」는 판례(대법원 1980. 10. 14 선고, 80다 1385 판결)

　소유권이전등기 절차이행을 명하는 확정판결에 기하여 소유권이전등기신청을 하였으나, 등기공무원(현재의 등기관)의 착오로 인하여 그 일부 토지에 관하여 소유권이전등기가 경료되지 아니하였다면 부동산등기법 제72조 소정의 경정절차에 의하여 이를 할 수 있다.

● 부동산표시경정등기에 이해관계인의 승낙이 「필요없다」는 판례(대법원 1992. 2. 28 선고, 91다 34967 판결)

　부동산의 표시에 대한 경정등기는 등기용지의 표제부에 등기된 부동산의 물리적 현황이 객관적 사항에 합치하지 아니하고 그 등기가 착오 또는 유루로 인하여 생긴 경우에 동일성이 인정되는 범위내에서 이를 바로 잡는 것을 목적으로하여 행하여지는 등기로서 그 등기에 의하여 그 부동산에 관한 권리에 어떤 변동을 가져오는 것도 아니며, 또한 부동산등기법 제74조에 의하여 경정등기에 있어서 준용되는 동법 제63조는 권리변경의 등기에 있어서 그 등기에 이해관계있는 제3자가 있는 경우에 그 승낙서 또는 이에 대항할 수 있는 재판의 등본을 첨부하도록 한 것이므로, 부동산의 표시에 관한 경정등기에 있어서는 등기상 이해관계있는 제3자의 승낙의 유무가 문제될 여지가 없다.

또한 부동산의 표시에 관한 경정등기는 그 성질상 등기의무자의 존재를 생각할 수 없는 것으로서 그 등기는 등기명의인이나 대위권자의 단독신청에 의하여 행하여질 것이고 그 대위권자에는 등기명의인에 대한 채권적 청구권을 갖는 자 뿐만 아니라 물권적 청구권을 갖는 자도 포함된다.

말소회복등기

● 회복등기와 양립할 수 없는 등기의 명의인은 「이해관계있는 제3자가 아니다」라는 판례(대법원 1982. 1. 26 선고, 81 다 2329, 2330 판결)

말소회복등기에 있어서 등기상 이해관계있는 제3자는 등기기재의 형식상 말소된 등기가 회복됨으로 인하여 손해를 입을 우려가 있는 제3자를 의미하나, 회복등기와 등기부상 양립할 수 없는 등기는 이를 먼저 말소하지 않는 한 회복등기를 할 수 없으므로 이러한 등기(가등기에 기한 소유권이전의 본등기)는 회복등기에 앞서 말소의 대상이 될 뿐이고, 그 등기의무자를 승낙청구의 상대방인 이해관계있는 제3자로 보아 별도로 그 승낙까지 받아야 할 필요는 없으므로 그 자에 대한 승낙청구는 상대방 당사자의 적격이 없는 자에 대한 청구로서 부적법하다.

● 등기관이 직권으로 말소한 등기는 말소회복등기 역시 직권으로 하여야

하므로,「소구할 이익이 없다」는 판례(대법원 1983. 3. 8 선고, 82 다카 1168 판결)

가등기에 기한 소유권이전의 본등기가 됨으로써 등기공무원(현재의 등기관)이 직권으로 가등기 후에 경료된 제3자의 소유권이전등기를 말소한 경우에 그 후에 가등기나 그 가등기에 기한 본등기가 원인무효의 등기라하여 말소될 때에는 결국 위 제3자의 소유권이전등기는 말소하지 아니할 것을 말소한 결과가 되므로 이때는 등기공무원이 직권으로 말소등기의 회복등기를 하여야 할 것이므로 그 회복등기를 소구할 이익이 없다.

⬤ 말소회복등기는 승낙없는 이해관계인에 대한 관계에서는 「무효」라는 판례(대법원 1986. 9. 24 선고, 68 다 1505 판결)

부동산등기법 제75조의 규정에 의하면 말소된 등기의 회복등기를 신청한 경우에 등기상 이해관계있는 제3자가 있는 때에는 그 회복등기신청서에 위 제3자의 승낙서나 제3자에 대항할 수 있는 재판의 등본을 첨부하여야 하고, 만일 이를 첨부하지 않고 한 회복등기는 이해관계있는 제3자와의 관계에 있어서는 무효의 등기이다.

⬤ 자발적으로 말소등기한 경우에는 말소회복등기를 「할 수 없다」는 판례(대법원 1990. 6. 26 선고, 89 다카 5673 판결)

부동산등기법 제75조의 말소회복등기란 어떤 등기의 전부 또는 일부가 실체적 또는 절차적 하자로 부적합하게 말소된 경우에 말소된 등기를 회복하여 말소 당시에 소급하여 말소가 없었던 것과 같은 효과를 생기게 하는 등기를 말하는 것이므로, 어떤 이유이건 당사자가 자발적으로 말소등기를 한 경우에는 말소회복등기를 할 수 없다.

멸실회복등기

● 회복등기기간내에 멸실회복등기를 하지 않더라도 소유권은 「상실하지 않는다」는 판례(대법원 1970. 3. 10 선고, 70 다 15 판결)

등기부상 소유권자로 되어 있는 권리자는 그 등기부가 멸실되었다고하여 헌법이 보장하는 재산권이 당연히 소멸된다고 할 수 없으므로, 회복등기 기간내에 회복등기하지 못한 등기멸실 당시의 소유자는 그 부동산에 관한 소유권을 상실하지 않는다.

다만, 저당권 등 제한물권설정등기는 회복등기 기간내에 회복등기를 한 때에는 종전의 순위를 보유하므로 부동산등기법 제24조 소정의 순위보전은 제한물권에 관한 범위내에서만 실효있는 규정이라고 할 것이다 (대법원 1968. 2. 20 선고, 67 다 1757 판결 참조).

● 회복등기 기간내에 회복등기를 하지 아니한 부동산은 「미등기부동산으로 처리한다」는 판례(대법원 1984. 2. 28 선고, 83 다카 994 판결)

등기부멸실에 따른 회복등기 기간내에 회복등기를 하지 아니한 부동산은 미등기부동산으로 처리하고(1981. 12. 23 제589호 법원행정처장 통첩 참조), 또 이 경우에는 통상의 절차에 의하여 새로운 등기를 신청하여야 하는데(당원 1987. 12. 26 선고, 78 다 1895 판결; 1982. 7. 27자 82 마 100 결정 참조) 그 방법은 소유권보존등기를 할 수밖에 없다할 것이다 (1978. 3. 2등기 제67호 법원행정처장 회답요지 참조).

● 가등기에 기한 본등기가 되면 가등기 후에 한 등기는 「직권말소한다」는 판례(대법원 1962. 12. 24 자, 4294 민재항 675 결정)

가등기 후에 제3자에게 소유권이전등기가 되어도 가등기권자는 그 소유권이전등기의 말소를 청구할 수 없고, 가등기에 터잡은 본등기는 가등기의 무자인 전소유자를 상대로 할 것이고 그 제3자를 상대로 할 것이 아니다.

가등기권자가 가등기에 기한 본등기를 한 경우에는, 같은 부동산에 소유권자가 두 사람이 경합하는 형식이 되나 가등기 후의 본등기권자는 가등기권자의 본등기취득으로 등기순위와 물권의 배타성에 의하여 실질적으로 등기의 효력을 상실한 것이므로, 이와 같은 경우에는 등기공무원(현재의 등기관)은 부동산등기법 제175조 제1항, 같은 법 제55조 제2호에 의하여 가등기 후에 한 제3자의 본등기를 직권말소함으로써 등기부상의 소유권자의 형식상의 중복을 피할 수 있는 것으로 해석하는 것이 타당하다.

● 복수의 가등기권리자 중 1인의 일부지분만의 본등기는 「할 수 없다」는 판례(대법원 1984. 6. 12 선고, 83 다카 2282 판결)

가등기에 기한 본등기명의인은 가등기명의인과 일치하여야 하므로 여러 사람의 가등기권리자 중 그 일부 사람이 일부 지분만에 대하여 본등기할 수 없다고 할 것이므로 가등기권리자 중 그 지분 내지 예약완결권의 포기를 하는 등 특별한 사정이 없는 한(이런 경우에 가등기에는 가등기의 경정이 선행되어야 할 것이다) 가등기권리자 중 일부 사람이 일부 지분만에 관하여는 본등기할 수 없다고 해석된다.

● 가등기이전등기를 부기등기로「할 수 있다」는 판례(대법원 1998. 11. 19 선고, 98 다 24105 전원합의체 판결)

가등기는 원래 순위를 확보하는 데에 그 목적이 있으나, 순위 보전의 대상이 되는 물권변동의 청구권은 그 성질상 양도될 수 있는 재산권일 뿐만 아니라 가등기로 인하여 그 권리가 공시되어 결과적으로 공시방법까지 마련된 셈이므로, 이를 양도한 경우에는 양도인과 양수인의 공동신청으로 그 가등기상의 권리의 이전등기를 가등기에 대한 부기등기의 형식으로 경료할 수 있다고 보아야 한다.

가처분에 관한 등기

● 토지의 특정일부에 대한 소유권이전등기청구권을 보전하기 위하여 토지 전부에 대한 가처분등기를 「할 수 있다」는 판례(대법원 1975. 5. 27 선고, 75 다 190 판결)

등기부상 1필지 내의 특정된 일부분에 대한 처분금지가처분등기는 할 수 없으므로, 1필지 토지의 특정 일부분에 관한 소유권이전등기청구권을 보전하기 위하여는 바로 분할등기가 될 수 있다는 등 특별한 사정이 없으면 그 1필지 토지 전부에 대한 처분금지가처분결정에 기한 등기촉탁에 의하여 그 1필지 토지 전부에 대한 처분금지가처분등기를 할 수밖에 없다.

● 가등기에 기한 본등기금지가처분을 「할 수 없다」는 판례(대법원 1978. 10. 14 자, 78마 282 결정)

가등기에 터잡은 본등기를 금하는 따위의 가처분이 허용되는지 여부에 관하여는, 양설이 있기는 하나 가령 그런 가처분이 허용된다 할지라도 가등기에 터잡은 본등기를 하는 것은 그 가등기에 의하여 순위보전된 권리의 취득(권리의 증대 내지 부가)이지 가등기상의 권리자체의 처분(권리의 감소 내지 소멸)이라고 볼 수 없기 때문에, 본등기 금지가처분은 등기사항이 아니고 이를 각하하지 않고 등기부에 기입하더라도 그 기재사항은 아무런 효력을 발생할 수 없다.

● 가등기상의 권리자체의 처분을 금지하는 가처분등기를 「할 수 있다」는 판례(대법원 1978. 10. 14 자, 78마 282 결정)

부동산등기법 제2조는 등기할 사항을 명시하여 부동산에 관한 소유권, 지상권, 지역권, 전세권, 저당권 및 임차권의 설정, 보존, 이전, 변경, 처분의 제한 또는 소멸에 대하여 한다고 규정하고 있으므로 여기에 해당하지 아니하는 사항은 법령상의 근거가 없는 한 등기할 수 없는 것으로 해석된다.

그리고 소유권이전의 청구권을 보전하기 위한 가등기는 동법 제3조에 의하여 등기사항임이 명백하고 따라서 그 가등기상의 권리자체의 처분을 금지하는 가처분은 위 제2조에서 말하는 처분의 제한에 해담됨이 분명하니 이것이 등기사항이라고 함에 의심할 여지가 없다.

● 가처분권리자의 승소판결에 의한 등기시에 가처분 후의 압류등기를 「말소신청할 수 있다」는 판례(대법원 1993. 2. 19 자, 92 마 903 전원합의체 판결)

가처기등기 후에 그 가처분권자가 본안소송에서 승소판결을 받아 확정이 되면 그 피담보권리의 범위 내에서 가처분위반행위의 효력을 부정할 수 있고 이와 같은 가처분의 우선적 효력은 그 위반행위가 체납처분에 터잡은 것이라고 하여 달리 볼 수 없는 것이다.

국세징수법 제35조에서 "체납처분은 재판상의 가압류 또는 가처분으로 인하여 그 집행에 영향을 받지 아니한다"고 규정되어 있으나, 이는 선행의 가압류 또는 가처분이 있다고 하더라도 체납처분의 진행에는 영향을 받지 않는다는 취지의 절차진행에 관한 규정일뿐이고 체납처분의 효력이 가압류, 가처분의 효력에 우선한다는 취지의 규정은 아니다.

이와 다른 취지의 종전판례(1974. 1. 15 선고, 73 다 905 판결; 1983. 8. 23 선고 83 누 332 판결; 1987. 6. 23 선고, 86 다카 2408 판결 등)는 이 판결로써 변경하기로 한다.

● 피상속인과의 원인행위에 의한 등기청구권을 보전하기 위하여는, 상속등기를 거침없이 가처분기입등기를 「촉탁할 수 있다」는 판례(대법원 1995. 2. 28 선고 94 다 23999 판결)

피상속인소유의 부동산에 관하여 피상속인과의 사이의 매매 등의 원인행위가 있었으나 아직 등기신청을 하지 않고 있는 사이에 상속이 개시된 경우, 상속인은 상속등기를 거칠 필요없이 신분을 증명할 수 있는 서류를 첨부하여 피상속인으로부터 바로 원인행위자인 매수인 등 앞으로 소유권이전등기를 신청할 수 있으며, 이러한 법리는 피상속인과의 원인행위에 의한 권리의 이전, 설정의 등기청구권을 보전하기 위한 처분금지가처분신청의 인용에 따른 법원의 직권에 의한 가처분기입등기의 촉탁에서도 그대로 적용된다.

● 가처분은 부동산실명제법상의 쟁송에 「해당하지 않는다」는 판례(대법원 1999. 1. 26 선고, 98 다 1027 판결)

가처분은 그것이 당해 부동산에 대하여 이루어지고 그 필요성이 인정되는 경우라고 하더라도 등기청구권 등의 피보전권리를 보전하기 위한 것이지 가처분권자인 실권리자의 권리를 공적으로 확인받기 위한 절차라고 볼 수는 없으므로 이러한 가처분은 부동산실권리자명의등기에 관한 법률 제11조 제

4항의 「쟁송」에 해당하지 않으며, 따라서 위 가처분에 대한 본안소송이 위 법률시행전 또는 유예기간중에 제기되지 아니한 이상 명의신탁 약정은 무효로 되므로 이를 원인으로 한 소유권이전등기 청구는 허용되지 않는다.

등기관의 처분에 대한 이의

● 등기완료한 후에는 부동산등기법 제55조 제1호 또는 제2호의 경우에만 이의할 수 있다」는 판례(대법원 1964. 7. 22 선고, 63 그 63 판결)

부동산등기법 제178조에 의하여 이의를 신청할 수 있는 사유는, 같은 법 제55조 제1호, 제2호의 경우에 국한한다 할 것이며, 같은 법 제55조 제3호 이하의 경우는 그 등기의 무효가 등기 자체로 반드시 명백하다 볼 수 없고, 등기공무원(현재의 등기관)이 직권으로 등기를 말소할 수 있는 경우는 위의 제55조 제1호, 제2호에 해당하는 등기있을 때에 국한함이 같은 법 제175조에서 정하고 있는 바이므로, 같은 조문 제3호 이하의 사유로서는 등기공무원의 처분에 대한 이의사유에 해당하지 아니한다.

2. 등록세율표

등기	기본세율	비고	기타
부동산 등기			교육세 :
일반상속, 보존, 증축, 기부행위 (공익사업을 목적으로 하는 대통령령으로 정하는 비영리사업자의 무상취득)	가액의 8/1,000	산출금 세액이 3,000원 미만인 때에는 3,000원임.	등록세액의 20/100
농지매매, 신탁(다만, 공익사업을 목적으로 하는 대통령령으로 정하는 비영리사업자가 수익자가 되는 신탁)	가액의 10/1,000 가액의 5/1,000		
무상, 증여, 유증	가액의 15/1,000		
일반매매, 경락, 불하, 교환	가액의 30/1,000		
농지상속, 공유 · 합유 및 총유물의 분할	가액의 3/1,000		
저당권, 전세권, 지상권, 지역권, 임차권의 설정 및 이전, 경매신청, 가압류, 가처분, 가등기	가액의 2/1,000		
기타 (변경, 경정, 말소)	매건당 3,000원		

주 : 1. 지방세법 제131조 내지 제140조

2. 지방세법, 조세특례제한법 및 동법시행령과 각종 조례 등에 의하여 가산, 감산, 감면되는 경우가 있음.

3. 인지세율표

과 세 문 서	세	액
1. 부동산·선박·항공기 소유권이전에 관한 증서 또는 영업의 양도에 관한 증서	기재금액이 500만원 초과 1천만원 이하인 경우	1만원
	기재금액이 1천만원 초과 2천만원 이하인 경우	2만원
	기재금액이 2천만원 초과 3천만원 이하인 경우	3만원
	기재금액이 3천만원 초과 5천만원 이하인 경우	4만원
	기재금액이 5천만원 초과 1억원 이하인 경우	7만원
	기재금액이 1억원 초과 5억원 이하인 경우	15만원
	기재금액이 5억원 초과 10억원 이하인 경우	25만원
	기재금액이 10억원을 초과하는 경우	5만원
2. 소비대차에 관한 증서	제1호에 규정된 세액	
5. 부동산에 대한 전세권 또는 부동산임차권에 관한 증서 (주택의 전세권 및 임대차에 관한 증서의 경우는 제외)		1만원 3,000원
7. 지상권 또는 지역권에 관한 증서		

주 : 인지세법에 의하여 비과세되는 경우가 있음

4. 등기신청수수료액

등기의 목적		수수료	비고
1. 소유권보존등기		7,000원	
2. 소유권이전등기		7,000원	
3. 소유권 이외의 권리설정 및 이전등기		7,000원	
4. 가등기 및 가등기의 이전등기		7,000원	
5. 변경 및 경정등기 (다만, 착오 또는 유루 발견을 원인으로 하는 경정등기신청의 경우는 수수료 없음)	가. 등기명의인 표시	1,000원	행정구역, 지번변경, 주민등록번호경정 등의 경우에는 신청수수료 없음
	나. 각종 권리	1,000원	
	다. 토지표시	없 음	
	라. 건물표시	1,000원	행정구역, 지번변경, 주민등록번호경정 등의 경우에는 신청수수료 없음
6. 분할·합병등기	가. 토지	없 음	
	나. 건물 (구분등기 등)	1,000원	
7. 건물의 멸실등기		1,000원	토지의 멸실등기의 경우에는 신청수수료 없음
8. 예고등기		없 음	
9. 말소등기		1,000원	예고등기의 말소등기 경우에는 신청수수료 없음
10. 말소회복등기		1,000원	
11. 멸실회복등기		없 음	
12. 가압류·가처분등기		1,000원	
13. 압류 (체납처분 등 등기)	가. 지방세	1,000원	
	나. 의료보험 등 공과금	1,000원	
14. 경매기입등기, 강제관리등기		1,000원	
15. 파산·화의·회사정리등기		없 음	
16. 신탁등기	가. 신탁등기	7,000원	
	나. 신탁등기의 변경, 말소등기 등 신탁 관련 기타 등기	1,000원	

17. 환매권 등기	가. 환매특약의 등기 및 환매권이전등기	7,000원	
	나. 환매권변경, 말소등 환매권 관련 기타 등기	1,000원	
18. 위에서 열거한 등기 이외의 기타 등기		1,000원	

5. 국민주택채권매입대상 및 금액표

부동산등기 (등기하고자 하는 부동산이 공유물인 때에는 공유지분율에 따라 산정한 시가표준액을, 공동주택인 경우에는 세대당 시가표준액을 각각 기준으로 하며, 이 경우 공유지분율에 따라 시가표준액을 산정함에 있어서 2 이상의 필지가 모여서 하나의 대지를 형성하고 있는 때에는 그 필지들을 합하여 하나의 필지로 본다)	
가. 소유권의 보존 (건축물의 경우를 제외한다) 또는 이전 (공유물을 공유지분율에 따라 분할하여 이전등기를 하는 경우와 신탁 또는 신탁종료에 따라 수탁자 또는 위탁자에게 소유권이전등기를 하는 경우를 제외한다)	
(1) 주거전용 건축물	
가) 시가표준액 500만원 이상 2,000만원 미만	시가표준액의 20/1,000
나) 시가표준액 2,000만원 이상 3,000만원 미만	
특별시 및 광역시	시가표준액의 35/1,000
기타 지역	시가표준액의 30/1,000
다) 시가표준액 3,000만원 이상 4,000만원 미만	
특별시 및 광역시	시가표준액의 40/1,000
기타 지역	시가표준액의 35/1,000
라) 시가표준액 4,000만원 이상 5,000만원 미만	
특별시 및 광역시	시가표준액의 50/1,000
기타 지역	시가표준액의 45/1,000
마) 시가표준액 5,000만원 이상 1억원 미만	
특별시 및 광역시	시가표준액의 60/1,000
기타 지역	시가표준액의 55/1,000
바) 시가표준액 1억원 이상	
특별시 및 광역시	시가표준액의 70/1,000
기타 지역	시가표준액의 65/1,000

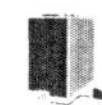

(2) 주거전용건축물외의 부동산	
가) 시가표준액의 500만원 이상 5,000만원 미만	시가표준액의 25/1,000
특별시 및 광역시	시가표준액의 20/1,000
기타 지역	
나) 시가표준액 5,000만원 이상 1억원 미만	
특별시 및 광역시	시가표준액의 40/1,000
기타 지역	시가표준액의 35/1,000
다) 시가표준액 1억원 이상	
특별시 및 광역시	시가표준액의 50/1,000
기타 지역	시가표준액의 45/1,000
나. 상속 (증여 기타 무상으로 취득한 경우를 포함한다)	
(1) 시가표준액 1,000만원 이상 3,000만원 미만	
특별시 및 광역시	시가표준액의 25/1,000
기타 지역	시가표준액의 20/1,000
(2) 시가표준액 3,000만원 이상 1억원 미만	
특별시 및 광역시	시가표준액의 40/1,000
기타 지역	시가표준액의 35/1,000
(3) 시가표준액 1억원 이상	
특별시 및 광역시	시가표준액의 60/1,000
기타 지역	시가표준액의 55/1,000
다. 저당권의 설정 (중소기업기본법 제2조의 규정에 의한 중소기업이 부동산담보대출을 위하여 저당권을 설정하는 경우를 제외한다)및 이전	
저당권설정금액 1천만원 이상	저당권설정금액의 10/1,000 다만, 매입금액이 5억원을 초과하는 경우에는 5억원으로 한다.

주 : 채권매입의무면제대상자의 범위, 채권매입의무 일부면제대상자의 범위 및 면제항목은 주택건설촉진법시행령 제17조 별표 3 및 동법시행규칙제13조 별표 1의 2를 각 참고할 것

6. 전국 등기소 일람표

고등법원	서울고등법원																
지방법원	서울지방법원						인천		수원				춘천				
지 원	본원	동부	남부	북부	서부	의정부	본원	부천	본원	성남	여주	평택	본원	강릉	원주	속초	영월
시·군법원						파주 포천 가평 남양주 인천 철원 고양 동두천	강화 김포		용인 오산 광명 안산	광주	양평 이천	안성	인제 홍천 양구 화천	삼척 동해	횡성	고양 양양	정선 태백 평창
등기소	등기과 상업 중부 용산 관악 성북 강남 동작	등기과 강동 송파	등기과 영등포 구로	등기과 동대문 도봉	등기과 서대문 은평	등기과 구리 인천 포천 가평 동두천 고양 일산 천안	등기과 동인천 남인천 북인천 개양 남동 강화 김포	등기과	등기과 안양 양평 이천 용인 안성 화성 광명 안산 군포 의왕 과천 송탄	등기과 광주 분당	등기계	등기과	등기과 화천 양구 인제 고성 양양 삼척 동해 태백 정선 평창 횡성 풍촌	등기과	등기과	등기과	등기과

고등법원	대전고등법원										대구고등법원								
지방법원	대 전						청 주				대 구								
지 원	본원	홍성	공주	논산	서산	천안	본원	충주	제천	영동	본원	안동	경주	포항	김천	상주	의성	영덕	소년부
시·군법원	연기 금산	서천 보령 예산	청양	부여	태안 당진	아산	보은 괴산 진천	음성	단양	옥천	청도 영천 칠곡 성주 경산 고령	영주 봉화			구미	예천 문경	청송 군위	울진 영양	
등기소	등기과 동대전 남대전 금산 부여 장항 보령 청양 조치원 아산 예산 당진 태안	등기계	등기계	등기과	등기계	등기과	등기과 동청주 보은 옥천 진천 괴산 단양 음성	등기계	등기계	등기계	등기과 중부 남대구 북대구 동대구 달서 군위 청송 영양 영천 경산 청도 고령 성주 칠곡 선산 구미 문경 예천 영주 봉화 울진 울릉	등기계	등기계	등기과	등기계	등기계	등기계	등기계	

고등법원	부산고등법원									광주고등법원											특허법원
지방법원	부산			울산	창원					광주						전주				제주	
지원	본원	동부	소년부	본원	본원	진주	통영	밀양	거청	본원	목포	장흥	순천	해남	소년부	본원	군산	정읍	남원	본원	
시·군법원				양산	마산 함안 진해 김해 의령	하동 사천 남해 산청	거제 고성	창녕	합천 함양	곡성 영광 나주 장성 화순 담양	함평 영암 무안	강진	보성 고흥 여수 구례 광양	완도 진도		진안 김제 무주 임실	익산	부안 고창	장수 순창	서귀포	
등기소	등기과 부산 진 남부 산 북부 산 사하 강서	등기과 동래 금정		등기과 증부 양산	등기과 진해 마산 함안 의령 남해 하동 산청 거제 고성 창녕 함양 합천 사천 김해	등기과	등기계	등기계	등기계	등기과 서광주 북광주 광산 담양 곡성 화순 강진 영암 나주 함평 무안 영광 장성 완도 진도	등기과	등기계	등기과 승주 구례 광양 동광양 여수 여천 고흥 보성	등기계		등기과 진안 무주 장수 임실 순창 고창 부안 김제 익산 완산	등기과	등기계	등기계	등기과 서귀포	

주 : 1. 등기소인 법원 및 등기소

　① 지방법원 (등기과)

　② 지방법원 지원 (등기과, 등기계)

　③ 등기소

　2. 등기소 아닌 법원

　① 대법원

　② 고등법원, 특허법원

　③ 가정법원, 행정법원

　④ 소년부 지원

　⑤ 시·군법원

부동산등기법

$$\begin{bmatrix} 1960년 1월 1일 \\ 법\ \ 률\ \ 제536호 \end{bmatrix}$$

일부개정 1998. 12. 28 법률 제5592호

제1장 총칙

제1조 (목적) 본법은 부동산등기에 관한 사항을 규정함을 목적으로 한다.

제2조 (등기할 사항) 등기는 구분건물의 표시와 다음 각호의 1에 해당하는 권리의 설정, 보존, 이전, 변경, 처분의 제한 또는 소멸에 대하여 이를 한다. 〔개정 83 · 12 · 31, 84 · 4 · 10, 96 · 12 · 30〕

1. 소유권
2. 지상권
3. 지역권
4. 전세권
5. 저당권
6. 권리질권
7. 임차권

제3조 (가등기) 가등기는 제2조 각호의 1에 해당하는 권리의 설정, 이전, 변경 또는 소멸의 청구권을 보존하려 할 때에 이를 한다. 그 청구권이 시기부 또는 정지조건부인 때 기타 장래에 있어서 확정될 것인 때에도 또한 같다. 〔개정 96 · 12 · 30〕

제4조 (예고등기) 예고등기는 등기원인의 무효 또는 취소로 인한 등기의 말소 또는 회복의 소가 제기된 경우(패소한 원고가 재심의 소를 제기한 경우를 포함한다)에 한다. 그러나 그 무효 또는 취소로써 선의의 제3자에게 대

항할 수 없는 경우에는 그러하지 아니하다.

〔전문개정 91·12·14〕

제5조 (등기한 권리의 순위) ①동일한 부동산에 관하여 등기한 권리의 순위는 법률에 다른 규정이 없는 때에는 등기의 전후에 의한다.

②등기의 전후는 등기용지중 동구에서 한 등기에 대하여는 순위번호에 의하고 별구에서 한 등기에 대하여는 접수번호에 의한다.

제6조 (부기등기와 가등기의 순위) ①부기등기의 순위는 주등기의 순위에 의한다. 그러나 부기등기 상호간의 순위는 그 전후에 의한다.

②가등기를 한 경우에는 본등기의 순위는 가등기의 순위에 의한다.

제2장 등기소와 등기관

제7조 (관할등기소) ①등기할 권리의 목적인 부동산의 소재지를 관할하는 지방법원, 동지원 또는 등기소를 관할등기소로 한다.

②부동산이 수개의 등기소의 관할구역에 걸쳐 있는 때에는 신청에 의하여 그 각 등기소를 관할하는 상급법원의 장이 관할등기소를 지정한다.

제8조 (관할의 위임) 대법원장은 어느 등기소의 관할에 속하는 사무를 다른 등기소에 위임하게 할 수 있다.

제9조 (관할의 전속) 어느 부동산의 소재지가 갑등기소의 관할로부터 을등기소의 관할로 전속한 때에는 갑등기소는 그 부동산에 관한 등기용지와 부속서류 또는 그 등본을 을등기소에 이송하여야 한다.

제10조 (등기사무의 정지) 등기소에서 그 사무를 정지하지 아니할 수 없는 사고가 발생한 때에는 대법원장은 기간을 정하여 그 정지를 명할 수 있다.

제11조 및 제11조의2 삭제 〔91·12·14〕

제12조 (등기사무의 처리) 등기사무는 지방법원, 동지원과 등기소에 근무하는 법원서기관·법원사무관·법원주사 또는 법원주사보중에서 지방법원장(등기소의 사무를 지원장이 관장하는 경우에는 지원장을 말한다. 이하 같다)이 지정한 자(이하 "등기관"이라 한다)가 이를 처리한다.
〔개정 78·12·6, 83·12·31, 96·12·30, 98·12·28〕

제13조 (등기관의 제척) ①등기관은 자기, 자기와 호적을 같이하는 자 또는 4촌이내의 친족이 등기신청인인 때에는 그 등기소에서 소유권등기를 한 성년자로서 등기관과 호적을 같이하는 자 또는 4촌이내의 친족이 아닌 자 2인이상의 참여가 없으면 등기할 수 없다. 친족에 대하여는 친족관계가 끝난 후에도 또한 같다. 〔개정 98·12·28〕

②제1항의 경우에는 등기관은 조서를 작성하여 참여인과 같이 서명날인하여야 한다. 〔개정 98·12·28〕

제3장 등기에 관한 장부

제14조 (등기부의 종류) ①등기부는 토지등기부와 건물등기부의 2종으로 한다.

②각종의 등기부는 특별시·광역시와 시에 있어서는 종전의 구획에 따라 별책으로 하고 읍, 면에 있어서는 읍, 면마다 별책으로 한다. 그러나 등기사건이 과다한 읍, 면에 있어서는 동, 리 기타 종전의 구획에 따라 별책으로 할 수 있다. 〔개정 83·12·31, 96·12·30〕

제15조 (물적 편성주의) ①등기부에는 1필의 토지 또는 1동의 건물에 대하여 1용지를 사용한다. 그러나 1동의 건물을 구분한 건물에 있어서는 1동의 건물에 속하는 전부에 대하여 1용지를 사용한다. 〔개정 84·4·10〕

②동일한 등기소의 관할에 속하는 부동산이 등기부를 분설한 수개의 구획에 걸칠 때에는 그 1개구획의 등기부에만 그 부동산에 관한 용지를 사용한

다.

제16조 (등기부의 양식) ①등기부는 그 1용지를 등기번호란, 표제부와 갑, 을의 2구로 나누고 또 표제부에는 표시란, 표시번호란을 두고 각구에는 사항란, 순위번호란을 둔다. 그러나 을구는 이에 기재할 사항이 없는 때에는 이를 두지 아니할 수 있다. 〔개정 84·4·10〕

②등기번호란에는 각 토지 또는 각 건물대지의 지번을 기재한다.

③표시란에는 토지 또는 건물의 표시와 그 변경에 관한 사항을 기재하며 표시번호란에는 표시란에 등기한 순서를 기재한다.

④갑구사항란에는 소유권에 관한 사항을 기재한다.

⑤을구사항란에는 소유권이외의 권리에 관한 사항을 기재한다.

⑥순위번호란에는 사항란에 등기한 순서를 기재한다.

제16조의2 (구분건물의 등기용지) 제15조제1항 단서의 규정에 의한 용지에 있어서는 표제부 및 각 구는 1동의 건물을 구분한 각 건물마다 둔다.

제16조의3 (공용부분의 용지) 집합건물의소유및관리에관한법률(이하 "집합건물법"이라 한다) 제3조제2항 및 제3항의 규정에 의한 건물의 공용부분에 관한 용지는 그 표제부만을 둔다.

제17조 (등기용지에의 날인) 등기용지에는 지방법원장이 직인을 찍어야 한다.
〔전문개정 91·12·14〕

제18조 삭제 〔91·12·14〕

제19조 (신청서 편철부) 등기부의 전부 또는 일부가 멸실한 등기소에는 신청서 편철부를 비치한다.

제20조 (등기부등의 보존) 등기부, 공동인명부와 도면은 영구히 보존하여야 한다.
〔전문개정 91·12·14〕

제21조 (등본 또는 초본의 교부, 등기부의 열람) ①누구든지 수수료를 납부하고 등기부의 열람 또는 그 등본이나 초본의 교부를 청구할 수 있으며, 등기부의 부속서류중 이해관계있는 부분에 한하여 열람을 청구할 수 있다. 〔개정 96 · 12 · 30〕

②누구든지 수수료를 납부하고 등기사항에 변경이 없다는 사실, 어떤 사항에 대한 등기 없다는 사실 또는 등기부등본, 초본의 기재사항에 변경이 없다는 사실에 대한 증명서의 교부를 청구할 수 있다.

③수수료 이외에 우송료를 납부하고 등기부의 등본, 초본 또는 제2항의 증명서의 송부를 청구할 수 있다.

④제1항 및 제2항에 규정된 수수료의 금액과 면제의 범위는 대법원규칙으로 이를 정한다. 〔개정 96 · 12 · 30〕

제22조 삭제 〔96 · 12 · 30〕

제23조 (등기부의 이동금지) ①등기부와 그 부속서류는 전쟁 · 천재지변 기타 이에 준하는 사태를 피하기 위한 경우를 제외하고는 등기소 밖으로 옮기지 못한다. 그러나 신청서 기타 부속서류에 대하여 법원의 명령 또는 촉탁이 있는 때에는 그러하지 아니하다. 〔개정 91 · 12 · 14, 98 · 12 · 28〕

②제1항 단서의 규정은 제84조제1항의 규정에 의한 기재를 완료할 때까지는 신청서 편철부에 편철한 서면에는 이를 적용하지 아니한다.

제24조 (등기부의 멸실) ①등기부의 전부 또는 일부가 멸실한 경우에는 대법원장은 3월이상의 기간을 정하여 그 기간내에 등기의 회복을 신청하는 자는 그 등기부에 있어서의 종전의 순위를 보유한다는 취지의 고시를 하여야 한다.

②대법원장은 대법원규칙이 정하는 바에 의하여 제1항의 규정에 의한 멸실회복고시에 관한 권한을 지방법원장에게 위임할 수 있다. 〔신설 96 · 12 · 30〕

제25조 (멸실방지의 처분) ①등기부와 그 부속서류가 멸실될 우려가 있는 때에는 대법원장은 필요한 처분을 명할 수 있다.

②대법원장은 대법원규칙이 정하는 바에 의하여 제1항의 규정에 의한 처분명령에 관한 권한을 지방법원장에게 위임할 수 있다. 〔신설 96 · 12 · 30〕

제26조 (등기부의 폐쇄) ①등기부를 전부 신등기부에 이기한 때에는 구등기부는 이를 폐쇄한다.

②폐쇄한 등기부는 영구히 이를 보존하여야 한다. 〔개정 83 · 12 · 31〕

③제14조 및 제21조의 규정은 폐쇄등기부에 이를 준용한다. 〔개정 83 · 12 · 31, 96 · 12 · 30〕

제4장 등기절차

제1절 통칙

제27조 (신청주의) ①등기는 법률에 다른 규정이 있는 경우를 제외하고 당사자의 신청 또는 관공서의 촉탁이 없으면 이를 하지 못한다.

②촉탁에 의한 등기의 절차에 대하여는 법률에 다른 규정이 있는 경우를 제외하고는 신청으로 인한 등기에 관한 규정을 준용한다.

③등기를 하고자 하는 자는 대법원규칙이 정하는 바에 의하여 수수료를 납부하여야 한다. [신설 96 · 12 · 30]

제28조 (등기신청인) 등기는 등기권리자와 등기의무자 또는 대리인이 등기소에 출석하여 이를 신청하여야 한다. 다만, 대리인이 변호사 또는 법무사(법무법인 또는 법무사합동법인을 포함한다)인 경우에는 대법원규칙이 정하는 사무원을 등기소에 출석하게 하여 이를 신청할 수 있다. 〔개정 96 · 12 · 30〕

제29조 (판결 · 상속으로 인한 등기신청인) 판결에 의한 등기는 승소한 등

기권리자 또는 등기의무자만으로, 상속으로 인한 등기는 등기권리자만으로
이를 신청할 수 있다.
〔전문개정 91 · 12 · 14〕

　　제30조 (법인아닌 사단등의 등기신청인) ①종중, 문중 기타 대표자나 관
리인이 있는 법인아닌 사단이나 재단에 속하는 부동산의 등기에 관하여서는
그 사단 또는 재단을 등기권리자 또는 등기의무자로 한다.
　②제1항의 등기는 그 사단 또는 재단의 명의로 그 대표자 또는 관리인이
이를 신청한다.

　　제31조 (등기명의인의 변경등기의 신청) 등기명의인의 표시의 변경 또는
경정의 등기는 등기명의인만으로서 이를 신청할 수 있다.

　　제32조 (체납처분으로 인한 압류의 등기) 체납처분으로 인한 압류의 등기
를 촉탁하는 경우에는 관공서는 등기명의인 또는 상속인에 갈음하여 부동산
의 표시, 등기명의인의 표시의 변경, 경정 또는 상속으로 인한 권리이전의
등기를 등기소에 촉탁하여야 한다.

　　제33조 (동전) 제52조, 제57조제3항, 제68조와 제73조의 규정은 제32조의
등기에 이를 준용한다.

　　제34조 (공매처분으로 인한 권리이전등의 등기) 공매처분을 한 관공서는
등기권리자의 청구가 있으면 지체없이 촉탁서에 등기원인을 증명하는 서면
을 첨부하여 다음 각호의 등기를 촉탁하여야 한다.
　1. 공매처분으로 인한 권리이전의 등기
　2. 공매처분으로 인하여 소멸한 권리등기의 말소
　3. 체납처분에 관한 압류등기의 말소
　〔전문개정 91 · 12 · 14〕

　　제35조 (국, 공유부동산에 관한 권리의 등기) 국가 또는 지방자치단체의
소유부동산에 관한 등기는 등기권리자의 청구에 의하여 관공서가 지체없이

촉탁서에 등기원인을 증명하는 서면을 첨부하여 이를 등기소에 촉탁하여야 한다.

제36조 (동전) ①관공서가 부동산에 관한 권리를 취득하였을 때에는 그 권리에 대하여 할 등기는 그 관공서가 지체없이 촉탁서에 등기원인을 증명하는 서면과 등기의무자의 승낙서를 첨부하여 이를 등기소에 촉탁하여야 한다.

②관공서가 취득한 부동산에 관한 권리의 변경, 경정 또는 처분의 제한에 대하여 할 등기는 관공서가 등기권리자일 때에는 직권으로써, 등기의무자일 때에는 등기권리자의 청구에 의하여 그 관공서가 지체없이 촉탁서에 등기원인을 증명하는 서면을 첨부하여 이를 등기소에 촉탁하여야 한다. 그러나 관공서가 등기권리자인 때에는 등기의무자의 승낙서도 첨부하여야 한다.

③관공서가 취득한 부동산에 관한 권리의 소멸의 등기는 등기권리자의 청구에 의하여 그 관공서가 지체없이 촉탁서에 등기원인을 증명하는 서면을 첨부하여 이를 등기소에 촉탁하여야 한다.

제37조 (가등기) 가등기는 신청서에 가등기의무자의 승낙서 또는 가처분명령의 정본을 첨부하여 가등기권리자가 이를 신청할 수 있다.

제38조 (가등기가처분) ①제37조의 가처분명령은 부동산의 소재지를 관할하는 지방법원이 가등기권리자의 신청으로 가등기원인의 소명이 있는 경우에 이를 한다.

②제1항의 신청을 각하한 결정에 대하여는 즉시항고를 할 수 있다.

③제2항의 즉시항고에 관하여는 비송사건절차법을 준용한다.

제39조 (예고등기) 예고등기는 제4조에 규정된 소를 수리한 법원이 직권으로써 지체없이 촉탁서에 소장의 등본 또는 초본을 첨부하여 이를 등기소에 촉탁하여야 한다. [개정 96 · 12 · 30]

제40조 (등기신청에 필요한 서면) ①등기를 신청할 때에는 다음의 서면을

제출하여야 한다. 〔개정 96 · 12 · 30〕

  1. 신청서

  2. 등기원인을 증명하는 서면

  3. 등기의무자의 권리에 관한 등기필증

  4. 등기원인에 대하여 제3자의 허가, 동의 또는 승낙을 요할 때에는 이를
    증명하는 서면

  5. 대리인에 의하여 등기를 신청할 때에는 그 권한을 증명하는 서면

  6. 소유권의 보존 또는 이전의 등기를 신청하는 경우에는 신청인의 주소
    를 증명하는 서면

  7. 법인이 등기권리자인 경우에는 법인등기부등본 또는 초본, 법인아닌
    사단이나 재단(외국법인으로서 국내에서 법인등기를 필하지 아니한
    사단이나 재단을 포함한다. 이하 같다) 또는 외국인이 등기권리자인
    경우에는 제41조의2에서 규정하는 부동산등기용등록번호를 증명하는
    서면

  8. 소유권의 이전의 등기를 신청하는 경우에는 토지대장 · 임야대장 · 건
    축물대장의 등본 기타 부동산의 표시를 증명하는 서면

  ②삭제 〔91 · 12 · 14〕

  ③등기원인을 증명하는 서면이 집행력있는 판결인 때에는 제1항제3호 ·
제4호의 서면의 제출을 요하지 아니한다. 그러나 승소한 등기의무자가 제29
조의 규정에 의하여 등기를 신청하는 경우에는 제1항제3호의 서면을 제출
하여야 한다. 〔개정 91 · 12 · 14〕

  ④등기의무자의 권리에 관한 등기가 제68조제1항 각호의 신청 또는 촉탁
에 의한 것인 때에는 제1항제3호의 서면에 갈음하여 제68조제1항의 규정에
의한 등기필의 뜻의 통지서를 제출하여야 한다. 〔신설 91 · 12 · 14〕

제41조 (신청서의 기재사항) ①신청서에는 다음 각호의 사항을 기재하고
신청인이 이에 기명날인하여야 한다. 〔개정 91 · 12 · 14, 96 · 12 · 30〕

  1. 부동산의 소재와 지번

2. 지목과 면적

3. 신청인의 성명 또는 명칭과 주소

4. 대리인에 의하여 등기를 신청할 때에는 그 성명, 주소

5. 등기원인과 그 연월일

6. 등기의 목적

7. 등기소의 표시

8. 연월일

②제1항제3호의 규정에 의하여 등기권리자의 성명 또는 명칭을 기재함에 있어서는 등기권리자의 주민등록번호를 병기하여야 한다. 이 경우 등기권리자에게 주민등록번호가 없는 때에는 제41조의2의 규정에 의한 부동산등기용등록번호를 병기하여야 한다. 〔개정 91 · 12 · 14〕

③제30조의 규정에 의한 등기를 신청함에 있어서는 법인 아닌 사단 또는 재단의 대표자나 관리인의 성명과 주소를 기재하는 외에 그의 주민등록번호를 병기하여야 한다. 〔신설 91 · 12 · 14〕

제41조의2 (등록번호의 부여절차) ①등기권리자의 성명 또는 명칭에 병기하여야 할 부동산등기용등록번호(이하 "등록번호"라 한다)는 다음 각호의 방법에 의하여 부여한다. 〔개정 91 · 12 · 14, 92 · 12 · 8, 93 · 12 · 10, 96 · 12 · 30, 98 · 12 · 28〕

1. 국가 · 지방자치단체 · 국제기관 · 외국정부에 대한 등록번호는 행정자치부장관이 지정 · 고시한다.

2. 주민등록번호가 없는 재외국민에 대한 등록번호는 대법원소재지관할등기소의 등기관이 부여하고, 법인에 대한 등록번호는 주된 사무소(회사의 경우에는 본점, 외국회사의 경우에는 국내영업소를 말한다)소재지관할등기소의 등기관이 부여한다.

3. 법인 아닌 사단이나 재단에 대한 등록번호는 시장(구가 설치되어 있는 시에서는 구청장) · 군수가 부여한다.

4. 외국인에 대한 등록번호는 체류지(국내에 체류지가 없는 경우에는 대

법원 소재지에체류지가 있는 것으로 본다)를 관할하는 출입국관리사무소장 또는 출입국관리사무소출장소장이 부여한다.

②제1항제2호의 규정에 의한 등록번호의 부여절차는 대법원규칙으로 정하고, 제1항제3호 및 제4호의 규정에 의한 등록번호의 부여절차는 대통령령으로 정한다. 〔본조신설 86 · 12 · 23〕

제42조 (건물의 경우) ①등기할 권리의 목적이 건물인 경우에는 그 신청서에 제41조제1항제1호, 제3호 내지 제8호의 사항외에 그 종류, 구조와 면적을 기재하고 1필지 또는 수필지상에 수개의 건물이 있는 때에는 그 번호를 기재하며, 부속건물이 있는 때에는 그 종류, 구조와 면적을 기재하여야 한다. 〔개정 91 · 12 · 14, 96 · 12 · 30〕

②제1항의 경우에 건물이 1동의 건물을 구분한 것일 때에는 그 1동의 건물의 소재 · 지번 · 종류와 구조 및 면적을 기재하고 1필지 또는 수필지상에 수동의 건물이 있는 때에는 그 번호를 기재하여야 한다. 그러나 제41조제1항제1호에 기재한 사항은 이를 기재하지 아니한다. 〔개정 84 · 4 · 10, 91 · 12 · 14〕

③제2항의 경우에 신청서에 1동의 건물의 번호를 기재할 때에는 건물의 표시에 관한 등기 또는 소유권 보존의 등기를 신청하는 경우를 제외하고는 1동의 건물의 구조와 면적을 기재하지 아니한다.

④제2항의 경우에 구분건물에 집합건물법 제2조제6호의 대지사용권으로서 건물과 분리하여 처분할 수 없는 것(이하 "대지권"이라 한다)이 있을 때에는 신청서에 그 권리의 표시를 기재하여야 한다.

⑤제4항의 경우에 대지권의 목적인 토지가 집합건물법 제4조의 규정에 의한 건물의 대지인 때, 각 구분소유자가 갖는 대지권의 비율이 동법 제21조제1항 단서 및 제2항의 규정에 의한 비율일 때, 건물의 소유자가 그 건물이 속하는 1동의 건물이 소재하는 동법 제2조제5호의 규정에 의한 건물의 대지에 대하여 갖는 대지사용권이 대지권이 아닌 때에는 신청서에 그 규약 또는 공정증서를 첨부하여야 한다. 〔신설 84 · 4 · 10〕

⑥제4항의 경우에 대지권의 목적인 토지가 다른 등기소의 관할에 속하는 것일 때에는 신청서에 그 등기부의 등본을 첨부하여야 한다.

제43조 (환매특약이 있는 경우) 환매특약의 등기를 신청하는 경우에는 신청서에 매수인이 지급한 대금 및 매매비용을 기재하고, 등기원인에 환매기간이 정하여져 있는 때에는 이를 기재하여야 한다.

제43조의2 (권리소멸의 약정이 있는 경우) 등기원인에 등기의 목적인 권리의 소멸에 관한 약정이 있는 때에는 신청서에 그 사항을 기재하여야 한다.

제44조 (등기권리자가 2인 이상인 경우) ①등기권리자가 2인 이상인 때에는 신청서에 그 지분을 기재하여야 한다.

②제1항의 경우에 등기할 권리가 합유인 때에는 신청서에 그 취지를 기재하여야 한다.

제45조 (등기원인증서 없는 경우) 등기원인을 증명하는 서면이 처음부터 없거나 또는 이를 제출할 수 없는 경우에는 신청서의 부본을 제출하여야 한다. 〔개정 91 · 12 · 14〕

제46조 (상속의 경우) 등기원인이 상속인 때에는 신청서에 상속을 증명하는 시, 구, 읍, 면의 장의 서면 또는 이를 증명함에 족한 서면을 첨부하여야 한다.

제47조 (상속인의 신청) 신청인이 등기권리자 또는 등기의무자의 상속인인 때에는 신청서에 그 신분을 증명하는 시, 구, 읍, 면의 장의 서면 또는 이를 증명함에 족한 서면을 첨부하여야 한다.

제48조 (명의인의 표시의 변경, 경정) ①등기명의인의 표시의 변경 또는 경정의 등기를 신청하는 경우에는 신청서에 그 표시의 변경 또는 경정을 증명하는 시, 구, 읍, 면의 장의 서면 또는 이를 증명함에 족한 서면을 첨부하여야 한다.

②소유권이전등기를 신청함에 있어서 등기명의인의 주소변경으로 신청서상의 등기의무자의 표시가 등기부와 부합하지 아니한 경우에 그 등기신청시 제출한 시·구·읍·면의 장이 발행한 주소를 증명하는 서면에서 등기의무자의 등기부상의 주소가 신청서상의 주소로 변경된 사실이 명백히 나타나는 때에는 등기관이 직권으로 등기명의인표시의 변경등기를 하여야 한다. [신설 91·12·14, 98·12·28]

제48조의2 (국유부동산의 관리청명칭 변경등기) 국유재산의 관리환 등에 의하여 그 관리청이 변경되었을 때에는 새로 관리하게 되는 관서가 지체없이 관리청이 변경된 사실을 증명하는 서면을 첨부하여 등기명의인표시변경등기를 등기소에 촉탁하여야 한다.

제49조 (등기필증멸실의 경우) ①등기의무자의 권리에 관한 등기필증 또는 제68조의 규정에 의한 등기필의 뜻의 통지서가 멸실된 때에는 등기의무자 또는 그 법정대리인이 등기소에 출석하여야 한다. 그러나 위임에 의한 대리인(변호사 또는 법무사에 한한다)이 신청서상의 등기의무자 또는 그 법정대리인으로부터 위임받았음을 확인하는 서면 2통을 신청서에 첨부하거나, 신청서(위임에 의한 대리인에 의하여 신청하는 경우에는 그 권한을 증명하는 서면)중 등기의무자의 작성부분에 관하여 공증을 받고 그 부본 1통을 신청서에 첨부한 때에는 그러하지 아니하다.

②제1항 본문의 경우에 등기관은 주민등록증·여권 기타 대법원규칙이 정하는 증명서에 의하여 본인인지의 여부를 확인하고, 그 증명서의 사본을 첨부한 조서를 작성하여 이에 기명날인하여야 한다. [개정 98·12·28]

③제2항의 규정은 위임에 의한 대리인이 제1항 단서의 확인서면을 작성하는 경우에 이를 준용한다.

[전문개정 91·12·14]

제49조의2 삭제 [85·9·14]

제50조 (제3자의 허가, 동의 또는 승낙) 신청서에 제3자의 허가, 동의 또

는 승낙을 증명하는 서면을 첨부하여야 할 경우에는 그 제3자로 하여금 신청서에 기명날인하게 하여 그 서면에 갈음할 수 있다. [개정 91 · 12 · 14]

제51조 (수개의 부동산에 대한 일괄신청) 동일한 등기소의 관할내에 있는 수개의 부동산에 관한 등기를 신청하는 경우에는 등기원인과 그 등기의 목적이 동일한 때에 한하여 동일한 신청서로써 등기를 신청할 수 있다.

제52조 (채권자 대위권에 의한 등기) 채권자가 민법 제404조의 규정에 의하여 채무자에 대위하여 등기를 신청할 때에는 신청서에 채권자와 채무자의 성명 또는 명칭, 주소 또는 사무소와 대위원인을 기재하고 대위원인을 증명하는 서면을 첨부하여야 한다.

제53조 (신청서의 접수) ①등기관이 신청서를 받았을 때에는 접수장에 등기의 목적, 신청인의 성명 또는 명칭, 접수의 연월일과 접수번호를 기재하고 신청서에 접수의 연월일과 접수번호를 기재하여야 한다. 그러나 동일한 부동산에 관하여 동시에 수개의 신청이 있는 때에는 동일한 접수번호를 기재하여야 한다. [개정 98 · 12 · 28]

②신청서 기타의 서면의 수령증에는 접수의 연월일과 접수번호를 기재하고 이를 신청인에게 교부하여야 한다.

제54조 (등기의 순서) 등기관은 접수번호의 순서에 따라 등기를 하여야 한다. [개정 98 · 12 · 28]

제55조 (신청의 각하) 등기관은 다음 각호의 1에 해당하는 경우에 한하여 이유를 기재한 결정으로써 신청을 각하하여야 한다. 그러나 신청의 흠결이 보정될 수 있는 경우에 신청인이 당일 이를 보정하였을 때에는 그러하지 아니하다. [개정 96 · 12 · 30, 98 · 12 · 28]

1. 사건이 그 등기소의 관할에 속하지 아니한 때
2. 사건이 등기할 것이 아닌 때
3. 당사자 또는 그 대리인이 출석하지 아니한 때

4. 신청서가 방식에 적합하지 아니한 때

5. 신청서에 기재된 부동산 또는 등기의 목적인 권리의 표시가 등기부와 저촉되는 때

6. 제47조에 의한 서면을 제출한 경우를 제외하고 신청서에 기재된 등기의무자의 표시가 등기부와 부합하지 아니한 때

7. 신청서에 기재된 사항이 등기원인을 증명하는 서면과 부합하지 아니한 때

8. 신청서에 필요한 서면 또는 도면을 첨부하지 아니한 때

9. 등록세 또는 제27조제3항의 규정에 의한 수수료를 납부하지 아니하거나 등기신청과 관련하여 다른 법률에 의하여 부과된 의무를 이행하지 아니한 때

10. 제90조, 제101조, 제130조제1호 또는 제131조제1호의 규정에 의하여 등기를 신청하는 경우에 신청서에 기재한 사항이 토지대장·임야대장 또는 건축물대장과 부합하지 아니한 때

11. 등기의 신청이 제56조의 규정에 위반한 때

12. 삭제 [85·9·14]

13. 1동의 건물을 구분한 건물의 등기신청에 있어서는 그 구분소유권의 목적인 건물의표시에 관한 사항이 등기관의 조사결과 집합건물법 제1조에 부합하지 아니한 때

14. 등기의 신청이 제170조제4항의 규정에 위반한 때

제56조 (등기부와 대장의 표시의 불일치) ①등기부에 기재된 부동산의 표시가 토지대장·임야대장 또는 건축물대장과 부합하지 아니하는 경우에는 그 부동산의 소유권의 등기명의인은 부동산의 표시의 변경의 등기를 하지 아니하면 당해 부동산에 대하여 다른 등기를 신청할 수 없다.

②등기부에 기재된 등기명의인의 표시가 토지대장·임야대장 또는 건축물대장과 부합하지 아니하는 경우에는 그 등기명의인은 등록명의인 표시의 변경의 등록을 하지 아니하면 당해 부동산에 대하여 다른 등기를 신청할 수

없다.

③제55조제13호의 경우에는 등기관은 그 사유를 지체없이 건축물대장소
관청에 통지하여야 한다.

〔전문개정 96 · 12 · 30〕

제56조의2 (등기관의 조사권) ①등기관은1동의 건물을 구분한 건물에 관
한 등기신청이 있는 경우에 필요한 때에는 그 건물의 표시에 관한 사항을
조사할 수 있다. 〔개정 98 · 12 · 28〕

②제1항의 조사를 함에 있어 필요한 때에는 그 건물을 조사하고 건물의
소유자 기타 관계인에게 문서의 제시요구와 질문을 할 수 있다. 이 경우에
당해 공무원은 그 권한을 표시하는 증표를 휴대하고 관계인에게 이를 제시
하여야 한다.

제57조 (등기의 기재사항) ①표시란에 등기를 함에는 신청서 접수의 연월
일, 신청서에기재된 사항으로서 부동산의 표시에 관한 사항을 기재하여야
하며 구분건물에 대지권이 있을 때에는 그 권리의 표시에 관한 사항을 기재
하고 등기관이 날인하여야 한다. 〔개정 96 · 12 · 30, 98 · 12 · 28〕

②사항란에 등기를 함에는 신청서 접수의 연월일, 접수번호, 등기권리자
의 성명 또는 명칭, 주소 또는 사무소소재지, 등기원인, 그 연월일, 등기의
목적 기타 신청서에 기재된 사항으로서 등기할 권리에 관한 것을 기재하고,
등기권리자가 법인아닌 사단 또는 재단인 경우에는 그 대표자나 관리인의
성명과 주소를 첨기하며, 등기관이 날인하여야 한다. 이 경우 등기권리자의
성명 또는 명칭을 기재함에 있어서는 제41조제2항의 규정을 준용하고, 법인
아닌 사단 또는 재단의 대표자나 관리인의 성명과 주소를 첨기함에 있어서
는 제41조제3항의 규정을 준용한다. 〔개정 96 · 12 · 30〕

③제52조의 신청이 있는 경우에 등기를 함에는 제2항의 규정에 의한 외에
사항란에 채권자의 성명 또는 명칭,주소 또는 사무소와 대위원인을 기재하
여야 한다.

제57조의2 (대지권인 취지의 등기) ①건물의 등기용지에 대지권의 등기를 한 때에는 그 권리의 목적인 토지의 등기용지중 해당구 사항란에 대지권인 취지를 등기하여야 한다.

②제1항의 등기를 하는 때에는 어느 권리가 대지권인 뜻과 그 대지권을 등기한 1동의 건물을 표시함에 족한 사항 및 그 연월일을 기재하고 등기관이 날인하여야 한다.

③대지권의 목적인 토지가 다른 등기소의 관할에 속하는 것일 때에는 그 등기소에 지체없이 제2항의 규정에 의하여 등기할 사항을 통지하여야 한다.

④제3항의 통지를 받은 등기소는 대지권의 목적인 토지의 등기용지중 해당구 사항란에 통지받은 사항을 등기하여야 한다.

제58조 (공동인명부의 기재) ①등기권리자가 2인이상인 때에는 신청서에 첫번째 기재된 사람의 성명 또는 명칭, 주소 또는 사무소소재지, 주민등록번호 또는 제41조의2의 규정에 의한 등록번호와 그밖의 인원을 등기용지에 기재하고, 등기권리자의 성명 또는 명칭, 주소 또는 사무소소재지와 주민등록번호 또는 제41조의2의 규정에 의한 등록번호를 공동인명부에 기재할 수 있다.

②제1항의 규정은 등기의무자의 성명 또는 명칭, 주소 또는 사무소소재지를 등기용지에 기재하여야 할 경우 등기의무자가 2인 이상인 때에 이를 준용한다.

〔전문개정 91 · 12 · 14〕

제59조 (번호의 기재) 표시란에 등기를 할 때에는 표시번호란에 번호를 기재하고 사항란에 등기를 할 때에는 순위번호란에 번호를 기재하여야 한다.

제60조 (부기등기의 번호의 기재) 부기에 의한 등기의 순위번호를 기재함에는 주등기의 번호를 사용하고 그 번호의 아래쪽에 부기호수를 기재하여야 한다.

제61조 (가등기의 기재) 가등기는 등기용지중 해당구 사항란에 이를 기재하고 아래쪽에 여백을 두어야 한다.

제62조 (가등기후의 본등기의 기재) 가등기를 한 후 본등기의 신청이 있는 때에는 가등기의 아래쪽의 여백에 그 기재를 하여야 한다.

제63조 (권리변경등기의 신청) 권리변경의 등기에 관하여 등기상 이해관계있는 제3자가 있는 경우에는 신청서에 그 승낙서 또는 이에 대항할 수 있는 재판의 등본을 첨부한 때에 한하여 부기에 의하여 그 등기를 한다.

제64조 (권리변경등기의 기재) 권리의 변경의 등기를 한 때에는 변경전의 등기사항을 붉은선으로 지워야 한다. 〔개정 91 · 12 · 14〕

제64조의2 (환매등기의 기재) ①환매특약의 등기는 매수인의 권리취득의 등기에 이를 부기한다.

②제1항의 등기는 환매에 의한 권리취득의 등기를 한 때에는 이를 말소하여야 한다.

③제1항 및 제2항의 규정은 등기의 목적인 권리의 소멸에 관한 약정의 등기에 관하여 이를 준용한다.

제65조 (등기명의인의 변경등기의 기재) ①등기명의인의 표시의 변경 또는 경정의 등기는 부기에 의하여 이를 한다.

②제1항의 등기를 한 때에는 변경 또는 경정전의 표시를 붉은선으로 지워야 한다. 〔개정 91 · 12 · 14〕

제66조 (행정구역의 변경) 행정구역 또는 그 명칭의 변경이 있을 때에는 등기부에 기재한 행정구역 또는 그 명칭은 당연히 변경된 것으로 본다. 행정구역아닌 종전의 구획 또는 그 명칭의 변경이 있을 때에도 같다.

제67조 (등기필증의 교부) ①등기관이 등기를 완료하였을 때에는 등기원인을 증명하는 서면 또는 신청서의 부본에 신청서의 접수연월일, 접수번호, 순위번호와 등기필의 뜻을 기재하고 등기소인을 찍어 이를 등기권리자에게

교부하여야 한다.

②신청서에 첨부한 등기필증, 제49조제1항 단서의 규정에 의한 확인서면 중 1통이나 공증서면의 부본 또는 동조제2항의 규정에 의한 조서의 등본에는 등기필의 뜻을 기재하고 등기소인을 찍어 이를 등기의무자에게 반환 또는 교부하여야 한다. 그러나 등기명의인이 2인이상인 경우에 그 일부가 등기의무자인 때에는 등기의무자의 성명 또는 명칭도 기재하여야 한다. 〔개정 91 · 12 · 14〕

③삭제 〔83 · 12 · 31〕

제68조 (등기필의 통지등) ①다음 각호의 경우에 등기관이 등기를 완료한 때에는 등기권리자에게 등기필의 뜻을 통지하여야 한다. 〔개정 98 · 12 · 28〕

　1. 제29조의 규정에 의한 승소한 등기의무자의 등기신청

　2. 제52조의 규정에 의한 대위채권자의 등기신청

　3. 제134조의 규정에 의한 소유권의 처분제한의 등기촉탁

②제1항제1호 또는 제2호의 경우에는 승소한 등기의무자 또는 대위채권자에게 제67조제1항의 서류를 교부하여야 한다.

〔전문개정 91 · 12 · 14〕

제68조의2 (등기필의 통지) 등기관은 다음 각호의 등기를 한 때에는 지체없이 그 뜻을 토지의 경우에는 지적공부소관청에, 건물의 경우에는 건축물대장소관청에 각각 통지하여야 한다. 〔개정 98 · 12 · 28〕

　1. 소유권의 보존 또는 이전

　2. 소유권의 등기명의인 표시의 변경 또는 경정

　3. 소유권의 변경 또는 경정

　4. 소유권의 말소 또는 말소회복

〔본조신설 96 · 12 · 30〕

제68조의3 (과세자료의 송부) 등기관은 소유권의 보존 또는 이전의 등기

(가등기를 포함한다)를 한 때에는 지체없이 그 신청서의 부본을 부동산 소재지를 관할하는 세무서장에게 송부하여야 한다. 〔개정 98 · 12 · 28〕
〔본조신설 96 · 12 · 30〕

제69조 (등기필증멸실의 경우의 등기의무자에의 통지) 제49조의 경우에 등기관이 등기를 완료하였을 때에는 부동산의 표시, 등기원인, 그 연월일, 등기권리자의 성명 또는 명칭, 주소 또는 사무소, 등기의 목적과 등기필의 뜻을 등기의무자에게 통지하여야 한다. 그러나 등기의무자가 2인 이상인 때에는 그 1인에게 통지하면 된다.
〔전문개정 91 · 12 · 14, 98 · 12 · 28〕

제70조 (촉탁등기의 경우의 등기필증의 교부) 관공서가 등기권리자를 위하여 등기를 촉탁한 경우에 등기소로부터 등기필증의 교부를 받았을 때에는 지체없이 이를 등기권리자에게 교부하여야 한다.

제71조 (착오 또는 유루의 통지) 등기관이 등기를 완료한 후 그 등기에 착오 또는 유루있음을 발견한 때에는 지체없이 그 뜻을 등기권리자와 등기의무자에게 통지하여야 한다. 그러나 등기권리자 또는 등기의무자가 2인이상인 때에는 그 1인에게 통지하면 된다. 〔개정 91 · 12 · 14, 98 · 12 · 28〕

제72조 (직권에 의한 등기의 경정) ①등기관은 등기의 착오 또는 유루가 등기관의 과오로 인한 것임을 발견한 때에는 지체없이 이를 경정하여야 한다. 다만, 등기상 이해관계 있는 제3자가 있는 경우에는 그러하지 아니하다.
②등기관은 제1항 본문의 규정에 의한 경정등기를 한 때에는 그 취지를 지방법원장에게 보고하고, 등기권리자와 등기의무자에게 통지하여야 한다. 이 경우 등기권리자 또는 등기의무자가 2인 이상인 때에는 그중 1인에게 통지할 수 있다. 〔개정 98 · 12 · 28〕
③제1항 본문의 경우에는 제71조의 규정에 의한 통지는 필요로 하지 아니한다.
〔전문개정 96 · 12 · 30〕

제73조 (동전) 제71조 및 제72조의 통지는 제52조의 경우에는 채권자에게도 이를 하여야 한다.

제74조 (동전) 제63조와 제64조의 규정은 등기사항의 일부에 대하여 등기의 경정을 하는 경우에 이를 준용한다.

〔전문개정 96 · 12 · 30〕

제75조 (회복등기) 말소된 등기의 회복을 신청하는 경우에 등기상 이해관계가 있는 제3자가 있는 때에는 신청서에 그 승낙서 또는 이에 대항할 수 있는 재판의 등본을 첨부하여야 한다.

제76조 (동전) 등기회복의 신청이 있는 경우에 등기를 회복하는 때에는 회복의 등기를 한 후 다시 말소된 등기와 동일한 등기를 하여야 한다. 그러나 어느 등기사항만이 말소된 것인 때에는 부기에 의하여 다시 그 사항을 등기하여야 한다.

제77조 및 제78조 삭제 〔91 · 12 · 14〕

제79조 (멸실한 등기부의 회복등기) 제24조의 경우에는 등기권리자만으로 등기의 회복을 신청할 수 있다.

제80조 (동전) 제79조의 신청을 하는 경우에는 신청서에 전등기의 순위번호, 신청서접수의 연월일, 접수번호를 기재하고 전등기의 등기필증을 첨부하여야 한다.

제81조 (동전) ①제79조의 신청이 있는 경우에 등기를 하는 때에는 등기용지중 등기번호란에 당해 토지의 지번 또는 건물대지의 지번을 기재하고 표시란에 부동산의 표시를 하고 해당구 순위번호란에 전등기의 번호를 기재하고 사항란에 전등기의 신청서접수의 연월일과 접수번호를 기재하여야 한다.

②등기관은 회복의 등기를 하는 경우에 전등기에 대하여 직권으로써 기재한 사항이 있음을 발견하였을 때에는 그 사항도 기재하여야 한다. 〔개정

98 · 12 · 28]

제82조 (신청서편철부의 편철) ①제24조의 규정에 의하여 정한 기간중에 접수한 신등기의 신청서, 통지서와 허가서는 접수번호의 순서에 따라 이를 신청서편철부에 편철하여야 한다.

②제1항의 규정에 의한 편철이 있는 때에는 등기할 사항에 관하여는 그 편철시에 등기있는 것과 동일한 효력이 있다.

제83조 (편철필증) ①제67조 내지 제70조의 규정은 등기관이 제82조제1항의 규정에 의한 편철을 완료한 경우에 이를 준용한다. 〔개정 98 · 12 · 28〕

②신청서에 등기필증을 첨부하여야 할 경우에는 제1항의 규정에 의한 편철필증의 첨부로써 이에 갈음할 수 있다.

제84조 (신청서편철부로부터 등기부에의 기재) ①제24조의 규정에 의하여 정한 기간이만료한 때에는 지체없이 제82조제1항의 서면에 의거하여 등기부에 기재하여야 한다. 〔개정 96 · 12 · 30〕

②제1항의 경우에는 표시란과 사항란에 한 등기의 말미에 동항의 서면에 의거하여 등기를 한 취지와 그 연월일을 기재하고 등기관이 날인하여야 한다. 〔개정 98 · 12 · 28〕

제85조 (등기필증의 교부) ①제84조제1항의 규정에 의하여 등기부에 기재를 한 때에는 당사자에 대하여 등기필증을 교부한다는 취지를 통지하여야 하고 회복한 등기와 동항의 규정에 의하여 기재한 등기가 저촉될 때에는 동시에 그 취지도 통지하여야 한다.

②당사자가 등기필증의 교부를 신청하는 경우에는 제83조제1항의 규정에 의한 편철필증을 제출하여야 한다.

③제67조의 규정은 제2항의 신청이 있는 경우에 이를 준용한다.

제86조 (신등기용지에의 이기) ①등기용지의 매수과다로 인하여 취급이 불편하게 된 때에는 그 등기를 신등기용지에 이기할 수 있다.

②제1항의 경우에는 표제부 및 사항란에 이기한 등기의 말미에 제1항의 규정에 의한 등기를 이기한 취지 및 그 연월일을 기재하고, 등기관이 날인하여야 한다. 〔개정 98 · 12 · 28〕

③제1항의 규정에 의하여 등기를 이기한 때에는 전등기용지를 폐쇄하여야 한다.

④제1항 및 제2항의 규정은 표제부 또는 각 구의 매수과다로 인하여 취급이 불편하게 된 경우에 이를 준용한다.

⑤제4항의 규정에 의하여 등기를 이기한 때에는 전표제부 또는 각 구의 용지는 이를 폐쇄한 등기용지로 본다.

제87조 (등기의 이기 · 전사) 등기를 이기 또는 전사하는 경우에는 현재 효력있는 등기만을 이기 또는 전사하여야 한다. 그러나 제94조제1항의 경우에 토지중 일부에 관한 등기의 말소 또는 회복을 위하여 분필의 등기를 하는 때에는 그 등기의 말소 또는 회복에 필요한 범위내에서 당해 부분에 관한 소유권 기타의 권리에 관한 등기를 모두 전사하여야 한다. 〔전문개정 91 · 12 · 14〕

제88조 (문자기재등의 방식) ①등기를 하거나 신청서 기타 등기에 관한 서면의 작성에는 자획을 명료히 하여야 한다.

②삭제 〔85 · 9 · 14〕

③문자는 이를 변개할 수 없다. 만일 정정, 삽입 또는 삭제를 한 때에는 그 자수를 난외에 기재하며 문자의 전후에 괄호를 부하고 이에 날인하여야 한다. 삭제문자는 이를 해독할 수 있게 자체를 남겨두어야 한다.

제2절 소유권에 관한 등기절차

제89조 (소유권의 일부이전) 소유권의 일부이전의 등기를 신청하는 경우에는 신청서에그 지분을 표시하고 만일 등기원인에 민법 제268조제1항 단

서의 약정이 있는 때에는 이를 기재하여야 한다.

제90조 (토지의 멸실 기타) 토지의 분합, 멸실, 면적의 증감 또는 지목의 변경이 있는 때에는 그 토지의 소유권의 등기명의인은 1월이내에 그 등기를 신청하여야 한다. 〔개정 83 · 12 · 31〕

제90조의2 (표시변경의 직권등기) ①등기소가 지적공부소관청으로부터 지적법 제36조제3항 후단의 규정에 의한 통지를 받은 경우에 제90조의 기간 내에 등기신청이 없는 때에는 등기관은 직권으로 등기용지중 표시란에 그 통지서의 기재내용에 따른 변경의 등기를 하여야 한다. 〔개정 96 · 12 · 30, 98 · 12 · 28〕

②제1항의 등기를 한 때에는 등기소는 지체없이 그 취지를 지적공부소관청과 소유권의 등기명의인에게 통지하여야 한다.

③제71조 단서의 규정은 제1항의 경우에 이를 준용한다.

제90조의3 (토지합필의 제한) ①소유권 · 지상권 · 전세권 · 임차권 및 승역지에 관하여 하는 지역권의 등기 이외의 권리에 관한 등기가 있는 토지에 대하여는 합필의 등기를 할 수 없다. 그러나 모든 토지에 대하여 등기원인 및 그 연월일과 접수번호가 동일한 저당권에 관한 등기가 있는 경우에는 그러하지 아니하다.

②제1항의 규정에 위반한 등기의 신청을 각하한 때에는 등기관은 지체없이 그 사유를 지적공부소관청에 통지하여야 한다. 〔개정 98 · 12 · 28〕

제91조 (토지멸실등의 등기신청) 제90조의 규정에 의하여 등기를 신청하는 경우에는 신청서에 토지의 분합, 멸실, 증감된 면적과 현재의 면적 또는 신지목을 기재하고 이에 토지대장등본 또는 임야대장등본을 첨부하여야 한다.

제91조의2 (토지분필의 등기신청) 1필의 토지의 일부에 지상권 · 전세권 · 임차권이나 승역지에 관하여 하는 지역권의 등기가 있는 경우에 그 토

지의 분필등기를 신청하는 때에는 신청서에 권리가 존속할 토지를 기재하고, 이를 증명하는 권리자의 서면을 첨부하여야 한다. 이 경우 그 권리가 토지의 일부에 존속할 때에는 신청서에 그 토지부분을 기재하고 그 부분을 표시한 도면을 첨부하여야 한다.
〔본조신설 91 · 12 · 14〕

제92조 삭제 〔83 · 12 · 31〕

제93조 (토지의 분필) ①갑지를 분합하여 그 일부를 을지로 한 경우에 분필의 등기를 하는 때에는 등기용지중 등기번호란에 지번을 기재하고 표시란에 분할로 인하여 등기 제몇호의 토지의 등기용지로부터 이기한 뜻을 기재하여야 한다. 〔개정 83 · 12 · 31, 91 · 12 · 14〕

②제1항의 절차를 마친 때에는 갑지의 등기용지중 표시란에 잔여부분의 표시를 하고 분할로 인하여 다른 부분을 등기 제몇호의 토지의 등기용지에 이기한 뜻을 기재하며, 종전의 표시와 그 번호를 붉은선으로 지워야 한다. 〔전문개정 91 · 12 · 14〕

제94조 (토지의 분필) ①제93조제1항의 경우에는 을지의 등기용지중 해당구사항란에 갑지의 등기용지로부터 소유권 기타의 권리에 관한 등기를 전사하고 소유권이외의 권리에 관한 등기에 갑지가 함께 그 권리의 목적이라는 뜻, 신청서접수의 연월일과 접수번호를 기재하며, 등기관이 날인하여야 한다. 〔개정 91 · 12 · 14, 98 · 12 · 28〕

②갑지의 등기용지로부터 을지의 등기용지에 소유권이외의 권리에 관한 등기를 전사한 때에는 갑지의 등기용지중 그 권리에 관한 등기에 을지가 함께 그 권리의 목적이라는 뜻을 부기하여야 한다. 〔개정 91 · 12 · 14〕

③신청서의 소유권이외의 권리의 등기명의인이 을지에 관하여 그 권리의 소멸을 승낙한 것을 증명하는 서면 또는 이에 대항할 수 있는 재판의 등본을 첨부한 때에는 갑지의 등기용지중 그 권리에 관한 등기에 그 권리가 소멸한 뜻을 부기하여야 한다. 〔개정 91 · 12 · 14〕

④신청서의 소유권이외의 권리의 등기명의인이 갑지에 관하여 그 권리의 소멸을 승낙한 것을 증명하는 서면 또는 이에 대항할 수 있는 재판의 등본을 첨부한 때에는 을지의 등기용지중 해당구 사항란에 그 권리에 관한 등기를 전사하고, 신청서 접수의 연월일과 접수번호를 기재하며, 등기관이 날인하여야 한다. 이 경우 갑지의 등기용지중 그 권리에 관한 등기에는 갑지에 대하여 그 권리가 소멸하였다는 뜻을 부기하고 그 등기를 붉은선으로 지워야 한다. 〔신설 91 · 12 · 14〕

⑤제3항 및 제4항의 권리를 목적으로 하는 제3자의 권리에 관한 등기가 있는 때에는 신청서에 그 자의 승낙을 증명하는 서면 또는 이에 대항할 수 있는 재판의 등본을 첨부하여야 한다. 〔신설 91 · 12 · 14〕

⑥제3항 및 제4항의 규정은 제5항의 서면등을 첨부한 경우 그 제3자의 권리에 관한 등기에 관하여 이를 준용한다. 〔신설 91 · 12 · 14〕

제95조 (토지의 분필) ①제94조제3항의 규정은 제91조의2의 경우에 갑지만에 관하여 권리가 존속할 때에, 제94조제4항의 규정은 제91조의2의 경우에 을지만에 관하여 권리가 존속할 때에 각각 이를 준용한다.

②제91조의2 후단의 경우 분필의 등기를 하는 때에는 갑지 또는 을지의 등기용지중 지상권 · 지역권 · 전세권 또는 임차권에 관한 등기에 그 권리가 존속할 부분을 부기하여야 한다.

제96조 (토지의 분합필) ①갑지를 분할하여 그 일부를 을지에 합병한 경우에 합병의 등기를 하는 때에는 을지의 등기용지중 표시란에 합병으로 인하여 등기 제몇호의 토지의 등기용지에서 이기한 뜻을 기재하고, 종전의 표시와 그 번호를 붉은선으로 지워야 한다.

②제1항의 경우에는 을지의 등기용지중 갑구 사항란에 갑지의 등기용지에서 소유권에 관한 등기를 전사하고, 그 등기가 합병한 부분만에 관한 것이라는 뜻; 신청서 접수의 연월일과 접수번호를 기재하며, 등기관이 날인하여야 한다. 〔개정 98 · 12 · 28〕

　③갑지의 등기용지에 지상권 · 지역권 · 전세권 또는 임차권의 등기가 있는 때에는 을지의 등기용지중 을구 사항란에 그 권리에 관한 등기를 전사하고, 합병한 부분만이 갑지와 함께 그 권리의 목적이라는 뜻과 신청서 접수의 연월일 및 접수번호를 기재하며, 등기관이 날인하여야 한다.

　④소유권 · 지상권 · 지역권 또는 임차권에 관한 등기를 전사하는 경우에 등기원인, 그 연월일, 등기의 목적과 접수번호가 동일할 때에는 전사에 갈음하여 을지의 등기용지에 갑지의 번호와 그 토지에 대하여 동일사항의 등기가 있다는 뜻을 기재하여야 한다.

　⑤제1항의 경우에 모든 토지에 관하여 등기원인, 그 연월일, 등기의 목적과 접수번호가 동일한 저당권 또는 전세권에 관한 등기가 있는 때에는 을지의 등기용지중 그 등기에 당해 등기가 합병후의 토지 전부에 관한 것이라는 뜻을 부기하여야 한다.

　⑥제93조제2항, 제94조제2항 내지 제6항과 제95조의 규정은 제1항의 경우에 이를 준용한다.

　제97조 (토지의 합필) ①갑지를 을지에 합병한 경우에 합필의 등기를 하는 때에는 을지의 등기용지중 표시란에 합병으로 인하여 등기 제몇호의 토지의 등기용지에서 이기한 뜻을 기재하고, 종전의 표시와 그 번호를 붉은선으로 지워야 한다.

　②제1항의 절차를 마친 때에는 갑지의 등기용지중 표시란에는 합병으로 인하여 등기 제몇호의 토지의 등기용지에 이기하였다는 뜻을 기재하고, 갑지의 표시 · 그 번호와 등기번호를 붉은선으로 지운 후 그 등기용지를 폐쇄하여야 한다.

　제98조 (토지의 합필) ①제97조의 경우에는 을지의 등기용지중 갑구 사항란에 갑지의 등기용지에서 소유권에 관한 등기를 이기하고, 그 등기가 갑지이었던 부분만에 관한 것이라는 뜻, 신청서 접수의 연월일과 접수번호를 기재하며, 등기관이 날인하여야 한다. 〔개정 98 · 12 · 28〕

②갑지의 등기용지에 지상권·지역권·전세권 또는 임차권의 등기가 있는 때에는 을지의 등기용지중 을구 사항란에 그 권리에 관한 등기를 이기하고, 갑지이었던 부분만이 그 권리의 목적이라는 뜻, 신청서 접수의 연월일과 접수번호를 기재하며, 등기관이 날인하여야 한다. 〔개정 98·12·28〕

③제96조제4항의 규정은 제1항 및 제2항의 경우에, 제96조제5항의 규정은 모든 토지에 관하여 등기원인, 그 연월일, 등기의 목적과 접수번호가 동일한 저당권 또는 전세권의 등기가 있는 경우에 각각 이를 준용한다.

제99조 (토지의 증감) 토지의 면적의 증감의 등기를 할 때에는 등기용지 표시란에 증감의 원인을 기재하고 종전의 표시와 그 번호를 붉은선으로 지워야 한다.

제100조 (지목 또는 지번의 변경) 지목 또는 지번의 변경의 등기를 하는 때에는 종전의 표시와 지번을 붉은선으로 지워야 한다.
〔전문개정 91·12·14〕

제101조 (건물의 표시 및 대지권의 변경) ①건물의 분합, 번호·종류 또는 구조의 변경, 그 멸실, 그 면적의 증감 또는 부속건물의 신축이 있는 때에는 그 건물의 소유권의 등기명의인은 1월이내에 등기를 신청하여야 한다.

②건물대지의 지번의 변경 또는 대지권의 변경이나 소멸이 있는 때에도 같다.

③구분건물로서 그 표시등기만이 있는 건물에 관한 제1항과 제2항의 등기는 제131조 각호의 1에 해당하는 자가 신청하여야 한다. 〔개정 96·12·30〕

④건물의 멸실의 경우에 그 소유권의 등기명의인이 1월이내에 그 등기를 신청하지 아니한 때에는 그 건물대지의 소유자가 대위하여 그 등기를 신청할 수 있다. 〔개정 91·12·14〕

⑤제52조 및 제131조의2 제2항의 규정은 제2항 및 제4항의 경우에 각각 이를 준용한다.〔신설 91·12·14〕

제101조의2 (건물의 부존재) ①존재하지 아니하는 건물에 대한 등기가 있는 때에는 그 소유권의 등기명의인은 지체없이 그 건물의 멸실등기를 신청하여야 한다.

②제101조제4항의 규정은 그 건물의 소유권의 등기명의인이 제1항의 규정에 의한 등기를 신청하지 아니하는 경우에 이를 준용한다. 〔본조신설 91 · 12 · 14〕

제102조 (건물멸실 등의 등기신청) ①제101조 및 제101조의2의 규정에 의하여 등기를 신청하는 경우에는 신청서에 분합한 면적, 신번호, 신종류, 신구조, 멸실, 부존재, 증감 또는 신축한 면적 및 현재의 면적, 건물대지의 신지번과 변경후의 대지권 또는 소멸한 대지권을 기재하여야 한다.

②제101조 제1항의 규정에 의한 등기를 신청하는 경우에는 건물번호의 변경등기와 멸실등기의 경우를 제외하고는 신청서에 건축물대장등본을 첨부하여야 한다. 〔개정 96 · 12 · 30〕

③제101조 제1항 또는 제101조의2의 규정에 의한 멸실등기를 신청하는 경우에는 신청서에 그 멸실 또는 부존재를 증명하는 건축물대장등본이나 이를 증명할 수 있는 서면을 첨부하여야 한다. 〔개정 96 · 12 · 30〕

④대지권의 변경 · 경정 또는 소멸의 등기를 신청하는 경우에는 신청서에 그에 관한 규약이나 공정증서 또는 이를 증명하는 서면을 첨부하여야 한다. 이 경우 대지권의 목적인 토지가 다른 등기소의 관할에 속하는 것인 때에는 그 등기부의 등본도 첨부하여야 한다.

제102조의2 (대지권의 변경 등) ①제99조의 규정은 대지권의 변경 · 경정 또는 소멸의 등기에 이를 준용한다.

②제57조의2의 규정은 대지권의 변경 또는 경정으로 인하여 건물의 등기용지에 대지권의 등기를 한 경우에 이를 준용한다.

③제1항의 등기중 대지권이 대지권이 아닌 것으로 되거나 대지권이 소멸하는 취지의 등기를 한 때에는 대지권의 목적인 토지의 등기용지중 해당구

사항란에 그 취지를 기재하고 대지권인 취지의 등기를 말소하여야 한다.

제102조의3 (동전) ①제102조의2 제2항의 등기를 하는 경우에 건물에 관하여 소유권보존등기와 소유권이전등기 이외의 소유권에 관한 등기 또는 소유권 이외의 권리에 관한 등기가 있는 때에는 그 등기에 건물만에 관한 취지를 부기하여야 한다. 다만, 그 등기가 저당권에 관한 등기로서 대지권에 대한 등기와 등기원인, 그 연월일과 접수번호가 동일한 것일 때에는 그러하지 아니하다.

②제1항 단서의 경우에는 대지권에 대한 저당권의 등기는 말소하여야 한다.

제102조의4 (동전) ①대지권인 권리가 대지권이 아닌 것으로 변경됨으로 인하여 제102조의2 제3항의 등기를 한 때에는 그 토지의 등기용지중 해당구 사항란에 대지권인 권리와 그 권리자를 표시하고 동항의 등기를 함으로 인하여 등기한 취지와 그 연월일을 기재하고 등기관이 날인하여야 한다. [개정 98 · 12 · 28]

②제1항의 등기를 하는 경우에 대지권을 등기한 건물의 등기용지에 제135조의4(제165조의3에서 준용하는 경우를 포함한다)의 규정에 의하여 대지권에 대한 등기로서의 효력이 있는 등기중 대지권의 이전등기 이외의 등기가 있는 때에는 그 건물의 등기용지로부터 제1항의 토지의 등기용지중 해당구 사항란에 이를 전사하여야 한다.

③제1항의 토지의 등기용지중 해당구 사항란에 제2항의 규정에 의하여 전사하여야 할 등기보다 후에 된 등기가 있는 때에는 동항의 규정에 불구하고 해당구의 신등기용지 사항란에 동항의 규정에 의하여 전사할 등기를 전사한 후 그 토지의 등기용지중 해당구 사항란의 등기를 이기하여야 한다.

④제86조와 제94조 및 제95조의 규정은 제2항과 제3항의 절차를 취하는 경우에 이를 준용한다.

⑤제1항의 등기를 한 경우에 대지권의 목적인 토지가 다른 등기소의 관할

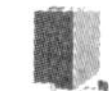

에 속하는 것일 때에는 지체없이 그 등기소에 그 등기를 한 뜻과 제1항 또는 제2항의 규정에 의하여 기재하거나 전사할 사항을 통지하여야 한다.

⑥제5항의 통지를 받은 등기소는 제1항 내지 제4항의 절차를 취하여야 한다.

제102조의5 (동전) ①대지권이 아닌 것을 대지권으로 한 등기를 경정함으로 인하여 제102조의2 제3항의 등기를 한 경우에 대지권을 등기한 건물의 등기용지에 제135조의4(제165조의3에서 준용하는 경우를 포함한다)의 규정에 의하여 대지권의 이전등기로서의 효력이 있는 등기가 있는 때에는 그 건물의 등기용지로부터 토지의 등기용지중 해당구 사항란에 이를 전부 전사하여야 한다.

②제102조의4제 2항 내지 제6항의 규정은 제1항의 경우에 이를 준용한다.

제103조 (건물합병의 제한) ①소유권 · 전세권 및 임차권의 등기 이외의 권리에 관한 등기가 있는 건물에 관하여는 합병의 등기를 할 수 없다. 제90조의3 제1항 단서의 규정은 이 경우에 이를 준용한다.

②제1항의 규정에 위반한 등기의 신청을 각하한 때에는 등기관은 지체없이 그 사유를 건축물대장소관청에 통지하여야 한다. 〔개정 96 · 12 · 30〕

제103조의2 (건물의 분할 · 구분등기의 신청) 제91조의2의 규정은 건물의 일부에 전세권 또는 임차권의 등기가 있는 경우에 그 건물의 분할 또는 구분의 등기를 신청하는 때에 이를 준용한다.

제104조 (건물의 분할) ①갑건물로부터 그 부속건물을 분할하여 이를 을건물로 한 경우에 그 등기를 할 때에는 을건물의 등기용지중 등기번호란에 번호를 기재하고, 표시란에 분할로 인하여 등기 제몇호의 건물의 등기용지에서 이기한 뜻을 기재하여야 한다.

②제1항의 절차를 마친 때에는 갑건물의 등기용지중 표시란에 잔여부분의 표시를 하고, 분할로 인하여 다른 부분을 등기 제몇호의 건물의 등기용지에 이기한 뜻을 기재하며, 종전의 표시와 그 번호를 붉은선으로 지워야

한다.

③제94조 및 제95조의 규정은 제1항의 경우에 이를 준용한다. 그러나 갑건물의 등기용지중 갑구 사항란에 분할한 부속건물에 대한 등기원인의 기재가 없는 때에는 제94조 및 제95조의 절차외에 을건물의 등기용지중 갑구 사항란에 신청인의 성명 또는 명칭, 주소 또는 사무소소재지 및 주민등록번호 또는 제41조의2의 규정에 의한 등록번호와 분할로 인하여 그 자의 소유권의 등기를 한다는 뜻을 기재하여야 한다.
〔전문개정 91 · 12 · 14〕

제104조의2 (건물의 구분) ①갑건물을 구분하여 을건물로 한 경우에 그 등기를 할 때에는 신등기용지중 갑건물과 을건물의 등기번호란에 각각 그 번호를 기재하고, 그 표시란에 구분으로 인하여 등기 제몇호의 건물의 등기용지에서 이기한 뜻을 기재하여야 한다. 그러나 갑건물이 구분건물인 때에는 등기용지중 을건물의 등기번호란에 번호를 기재하고, 표시란에 구분으로 인하여 등기 제몇호의 건물의 등기용지에서 이기한 뜻을 기재하여야 한다.

②제1항의 절차를 마친 때에는 전등기용지중 표시란에 구분으로 인하여 등기 제몇호의 건물의 등기용지에 이기한 뜻을 기재하고, 갑건물이 표시, 그 번호와 등기번호를 붉은선으로 지운 후 그 등기용지를 폐쇄하여야 한다. 그러나 갑건물이 구분건물인 때에는 갑건물의 등기용지중 표시란에 잔여부분의 표시를 하고, 구분으로 인하여 다른 부분을 등기 제몇호의 건물의 등기용지에 이기한 뜻을 기재하며, 종전의 표시와 그 번호를 붉은선으로 지워야 한다.

③제1항 본문의 경우에는 갑건물과 을건물의 등기용지중 해당구 사항란에 종전의 등기용지에서 소유권 기타의 권리에 관한 등기를 이기하고, 소유권 이외의 권리에 관한 등기중에 등기 제몇호에 이기한 건물이 함께 그 권리의 목적이라는 뜻, 신청서 접수의 연월일과 접수번호를 기재하며, 등기관이 날인하여야 한다. 제94조제3항 내지 제6항의 규정은 이 경우에 이를 준용한다. 〔개정 98 · 12 · 28〕

④제94조 및 제95조의 규정은 제1항 단서의 경우에 이를 준용한다.
〔전문개정 91 · 12 · 14〕

제105조 (건물의 분할합병) ①갑건물로부터 그 부속건물을 분할하여 이를 을건물의 부속건물로 한 경우에 그 등기를 하는 때에는 을건물의 등기용지중 표시란에 합병으로 인하여 등기 제몇호의 건물의 등기용지에서 이기한 뜻을 기재하여야 한다. 〔개정 91 · 12 · 14〕

②제104조제2항의 규정은 제1항의 경우에 이를 준용한다.

제105조의2 (건물의 구분합병) ①갑건물을 구분하여 이를 을건물 또는 그 부속건물에 합병한 경우에 그 등기를 하는 때에는 을건물의 등기용지중 표시란에 합병으로 인하여 등기 제몇호의 건물의 등기용지에서 이기한 뜻을 기재하고 종전의 표시와 그 번호를 붉은선으로 지워야 한다.

②제104조의2 제2항 단서의 규정은 제1항의 경우에 이를 준용한다.

제106조 삭제 〔91 · 12 · 14〕

제107조 (건물의 분할합병 · 구분합병) 제96조제2항 내지 제6항(제6항중 제93조제2항을 준용하는 부분을 제외한다)의 규정은 제105조와 제105조의2의 경우에 이를 준용한다. 그러나 갑건물의 등기용지중 갑구 사항란에 분할한 부속건물에 관한 등기원인의 기재가 없는 때에는 제96조제2항 내지 제5항에 정한 절차를 하는 외에 을건물의 등기용지중 갑구 사항란에 갑청인의 성명 또는 명칭, 주소 또는 사무소소재지 및 주민등록번호 또는 제41조의2의 규정에 의한 등록번호와 합병으로 인하여 그 자의 소유권의 등기를 한다는 취지를 기재하여야 한다. 〔개정 91 · 12 · 14〕

제108조 (건물의 합병) ①갑건물을 을건물 또는 그 부속건물에 합병하거나 을건물의 부속건물로 한 경우에 그 등기를 할 때에는 제97조 및 제98조의 규정을 준용한다. 그러나 갑건물을 을건물의 부속건물에 합병하거나 을건물의 부속건물로 한 경우에는 을건물 및 그밖의 부속건물에 대한 종전의

표시와 그 번호를 붉은선으로 지우지 아니하고,갑건물이 구분건물로서 같은 등기용지에 을건물 이외의 다른 건물의 등기가 있는 때에는 그 등기용지를 폐쇄하지 아니한다. 〔개정 91 · 12 · 14〕

②합병으로 인하여 을건물이 구분건물이 아닌 것으로 된 경우에 그 등기를 하는 때에는 신등기용지중 등기번호란에 번호를 기재하고, 표시란에 합병으로 인하여 등기 제몇호와 제몇호의 건물의 등기용지에서 이기한 뜻을 기재하며, 등기관이 날인하여야 한다. 〔개정 91 · 12 · 14, 98 · 12 · 28〕

③제2항의 절차를 마친 때에는 갑건물과 을건물의 등기용지중 표시란에 합병으로 인하여 등기 제몇호의 건물의 등기용지에 이기한 뜻을 기재하고, 갑건물과 을건물의 표시, 그 번호와 등기번호를 붉은선으로 지우며, 그 등기용지를 폐쇄하여야 한다. 〔개정 91 · 12 · 14〕

④제98조의 규정은 제2항의 경우에 이를 준용한다.

⑤제102조의4의 규정은 대지권을 등기한 건물이 합병으로 인하여 구분건물이 아닌 것으로 된 경우에 제2항의 등기를 하는 때에 이를 준용한다.

제108조의2 (건물구분합병등기의 준용) 제104조의2의 규정은 구분건물이 아닌 건물이 건물구분 이외의 사유로 구분건물로 된 경우에, 제108조제2항 내지 제4항의 규정은 구분건물이 건물합병 이외의 사유로 구분건물이 아닌 건물로 된 경우에 각각 이를 준용한다.

제109조 (면적의 증감) ①제99조의 규정은 건물 또는 부속건물의 면적의 증감의 등기에 이를 준용한다.

②부속건물의 신축의 등기를 하는 때에는 주된 건물의 등기용지중 표시란에 부속건물의 종류, 구조와 면적을 기재하여야 한다.

제110조 (번호, 구조등의 변경) 제100조의 규정은 건물의 번호의 변경, 건물 또는 부속건물의 종류나 구조의 변경, 건물대지의 지번변경의 등기에 이를 준용한다. 〔개정 83 · 12 · 31, 85 · 9 · 14〕

제111조 (번호의 변경) ①행정구역 또는 행정구역 아닌 구획의 변경으로 인하여 토지의 지번 또는 건물대지의 지번의 변경이 있는 때에는 지적공부소관청 또는 건축물대장소관청은 지체없이 그 취지를 등기소에 통지하여야 한다. 〔개정 83 · 12 · 31, 96 · 12 · 30〕

②제1항의 통지를 받은 등기소는 지체없이 등기용지중 표시란에 변경의 등기를 하여야 한다.

제111조의2 (건물의 멸실) ①제101조제1항 또는 제101조의2의 규정에 의한 건물의 멸실등기의 신청이 있는 경우에 소유권의 등기명의인 이외의 등기상 이해관계인이 있는 때에는 등기관은 그에게 1월이내의 기간을 정하여 그 기간내에 이의를 진술하지 아니하면 멸실등기를 한다는 뜻을 통지하여야 한다. 그러나 신청서에 건물의멸실 또는 부존재를 증명하는 서면으로서 건축물대장등본을 첨부하거나 등기상 이해관계인의 기명날인이 있는 경우에는 그러하지 아니하다. 〔개정 96 · 12 · 30, 98 · 12 · 28〕

②제175조제2항, 제176조 및 제177조의 규정은 제1항 본문의 경우에 이를 준용한다.

제112조 (부동산의 멸실) ①부동산의 멸실등기를 하는 때에는 등기용지중 표시란에 멸실의 뜻과 그 원인 또는 부존재의 뜻을 기재하고 부동산의 표시와 표시번호를 붉은선으로 지우며, 그 등기용지를 폐쇄하여야 한다. 그러나 멸실한 건물이 1동의 건물을 구분한 것인 때에는 등기용지를 폐쇄하지 아니한다. 〔개정 84 · 4 · 10, 91 · 12 · 14〕

②제102조의4의 규정은 대지권을 등기한 건물의 멸실등기로 인하여 그 등기용지를 폐쇄한 경우에 이를 준용한다.

제112조의2 (규약상 공용부분의 등기) ①공용부분인 취지의 등기는 신청서에 그 취지를 정한 규약 또는 공정증서를 첨부하여 소유권의 등기명의인이 이를 신청하여야 한다. 이 경우 그 건물에 소유권의 등기외의 권리에 관한 등기가 있을 때에는 그 등기명의인의 승낙서 또는 이에 대항할 수 있는

재판의 등본을 첨부하여야 한다.

②제1항의 등기신청이 있는 경우에 그 등기를 하는 때에는 표제부에 공용부분인 취지를 기재하고 각 구의 소유권 기타의 권리에 관한 등기를 붉은선으로 지워야 한다. 이 경우에 그 공용부분이 다른 등기용지에 등기된 건물의 구분소유자와 공유할 것인 때에는 그 취지도 기재하여야 한다.

제112조의3 (규약상 공용부분의 등기말소) ①공용부분인 취지를 정한 규약을 폐지할 경우에는 공용부분의 취득자는 지체없이 등기를 신청하여야 한다.

②제1항의 규정에 의한 등기의 신청에는 규약의 폐지를 증명하는 서면을 첨부하여야 한다.

③제1항의 규정에 의한 등기의 신청이 있는 경우에 그 등기는 갑구란에 소유권보존등기를 함으로써 족하다. 이 경우에 그 등기를 한 때에는 공용부분인 취지의 기재를 붉은선으로 지워야 한다. 〔개정 91 · 12 · 14〕

제113조 (부동산의 멸실) ①제112조의 경우에 멸실등기한 부동산이 다른 부동산과 함께 소유권 이외의 권리의 목적인 때에는 그 다른 부동산의 등기용지중 해당구 사항란에 멸실등기한 부동산의 표시를 하고, 그 부동산이 멸실 또는 부존재인 뜻을 부기하며, 그 부동산과 함께 소유권 이외의 권리의 목적이라는 뜻을 기재한 등기중 멸실등기한 부동산의 표시를 붉은선으로 지워야 한다.

②제1항의 규정에 의하여 하는 등기는 공동담보목록이 있는 경우에는 그 목록에 이를 하여야 한다.

③제1항의 경우에 그 다른 부동산의 소재지가 다른 등기소의 관할에 속한 때에는 지체없이 그 등기소에 그 부동산 및 멸실등기한 부동산의 표시와 신청서 접수의 연월일을 통지하여야 한다.

④제3항의 규정에 의한 통지를 받은 등기소는 지체없이 제1항 또는 제2항의 절차를 마쳐야 한다.

제114조 (하천부지) ①등기된 토지가 하천의 부지로 된 경우에는 당해 관청은 지체없이 그 등기의 말소를 등기소에 촉탁하여야 한다.

②제1항의 촉탁을 하는 경우에 필요가 있는 때에는 당해 관청은 등기명의인 또는 상속인에 갈음하여 토지의 표시 또는 등기명의인의 표시의 변경, 경정 또는 상속으로 인한 소유권이전의 등기를 촉탁할 수 있다.

③제1항의 촉탁을 받은 등기소는 등기용지중 표시란에 하천의 부지로 된 취지를 기재하고 토지의 표시, 표시번호와 등기번호를 붉은선으로 지우고 그 등기용지를 폐쇄하여야 한다. 이 경우에는 제113조의 규정을 준용한다.

제115조 (토지수용) ①토지의 수용으로 인한 소유권이전의 등기는 등기권리자만으로 이를 신청할 수 있다. 그 신청서에는 보상 또는 공탁을 증명하는 서면을 첨부하여야 한다. 그 신청서에는 토지수용위원회의 재결로써 존속이 인정된 권리가 있는 때에는 이를 표시하고, 보상 또는 공탁을 증명하는 서면을 첨부하여야 한다. 〔개정 91 · 12 · 14〕

②제1항의 신청을 하는 경우에 필요가 있는 때에는 기업자는 등기명의인 또는 상속인에 갈음하여 토지의 표시 또는 등기명의인의 표시의 변경, 경정 또는 상속으로 인한 소유권이전의 등기를 신청할 수 있다.

③관공서가 기업자인 때에는 그 관공서는 지체없이 제1항 및 제2항의 등기를 등기소에 촉탁하여야 한다.

제116조 (준용규정) 제52조, 제57조제3항, 제68조와 제73조의 규정은 제101조제5항, 제101조의2, 제114조제2항과 제115조제2항의 등기에 이를 준용한다. 〔개정 91 · 12 · 14〕

제117조 (부동산의 신탁) 부동산의 신탁의 등기에 대하여는 수탁자를 등기권리자로 하고 위탁자를 등기의무자로 한다.

제118조 (동전) ①신탁법 제19조의 규정에 의하여 신탁재산에 속하는 부동산의 신탁의 등기는 수탁자만으로 이를 신청할 수 있다.

②제1항의 규정은 신탁법 제38조의 규정에 의한 신탁재산회복의 경우에

이를 준용한다. 〔개정 91 · 12 · 14, 98 · 12 · 28〕

제119조 (동전) ①수익자 또는 위탁자는 수탁자에 대위하여 신탁의 등기를 할 수 있다.

②제52조의 규정은 제1항의 규정에 의한 대위등기의 신청의 경우에 이를 준용한다. 이 경우에는 신청서에 대위원인을 증명하는 서면이외에 등기의 목적인 부동산이 신탁재산인 것을 증명하는 서면을 첨부하여야 한다.

제120조 (동전) ①신탁의 등기의 신청은 신탁으로 인한 부동산의 소유권이전등기의 신청과 동일한 서면으로써 이를 하여야 한다.

②제1항의 규정은 신탁법 제19조의 규정에 의한 신탁재산에 속하는 부동산취득의 등기와 동법 제38조의 규정에 의한 신탁재산회복의 등기를 신청하는 경우에 이를 준용한다. 〔개정 98 · 12 · 28〕

제121조 (동전) ①수탁자갱질의 경우에 소유권이전등기를 신청하는 때에는 신청서에 그 갱질을 증명하는 서면을 첨부하여야 한다.

②제1항의 규정은 신탁법 제26조제2항의 경우에 하여야 할 변경의 등기에 이를 준용한다.

제122조 (동전) 수탁자의 임무가 사망, 파산, 금치산, 한정치산 또는 법원이나 주무관청의 해임명령으로 인하여 종료된 때에는 제121조의 등기는 신수탁자 또는 다른 수탁자만으로 이를 신청할 수 있다. 수탁자인 법인의 임무가 해산으로 인하여 종료된 때에도 같다.

제123조 (동전) ①신탁의 등기를 신청하는 경우에는 다음 각호에 해당하는 사항을 기재한 서면을 신청서에 첨부하여야 한다. 〔개정 96 · 12 · 30〕

  1. 위탁자, 수탁자, 수익자와 신탁관리인의 성명, 주소, 법인에 있어서는 그 명칭 및 사무소

  2. 신탁의 목적

  3. 신탁재산의 관리방법

  4. 신탁종료의 사유

  5. 기타 신탁의 조항

②제1항의 서면에는 신청인이 기명날인하여야 한다. 〔개정 91 · 12 · 14〕

제124조 (신탁원부) ①제123조의 규정에 의하여 신청서에 첨부한 서면은 이를 신탁원부로 한다.

②신탁원부는 이를 등기부의 일부로 보고 그 기재는 이를 등기로 본다.

제125조 (신탁원부에의 기재) 법원이 신탁관리인을 선임하거나 또는 해임한 때에는 지체없이 신탁원부에의 기재를 등기소에 촉탁하여야 한다. 주무관청이 신탁관리인을 선임한 때에도 같다.

제126조 (동전) 제125조의 규정은 법원 또는 주무관청이 수탁자를 해임한 경우에 이를 준용한다.

제127조 (동전) ①법원이 신탁재산의 관리방법을 변경한 때에는 지체없이 신탁원부에의 기재를 등기소에 촉탁하여야 한다.

②제1항의 규정은 주무관청이 신탁의 조항을 변경한 경우에 이를 준용한다.

제128조 (동전) 제125조 내지 제127조의 경우를 제외하고 제123조제1항에 해당하는 사항에 변경이 생긴 때에는 수탁자는 지체없이 그 변경을 증명하는 서면을 첨부하여 신탁원부에의 기재를 신청하여야 한다. 그러나 제121조 또는 제122조의 경우에 등기를한 때에는 등기관은 직권으로써 신탁원부에의 기재를 하여야 한다. 〔개정 96 · 12 · 30, 98 · 12 · 28〕

제129조 (동전) 제126조의 규정에 의하여 신탁원부에의 기재를 한 때에는 등기관은 직권으로써 등기부에 그 취지를 부기하여야 한다. 〔개정 98 · 12 · 28〕

제130조 (토지의 보존등기) 미등기토지의 소유권보존등기는 다음 각호의 1에 해당하는 자가 이를 신청할 수 있다. 〔개정 96 · 12 · 30〕

1. 토지대장등본 또는 임야대장등본에 의하여 자기 또는 피상속인이 토지대장 또는 임야대장에 소유자로서 등록되어 있는 것을 증명하는 자
2. 판결에 의하여 자기의 소유권을 증명하는 자
3. 수용으로 인하여 소유권을 취득하였음을 증명하는 자

제131조 (건물의 보존등기) 미등기건물의 소유권보존등기는 다음 각호에 게기한 자가 이를 신청할 수 있다. 〔개정 96 · 12 · 30〕

1. 건축물대장등본에 의하여 자기 또는 피상속인이 건축물대장에 소유자로서 등록되어있는 것을 증명하는 자
2. 판결 또는 기타 시, 구, 읍, 면의 장의 서면에 의하여 자기의 소유권을 증명하는 자
3. 수용으로 인하여 소유권을 취득하였음을 증명하는 자

제131조의2 (구분건물의 표시에 관한 등기) ① 1동의 건물에 속하는 구분건물중의 일부만에 관하여 소유권보존등기를 신청하는 경우에는 그 나머지 구분건물에 관하여는 표시에 관한 등기를 동시에 신청하여야 한다.

②제1항의 경우에 구분건물의 소유자는 1동의 건물에 속하는 다른 구분건물의 소유자에 대위하여 그 건물의 표시에 관한 등기를 신청할 수 있다.

③건물의 신축으로 인하여 구분건물이 아닌 건물이 구분건물로 된 경우에 그 신축건물의 소유권보존등기는 다른 건물의 표시에 관한 등기 또는 표시변경등기와 동시에 신청하여야 한다. 〔개정 98 · 12 · 28〕

④제3항의 경우에 건물의 소유자는 다른 건물의 소유자에 대위하여 건물의 표시에 관한 등기 또는 표시변경등기를 신청할 수 있다. 〔개정 98 · 12 · 28〕

⑤제52조의 규정은 제2항과 제4항의 경우에 이를 준용한다.

제132조 (소유권보존등기의 신청) ①제130조 내지 제131조의2의 규정에 의하여 등기를 신청하는 경우에는 신청서에 제130조 제몇호, 제131조 제몇호 또는 제131조의2 제몇항의 규정에 의하여 등기를 신청하는 뜻을 기재하

여야 한다. 그러나 등기원인과 그 연월일은 기재하지 아니한다.

②제1항의 경우에는 신청서에 토지의 표시를 증명하는 토지대장등본이나 임야대장등본 또는 건물의 표시를 증명하는 건축물대장등본 기타의 서면을 첨부하여야 한다. 그러나 제40조제1항제2호 내지 제4호의 서면은 첨부하지 아니한다. 〔개정 96 · 12 · 30〕

③제131조의2의 규정에 의하여 등기를 신청하는 경우에는 신청서에 1동의 건물의 소재도, 각층의 평면도와 구분한 건물의 평면도를 첨부하여야 한다.

④건물의 소유권보존등기를 신청하는 경우(제131조의2의 규정에 의한 경우를 제외한다)에 그 건물대지상에 수개의 건물이 있는 때에는 신청서에 그 대지상의 건물의 소재도를 첨부하여야 한다.

제133조 (등기번호의 기재) 미등기의 부동산소유권의 등기를 하는 때에는 등기용지중 등기번호란에 번호를 기재하여야 한다.

제134조 (미등기부동산의 처분제한의 등기) ①미등기부동산에 대하여 소유권의 처분제한의 등기촉탁에 의하여 등기를 하는 때에는 등기용지중 등기번호란에 번호를 기재하고, 사항란에 소유자의 성명 또는 명칭, 주소 또는 사무소소재지와 처분제한의 등기를 명하는 재판에 의하여 소유권의 등기를 한다는 뜻을 기재하여야 한다.

②제57조제1항 및 제2항의 규정은 제1항의 경우에 이를 준용한다.

제135조 삭제 [91 · 12 · 14]

제135조의2 (소유권이전등기의 금지) ①토지의 소유권이 대지권인 경우에 그 취지의 등기를 한 때에는 그 토지의 등기용지에는 소유권이전의 등기는 이를 하지 못한다.

②대지권을 등기한 건물의 등기용지에는 그 건물만에 관한 소유권이전의 등기는 이를 하지 못한다.

제135조의3 (대지권이 있는 건물에 관한 등기) ①대지권을 등기한 건물에 대하여 소유권에 관한 등기를 신청하는 경우에는 신청서에 대지권을 기재하여야 한다. 그러나 건물만에 관한 등기를 신청하는 경우에는 그러하지 아니하다.

②제1항 단서의 신청에 의하여 등기를 하는 때에는 그 등기에 건물만에 관한 취지를 부기하여야 한다.

제135조의4 (동전) ①대지권을 등기한 후에 한 건물에 대한 소유권에 관한 등기로서 건물만에 관한 취지의 부기가 없는 것은 대지권에 대하여 동일한 등기로서의 효력이 있다.

②제1항의 규정에 의하여 대지권에 대한 등기로서의 효력이 있는 등기와 대지권의 목적인 토지의 등기용지중 해당구 사항란에 한 등기의 전후는 접수번호에 의한다.

제3절 소유권 이외의 권리에 관한 등기절차

제136조 (지상권) 지상권의 설정 또는 이전의 등기를 신청하는 경우에는 신청서에 지상권 설정의 목적과 범위를 기재하고 만일 등기원인에 존속기간, 지료·그 지급시기 또는 민법 제289조의2제1항 후단의 약정이 있는 때에는 이를 기재하여야 한다. 〔개정 84·4·10〕

제137조 (지역권) 지역권 설정의 등기를 하는 경우에는 신청서에 요역지의 표시를 하고 지역권 설정의 목적과 범위를 기재하고 지역권 설정의 범위가 승역지의 일부일 때에는 그 범위를 표시한 도면을 첨부하여야 하며 만일 등기원인에 민법 제292조제1항 단서, 제297조제1항 단서 또는 제298조의 약정이 있는 때에는 이를 기재하여야 한다.

제138조 (동전) ①지역권의 설정등기를 하는 때에는 요역지인 부동산의 등기용지중 해당구사항란에 승역지인 부동산의 표시를 하고 그 부동산이 지역권의 목적인 취지, 지역권설정의 목적과 범위를 기재하여야 한다.

②요역지가 타등기소의 관할에 속하는 때에는 지체없이 그 등기소에 승역지, 요역지,지역권설정의 목적과 범위, 신청서접수의 연월일을 통지하여야 한다.

③제2항의 통지를 받은 등기소는 지체없이 요역지인 부동산의 등기용지 중 해당구 사항란에 통지를 받은 사항을 기재하여야 한다.

제139조 (전세권) ①전세권의 설정 또는 전전세의 등기를 신청하는 경우에는 신청서에 전세금을 기재하고 만일 등기원인에 존속기간, 위약금이나 배상금 또는 민법 제306조 단서에 의한 약정이 있는 때에는 이를 기재하여야 한다.

②제1항의 경우에 전세권의 목적이 부동산의 일부인 때에는 그 도면을 첨부하여야 한다.

③제145조 내지 제147조와 제149조 내지 제155조의 규정은 이를 전세권의 경우에 준용한다.

제140조 (저당권) ①저당권의 설정등기를 신청하는 경우에는 신청서에 채권액과 채무자를 기재하여야 한다. 이 경우 등기원인에 변제기, 이자 및 그 발생기 · 지급시기, 원본 또는 이자의 지급장소, 채무불이행으로 인한 손해배상에 관한 약정이나 민법 제358조 단서의 약정이 있는 때 또는 채권이 조건부인 때에는 이를 기재하여야 한다.

②제1항의 저당권의 내용이 근저당인 경우에는 신청서에 등기원인이 근저당권설정계약이라는 뜻과 채권의 최고액 및 채무자를 기재하여야 한다. 이 경우 등기원인에 민법 제358조 단서의 약정이 있는 때에는 이를 기재하여야 한다.

제141조 (소유권 이외의 권리상의 저당권) 저당권의 설정등기를 신청하는 경우에 그 권리의 목적이 소유권이외의 권리인 때에는 신청서에 그 권리의 표시를 하여야 한다.

제142조 (저당권의 이전) 저당권의 이전등기를 신청하는 경우에는 신청서

에 저당권이 채권과 같이 이전한다는 뜻을 기재하여야 한다.

제142조의2 (저당권에 대한 권리질권) 민법 제348조의 규정에 의한 질권의 부기등기를 신청하는 경우에는 신청서에 질권의 목적인 채권을 담보하는 저당권을 표시하고 다음 각호의 사항을 기재하여야 한다.

1. 채무자의 표시
2. 채권액
3. 변제기와 이자의 약정이 있는 때에는 그 내용

제143조 (피담보채권의 가액) 일정한 금액을 목적으로 하지 아니한 채권의 담보인 저당권의 설정등기를 신청하는 경우에는 신청서에 그 채권의 가격을 기재하여야 한다.

제144조 삭제 〔91·12·14〕

제145조 (공동담보) 수개의 부동산에 관한 권리를 목적으로 하는 저당권의 설정등기를 신청하는 경우에는 신청서에 각 부동산에 관한 권리를 표시하여야 한다.

제146조 (공동담보목록) ①제145조의 경우에 부동산이 5개이상인 때에는 신청서에 공동담보목록을 첨부하여야 한다.

②제1항의 목록에는 각 부동산에 관한 권리의 표시를 하고 신청인이 이에 기명날인하여야 한다. 〔개정 91·12·14〕

제147조 (추가공동담보) 1개 또는 수개의 부동산에 관한 권리를 목적으로 하는 저당권의 설정등기를 한 후 동일한 채권에 대하여 다른 1개 또는 수개의 부동산에 관한 권리를 목적으로 하는 저당권설정의 등기를 신청하는 경우에는 신청서에 종전의 등기를 표시함에 족한 사항을 기재하여야 한다.

제148조 (채권의 일부양도 또는 대위변제로 인한 저당권의 이전) 채권의 일부의 양도 또는 대위변제로 인한 저당권의 이전의 등기를 신청하는 경우에는 신청서에 양도 또는 대위변제의 목적인 채권액을 기재하여야 한다.

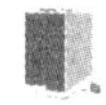

제149조 (공동담보등기의 기재) 제145조의 규정에 의하여 등기의 신청이 있는 경우에 각 부동산에 관한 권리에 대하여 등기를 하는 때에는 그 부동산의 등기용지중 해당구 사항란에 다른 부동산에 관한 권리의 표시를 하고, 그 권리가 함께 담보의 목적이라는 뜻을 기재하여야 한다.

제150조 (공동담보목록의 기재) 신청서에 공동담보목록을 첨부한 경우에 각 부동산에 관한 권리에 대하여 등기를 하는 때에는 그 부동산의 등기용지 중 해당구 사항란에 공동담보목록에 기재된 다른 부동산에 관한 권리가 함께 담보의 목적이라는 뜻을 기재하여야 한다. 〔개정 96 · 12 · 30〕

제151조 (공동담보목록의 성질) 공동담보목록은 이를 등기부의 일부로 보고 그 기재는 이를 등기로 본다.

제152조 (추가공동담보등기의 기재) ①제147조의 규정에 의한 등기의 신청이 있는 경우에 등기를 하는 때에는 그 등기와 종전의 등기에 각 부동산에 관한 권리가 함께 담보의 목적이라는 뜻을 기재하여야 한다.

②제138조제2항 · 제3항, 제149조 및 제150조의 규정은 제1항의 경우에 이를 준용한다.

제153조 삭제 〔83 · 12 · 31〕

제154조 (공동담보의 일부의 소멸 또는 변경) ①수개의 부동산에 관한 권리가 저당권의 목적인 경우에 그 1개의 부동산에 관한 권리를 목적으로 한 저당권의 등기를 말소할 때에는 다른 부동산에 관한 권리에 대하여 제149조 및 제152조의 규정에 의하여 한 등기에 그 뜻을 부기하고, 소멸된 사항을 붉은선으로 지워야 한다. 그 1개의 부동산에 관한 권리의 표시에 대하여 변경의 등기를 한 때에도 또한 같다. 〔개정 91 · 12 · 14〕

②제138조제2항과 제3항의 규정은 제1항의 경우에 이를 준용한다.

제155조 (동전) 제154조제1항의 규정에 의하여 하는 등기는 공동담보목록이 있는 경우에는 그 목록에 이를 하여야 한다.

제156조 (임차권) ①임차권의 설정 또는 임차물의 전대의 등기를 신청하는 경우에는 신청서에 차임을 기재하여야 한다. 이 경우 등기원인에 존속기간, 차임의 전급 및 그 지급시기나 임차보증금의 약정이 있는 때 또는 임차권의 양도나 임차물의 전대에 대한 임대인의 동의가 있는 때에는 이를 기재하고, 임대차를 한 자가 처분의 능력 또는 권한이 없는 자인 때에는 그 뜻을 기재하여야 한다.

②임차권의 양도 또는 임차물의 전대에 대한 임대인의 동의가 있는 뜻의 등기가 없는 경우에 임차권의 이전 또는 임차물의 전대의 등기를 신청하는 때에는 신청서에 임대인의 동의서를 첨부하여야 한다.

제156조의2 (소유권외의 권리의 이전등기의 기재) 소유권외의 권리의 이전등기는 부기에 의하여 이를 한다.

제157조 (타물권의 수용 또는 신탁) 제115조와 제116조의 규정은 토지에 관한 소유권 이외의 권리의 수용으로 인한 권리이전의 등기에, 제117조 내지 제129조의 규정은 부동산에 관한 소유권이외의 권리의 신탁등기에 이를 준용한다.

제158조 ~ 제165조 삭제 〔83 · 12 · 31〕

제165조의2 (저당권설정등기의 금지) ①대지권인 취지의 등기를 한 토지의 등기용지에는 대지권을 목적으로 하는 저당권설정등기는 이를 하지 못한다.

②대지권을 등기한 건물의 등기용지에는 그 건물만을 목적으로 하는 저당권의 설정등기는 이를 하지 못한다.

③제135조의2제1항의 규정은 지상권 또는 임차권이 대지권인 경우에 이를 준용한다.

제165조의3 (동전) ①제135조의3의 규정은 대지권을 등기한 건물에 대하여 소유권 이외의 권리에 관한 등기를 신청하는 경우에 이를 준용한다.

②제135조의4의 규정은 대지권을 등기한 건물에 대한 소유권 이외의 권리에 관한 등기로서 건물만에 관한 취지의 부기가 없는 경우에 이를 준용한다.

제4절 말소에 관한 등기절차

제166조 (사망으로 인한 권리의 소멸) 등기한 권리가 어느 사람의 사망으로 인하여 소멸한 경우에 신청서에 그 사망을 증명하는 시, 구, 읍, 면의 장의 서면 기타 공정증서를 첨부한 때에는 등기권리자만으로 등기의 말소를 신청할 수 있다.

제167조 (등기의무자의 행방불명) ①등기권리자가 등기의무자의 행방불명으로 인하여 이와 공동으로 등기의 말소를 신청할 수 없는 때에는 민사소송법의 규정에 의하여 공시최고의 신청을 할 수 있다.

②제1항의 경우에 제권판결이 있는 때에는 신청서에 그 등본을 첨부하여 등기권리자만으로 등기의 말소를 신청할 수 있다.

③제1항의 경우에 신청서에 전세계약서와 전세금반환증서 또는 채권증서, 채권과 최후 1년분의 이자의 영수증을 첨부한 때에는 등기권리자만으로 전세권 또는 저당권에 관한 등기의 말소를 신청할 수 있다.

제168조 (신탁등기의 말소) ①신탁재산인 부동산에 관한 권리의 이전으로 인하여 그 권리가 신탁재산에 속하지 아니하기로 된 경우에 하는 신탁등기 말소의 신청은 이전등기의 신청과 동일한 서면으로써 이를 하여야 한다.

②제1항의 규정은 신탁종료로 인하여 신탁재산인 부동산에 관한 권리가 이전한 경우에 이를 준용한다.

제169조 (가등기의 말소) ①가등기의 말소는 가등기명의인이 이를 신청할 수 있다.

②신청서에 가등기명의인의 승낙서 또는 이에 대항할 수 있는 재판의 등본을 첨부한 때에는 등기상의 이해관계인이 가등기의 말소를 신청할 수 있

다.

제170조 (예고등기의 말소) ①제4조에 게기한 소를 각하한 재판 또는 이를 제기한 자에 대하여 패소를 선고한 재판이 확정된 때, 소의 취하, 청구의 포기 또는 화해가 있는 때에는 제1심법원은 지체없이 촉탁서에 재판의 등본, 초본 또는 소의 취하서, 청구의 포기 또는 화해를 증명하는 법원서기관, 법원사무관, 법원주사 또는 법원주사보의 서면을 첨부하여 예고등기의 말소를 등기소에 촉탁하여야 한다.

②제1항의 소를 제기한 자에 대하여 승소를 선고한 재판(청구의 인낙 또는 화해를 포함한다)이 확정된 경우에 그 소제기자가 그 재판에 의한 등기의 신청을 하지 아니하겠다는 뜻을 기재한 서면을 그 재판의 정본과 함께 제출한 때에는 제1심법원은 지체없이 촉탁서에 그 제출서면과 재판의 정본을 첨부하여 예고등기의 말소를 등기소에 촉탁하여야 한다.

③제2항의 재판에 불구하고 등기의 말소 또는 회복의 등기를 할 수 없음이 다른 재판(청구의 인낙 또는 화해를 포함한다)에 의하여 인정되는 경우에 등기상의 이해관계인이 그 재판의 등본을 제출한 때에도 제2항과 같다. 이 경우 촉탁서에는 그 각 재판의 등본을 첨부하여야 한다.

④제2항 또는 제3항의 규정에 의하여 예고등기가 말소된 경우에는 제2항의 재판에 의한 등기의 신청을 하지 못한다. 〔신설 91 · 12 · 14〕

제170조의2 (예고등기의 말소) 등기관은 등기원인의 무효 또는 취소로 인하여 등기의 말소 또는 회복의 등기를 한 때에는 예고등기를 말소하여야 한다. 〔개정 98 · 12 · 28〕

제171조 (이해관계있는 제3자가 있는 때) 등기의 말소를 신청하는 경우에 그 말소에 대하여 등기상 이해관계있는 제3자가 있는 때에는 신청서에 그 승낙서 또는 이에 대항할 수 있는 재판의 등본을 첨부하여야 한다.

제172조 (말소의 방법) ①등기를 말소하는 때에는 말소의 등기를 한 후 말소할 등기를 붉은선으로 지워야 한다. 〔개정 91 · 12 · 14〕

②제1항의 경우에 말소할 권리를 목적으로 하는 제3자의 권리에 관한 등기가 있는 때에는 등기용지중 해당구사항란에 그 제3자의 권리의 표시를 하고 어느 권리의 등기를 말소함으로 인하여 말소한다는 취지를 기재하여야 한다.

제173조 삭제 〔91 · 12 · 14〕

제174조 (토지수용에 관한 말소등기) 제115조의 규정에 의하여 토지수용으로 인한 소유권이전의 등기신청 또는 촉탁이 있는 경우에 그 부동산의 등기용지중 소유권 또는 소유권 이외의 권리에 관한 등기가 있는 때에는 그 등기를 말소하여야 한다. 그러나 그 부동산을 위하여 존재하는 지역권의 등기 또는 토지수용위원회의 재결로써 존속이 인정된 권리의 등기는 그러하지 아니하다. 〔개정 91 · 12 · 14〕

제175조 (관할등 위반의 등기있는 때의 말소의 통지) ①등기관이 등기를 완료한 후 그 등기가 제55조제1호 또는 제2호에 해당된 것임을 발견한 때에는 등기권리자, 등기의무자와 등기상 이해관계있는 제3자에 대하여 1월이내의 기간을 정하여 그 기간내에 이의를 진술하지 아니한 때에는 등기를 말소한다는 취지를 통지하여야 한다. 〔개정 98 · 12 · 28〕

②통지를 받을 자의 주소 또는 거소를 알 수 없을 때에는 제1항의 통지에 갈음하여 제1항의 기간동안 등기소 게시장에 이를 게시하여야 한다.

③삭제 〔83 · 12 · 31〕

제176조 (말소에 관한 이의) 말소에 관하여 이의를 진술한 자가 있는 때에는 등기관은 그 이의에 대하여 결정을 하여야 한다. 〔개정 98 · 12 · 28〕

제177조 (직권말소) 제176조의 이의를 진술한 자가 없는 때 또는 이의를 각하한 때에는 등기관은 직권으로써 등기를 말소하여야 한다. 〔개정 98 · 12 · 28〕

제4장의2 전산정보처리조직에 의한 등기사무처리에 관한 특례
[96 · 12 · 30 본장신설]

제177조의2 (전산정보처리조식에 의한 등기사무처리등) ①대법원징이 지정 · 고시하는 등기소(이하 "지정등기소"라 한다)의 등기사무는 그 전부 또는 일부를 전산정보처리조직에 의하여 처리할 수 있다. 이 경우 등기사항이 기록된 보조기억장치(자기디스크, 자기테이프 기타 이와 유사한 방법에 의하여 일정한 등기사항을 확실하게 기록 · 보관할 수 있는 전자적 정보저장매체를 포함한다. 이하 같다)를 등기부로 본다. [개정 98 · 12 · 28]

②제1항의 등기부는 제23조제1항의 규정에 불구하고 대법원규칙이 정하는 장소에 보관 · 관리할 수 있고, 전쟁 · 천재지변 기타 이에 준하는 사태를 피하기 위한 경우를 제외하고는 그 장소밖으로 옮기지 못한다. [신설 98 · 12 · 28]

제177조의3 (등본 또는 초본의 교부와 등기부의 열람) ①제177조의2의 규정에 의하여 등기사무를 처리하는 경우에는 등기부의 등본이나 초본은 등기부에 기록된 사항의 전부나 일부를 증명하는 서면을 말한다.

②제177조의2의 규정에 의하여 등기사무를 처리하는 경우에는 등기부의 열람은 등기부에 기록된 사항중 필요한 사항을 기재한 서면을 교부하거나 전자적 방법에 의하여 그 내용을 보게 하는 방법에 의할 수 있다.

③제177조의2의 규정에 의하여 등기사무를 처리하는 경우에는 대법원장이 지정 · 고시하는 다른 지정등기소의 관할에 속하는 부동산에 대하여도 제1항 및 제2항의 규정에 의하여 등기부의 등본 또는 초본을 교부하거나 등기부를 열람하게 할 수 있다. [개정 98 · 12 · 28]

제177조의4 (등기사무처리의 특례) ①제177조의2의 규정에 의하여 등기사무를 처리하는 경우에는 제14조제2항 · 제17조 · 제58조 · 제61조 · 제88조제3항 및 제102조의4제3항의 규정과, 제16조제1항 · 제2항, 제81조제1항,

제93조, 제96조제1항 · 제4항, 제97조, 제104조제1항 · 제2항, 제104조의2제1항 내지 제3항, 제105조, 제105조의2, 제108조제1항 내지 제3항, 제108조의2, 제114조제3항, 제133조 및 제134조제1항의 규정중 등기번호 또는 등기번호란과 관련된 내용을 적용하지 아니한다. 〔개정 98 · 12 · 28〕

②제177조의2의 규정에 의하여 등기사무를 처리하는 경우에는 이 법중 "등기용지" 또는 "용지"는 "등기기록"으로, "기재"는 "기록"으로, "등기관이 날인하여야 한다"는 "등기사무를 처리한 등기관을 나타내는 조치를 취하여야 한다"로, "붉은 선으로 지워야 한다"는 "말소하는 기호를 기록한다"로, "매수과다"는 "기록사항과다"로, "사항란"은 "권리자 및 기타사항란"으로 본다.

〔전문개정 98 · 12 · 28〕

제177조의5 (전산정보자료의 교환 등) ①제177조의2의 규정에 의하여 등기사무를 처리하는 경우에는 제68조의2 및 제68조의3의 규정에 의한 등기필의 통지 또는 신청서 부본의 송부는 대법원규칙이 정하는 사항이 기록된 보조기억장치나 이를 기재한 서면을 송부하거나 전산통신망에 의하여 그 내용을 전송하는 방법으로 이에 갈음할 수 있다.

②법원행정처장은 국가기관 또는 지방자치단체로부터 등기사무처리와 관련된 전산정보자료를 제공받을 수 있다. 〔신설 98 · 12 · 28〕

③제177조의2의 규정에 의한 등기부에 기록된 등기사항에 관한 전산정보자료(이하 "등기전산정보자료"라 한다)를 이용하거나 활용하고자 하는 자는 관계중앙행정기관의 장의 심사를 거쳐 법원행정처장의 승인을 얻어야 한다. 다만, 중앙행정기관의 장이 등기전산정보자료를 이용하거나 활용하고자 하는 경우에는 법원행정처장과 협의하여야 하고, 협의가 성립되는 때에 그 승인을 얻은 것으로 본다. 〔신설 98 · 12 · 28〕

④제3항의 규정에 의한 등기전산정보자료의 이용 또는 활용과 그 사용료 등에 관하여 필요한 사항은 대법원규칙으로 정한다. 〔신설 98 · 12 · 28〕

제177조의6 (등기의 전산이기에 관한 특례) ①지정등기소에서는 지정당시 현존하는 등기용지의 등기를 대법원규칙이 정하는 바에 따라 전산정보처리조직에 의하여 보조기억장치에 기록(이하 "전산이기"라 한다)하여야 한다.

②제1항의 경우에 대법원장의 지정을 받은 자는 제12조의 규정에 불구하고 등기관에 갈음하여 전산이기한 등기기록에 자신의 명의로 종전의 등기용지로부터 전산이기하였음을 나타내는 조치를 일괄하여 취할 수 있다.

③제1항의 규정에 의하여 전산이기한 등기기록은 종전의 등기용지를 폐쇄한 때부터 제177조의2의 규정에 의한 등기부의 등기기록으로 본다.

④제1항의 규정에 의한 전산이기시에는 등기명의인의 성명 또는 명칭, 주소 또는 사무소소재지, 주민등록번호 또는 제41조의2의 규정에 의한 등록번호를 전산이기 당시의 것으로 바꾸어 전산이기할 수 있다.
〔본조신설 98 · 12 · 28〕

제177조의7 (재정보증) 법원행정처장은 전산정보처리조직에 의하여 등기사무를 처리하는 등기관 및 제177조의6제2항의 규정에 의하여 대법원장의 지정을 받은 자의 재정보증에 관한 사항을 정하여 운용할 수 있다.
〔본조신설 98 · 12 · 28〕

제177조의8 (대법원규칙에의 위임) 제177조의2의 규정에 의하여 등기사무를 처리하는 경우의 등기부의 관리와 등기사무처리등에 관하여 필요한 사항은 대법원규칙으로 정한다.

제5장 이의

제178조 (이의신청과 그 관할) 등기관의 결정 또는 처분을 부당하다고 하는 자는 관할지방법원에 이의신청을 할 수 있다. 〔개정 98 · 12 · 28〕

제179조 (이의절차) 이의의 신청은 등기소에 이의신청서를 제출하여 이

를 하여야 한다.

제180조 (신사실에 의한 이의금지) 이의는 신사실이나 신증거방법으로써 이를 하지 못한다.

제181조 (등기관의 조치) ①등기관은 이의가 이유없다고 인정한 때에는 3일이내에 의견을 부하여 사건을 관할지방법원에 송부하여야 한다.

②등기관은 이의가 이유있다고 인정한 때에는 상당한 처분을 하여야 한다. 〔개정 98 · 12 · 28〕

③만일 등기완료후일 때에는 그 등기에 대하여 이의가 있는 취지를 부기한 후 이를 등기상의 이해관계인에게 통지하고 또 제1항의 절차를 하여야 한다.

제182조 (집행부정지) 이의는 집행정지의 효력이 없다.

제183조 (이의에 대한 결정과 항고) ①관할지방법원은 이의에 대하여는 이유를 부하여 결정을 하여야 한다. 이 경우에 이의가 이유있다고 인정한 때에는 등기관에게 상당한 처분을 명하고 그 취지를 이의신청인과 등기상의 이해관계인에게 통지하여야 한다. 〔개정 98 · 12 · 28〕

②제1항의 결정에 대하여는 비송사건절차법에 의하여 항고할 수 있다.

제184조 (처분전의 가등기명령) 관할지방법원은 이의에 대하여 결정하기 전에 등기관에게 가등기를 명할 수 있다. 〔개정 98 · 12 · 28〕

제185조 (관할법원의 명령에 의한 등기의 방법) 등기관이 관할지방법원의 명령에 의하여 등기를 하는 때에는 명령을 한 지방법원 명령의 연월일, 명령에 의하여 등기를한다는 취지와 등기의 연월일을 기재하고 등기관이 날인하여야 한다. 〔개정 98 · 12 · 28〕

제186조 (송달) 송달에 있어서는 민사소송법의 규정을 준용하고 이의의 비용에 대하여는 비송사건절차법의 규정을 준용한다.

제6장 보칙

제186조의2 (과태료) 제101조의 규정에 의한 등기신청의 의무있는 자가 그 등기신청을해태한 때에는 5만원이하의 과태료에 처한다.

제187조 (대법원규칙) 이 법 시행에 관하여 필요한 사항은 대법원규칙으로 정한다.

부칙

제188조 (경과규정) 본법 시행전에 접수한 등기사건은 종전의 규정에 의하여처리한다.

제189조 (동전) 종전의 영소작권 또는 선취득권으로서 이미 그 효력을 상실한 것에관한 등기는 직권 또는 등기상 이해관계인의 신청에 의하여 이를 말소할 수 있다.

제190조 (동전) ①본법 시행전에 종전의 규정에 의하여 한 등기는 본법에 의하여한 것으로 본다.
②본법 시행전에 조제한 등기부는 본법 시행후 그대로 사용한다.

제191조 (법령의 폐지) 조선부동산등기령은 이를 폐지한다.

제192조 (시행기일) 본법은 단기 4293년 1월 1일부터 시행한다.

부칙 [70 · 1 · 1]

①(시행일) 이 법은 공포한 날로부터 시행한다.
②(경과규정) 이 법 시행당시 국유부동산의 관리청은 지체없이 관리청명칭 첨기등기를 등기소에 촉탁하여야 한다.

부칙 [78 · 12 · 6]

①(시행일)이 법은 1979년 3월 1일부터 시행한다. 다만, 제40조제2항 및 제45조단서는 대통령령이 정하는 날부터 적용한다.

[1988 · 9 · 30 대통령령 제12527호에 의하여 1988 · 10 · 1부터 적용]

②(경과조치) 등기원인인 소유권의 매매 또는 교환의 계약이 이 법 시행일전에 체결된 때에는 제40조제2항 및 제45조 단서의 규정을 적용하지 아니한다.

부칙 [83 · 12 · 31]

①(시행일) 이 법은 공포후 6월이 경과한 날로부터 시행한다.

②(등기용지의 전환에 따른 경과조치) 이 법 시행당시 등기용지가 카드로 전환되지 아니한 부동산에 대하여는 제9조 · 제16조제2항 · 제17조 · 제77조 · 제78조 및 제86조의 개정규정에 불구하고 등기용지가 카드로 전환될 때까지는 종전의 규정에 의한다.

③(지목에 관한 경과조치) 이 법 시행당시 종전의 규정에 의하여 등기된 지목중 "지소"는 "유지"로, "분묘지"는 "묘지"로, "철도선로"는 "철도용지"로, "수도선로"는 "수도용지"로, "공원지"는 "공원"으로, "성첩"은 "사적지"로 본다.

④(면적단위에 관한 경과조치) 이 법 시행당시 종전의 규정에 의하여 면적의 표시가 반별 또는 평수로 등기된 것은 제곱미터로 환산등기될 때까지 그대로 쓴다. 다만, 등기공무원이 지적공부등본 또는 가옥대장등본에 의하여 그 토지 또는 건물의 면적표시가 제곱미터로 환산등록된 사실을 안 때에는 직권으로 그 환산등기를 하여야 한다.

부칙 [84 · 4 · 10]

제1조 (시행일) 이 법은 공포후 1년이 경과한 날로부터 시행한다.

제2조 (경과조치) ①이 법 시행당시 현존하는 집합건물법의 규정에 의한 구분소유권의 목적인 건물의 등기용지는 이 법 시행일로부터 2년이내에 대법원규칙이 정하는 바에 따라 제15조제1항 단서의 규정에 의한 등기용지로 개제하여야 한다.

②이 법 시행당시 현존하는 집합건물법의 규정에 의한 전유부분에 대한 구분소유자가 이 법 시행일로부터 6월이내에 그가 가지는 전유부분과 분리하여 대지사용권을 처분할 수 있음을 정한 규약을 등기소에 제출하지 아니하면 등기공무원은 직권으로 이 법의 시행일로부터 2년이내에 제57조, 제57조의2의 규정에 의한 등기를 하여야 한다.

③등기공무원이 직권으로 행하는 제2항의 등기절차는 대법원규칙으로 정한다.

부칙 [85 · 9 · 14]

이 법은 공포한 날로부터 시행한다.

부칙 [86 · 12 · 23]

①(시행일) 이 법은 1987년 3월 1일부터 시행한다. 다만, 제41조의2제1항제2호의 개정규정(이와 관련되는 제40조제1항제7호 · 제41조제2항 · 제 57조제2항 후단 및 제134조 후단의 개정규정을 포함한다)은 이 법 시행일로부터 6월을 넘지 아니하는 범위안에서 대법원규칙이 정하는 날로부터 시행한다.

②(경과조치) 이 법 시행전에 접수한 등기사건은 종전의 규정에 의한다.

③(법인 아닌 사단이나 재단에 대한 등록번호부여에 관한 적용례) 제41조의2제1항제3호의 개정규정은 이 법 시행후 최초로 소유권의 보존 또는 이전등기를 하는 분부터 적용한다.

부칙 [90 · 8 · 1]

제1조 (시행일) 이 법은 공포후 1월이 경과한 날부터 시행한다.

제2조 내지 **제4조** 생략

부칙 [91 · 12 · 14]

제1조 (시행일) 이 법은 1992년 2월 1일부터 시행한다.

제2조 (분합의 등기에 관한 경과조치) ①이 법 시행당시 토지대장이나 임야대장또는 가옥대장상 이미 합병된 토지·건물의 합필 또는 합병의 등기는 이 법의 개정규정에 불구하고 종전의 규정에 의한다.

②이 법 시행당시 1필의 토지 또는 1개의 건물의 일부를 목적으로 하는 지상권·전세권·임차권 및 승역지에 관하여 하는 지역권 이외의 권리에 관한 등기가 있는 경우에도 그 분할 또는 구분의 등기에 관하여는 소유권 이외의 권리가 있는 경우에 관한 이 법의 해당 규정을 적용한다.

제3조 (멸실건물등기용지의 폐쇄) ①등기공무원은 1950년 1월 1일이후 등기사항에 변동이 없는 건물의 등기용지를 발견한 때에는 그 소유권의 등기명의인 기타 등기상의 이해관계인에 대하여 1월이내의 기간을 정하여 그 기간내에 건물이 현존하고 있다는 뜻의 신고를 하지 아니하면 그 등기용지를 폐쇄한다는 뜻을 통지함과 동시에 가옥대장소관청에 당해 건물에 관한 가옥대장의 비치 여부를 사실조회하여야 한다.

②제175조제2항의 규정은 제1항의 통지에 관하여 이를 준용한다.

③제1항의 기간내에 건물이 현존하고 있다는 뜻의 신고가 없고 가옥대장 소관청으로부터 당해 건물에 관한 가옥대장이 비치되어 있지 아니하다는 통지가 있는 경우에는 등기공무원은 그 등기용지를 폐쇄하여야 한다.

④소유권의 등기명의인 기타 등기상의 이해관계인 또는 그 상속인은 언제든지 건물의 존재를 증명하는 서면을 첨부하여 제3항의 규정에 의하여 폐쇄된 등기용지의 부활을 신청할 수 있다.

제4조 (저당권등 등기의 정리에 관한 특별조치) 1968년 12월 31일이전에 등기부에 기재된 다음 각호의 등기는 이 법 시행일부터 90일이내에 이해관계인으로부터 권리가 존속한다는 뜻의 신고가 없는 때에는 이를 말소하여야 한다. 그러나저당권의 등기의 경우에는 1969년 1월 1일이후에 그 저당권을 목적으로 한 가처분등기나 그 저당권등기의 말소의 예고등기 또는 저당권에 의한 경매신청등기가 등기부에 기재되어 있는 때에는 그러하지 아니하다.

1. 저당권
2. 질권
3. 압류
4. 가압류
5. 가처분
6. 예고등기
7. 파산
8. 경매

제5조 (다른 법률의 개정 등) ①지적법중 다음과 같이 개정한다. 제18조제3항을 다음과 같이 한다.

③제1항 및 제2항의 경우 합병하고자 하는 토지의 지번지역·지목 또는 소유자가 서로 다르거나 그 토지에 관하여 소유권·지상권·전세권·임차권 및 승역지에 관하여 하는 지역권의 등기 이외의 등기가 있는 경우(합병하고자 하는 토지 전부에관하여 등기원인 및 그 연월일과 접수번호가 동일한 저당권에 관한 등기가 있는 경우를 제외한다) 기타 대통령령이 정하는 경우에는 합병을 신청할 수 없다.

②공유토지분할에관한특례법중 다음과 같이 개정한다. 제38조제4항 및 제5항을 삭제하고, 동조제6항중 "제5항"을 "제3항"으로 한다.

③공장저당법중 다음과 같이 개정한다.

제38조중 "제41조제3호"를 "제41조제1항제3호"로 한다.

④선박등기법중 다음과 같이 개정한다.

제5조중 "제135조"를 삭제하고, 동조중 "제156조"를 "제156조의2"로, "제158조"를 "제166조"로 한다.

⑤제1항 내지 제4항 이외에 다른 법률에서 부동산등기법의 규정을 인용한 경우에 이 법중 그에 해당하는 규정이 있는 때에는 종전의 규정에 대치하여 이 법의 해당 조항을 인용한 것으로 본다.

부칙 (중략)

부칙 [96 · 12 · 30]

이 법은 1997년 1월 1일부터 시행한다. 다만, 제27조제3항 및 제55조제9호의 개정규정은 1997년 7월 1일부터 시행한다.

부칙 [98 · 12 · 28]

제1조 (시행일) 이 법은 공포한 날부터 시행한다.

제2조 (다른 법률의 개정) ①공유토지분할에관한특례법중 다음과 같이 개정한다.제10조제2항제3호 · 제17조 · 제38조 제1항 및 제39조중 "등기공무원"을 각각 "등기관"으로 한다.

②공장저당법중 다음과 같이 개정한다.

제40조제1항 · 제41조제1항 본문 · 제45조제1항 · 제46조제1항 · 제49조제4항 · 제50조제4항 · 제52조제1항 및 제55조제2항중 "등기공무원"을 각각 "등기관"으로한다.

③민사소송법중 다음과 같이 개정한다.

제611조 · 제612조 및 제651조중 "등기공무원"을 각각 "등기관"으로 한다.

④부동산등기특별조치법중 다음과 같이 개정한다.제12조제7항중 "등기공무원"을 "등기관"으로 한다.

⑤부동산실권리자명의등기에관한법률중 다음과 같이 개정한다.제3조제2항 및 제14조제1항중 "등기공무원"을 각각 "등기관"으로 한다.

⑥비송사건절차법중 다음과 같이 개정한다.제3편제4장제1절의 제목, 제132조, 제157조, 제158조, 제159조 각호외의 부분, 제171조제2항, 제174조제4항, 제199조제3항, 제214조제1항 내지 제3항, 제233조,제235조 내지 제237조, 제238조제2항 · 제3항, 제239조, 제242조의 제목 · 제1항 · 제2항, 제244조 후단 및 제245조중 "등기공무원"을 각각 "등기관"으로 한다.

⑦수복지역내소유자미복구토지의복구등록과 보존등기등에관한특별조치
법중 다음과같이 개정한다.

제15조제2항중 "등기공무원"을 "등기관"으로 한다.

⑧입목에관한법률중 다음과 같이 개정한다.제18조제2항 및 제19조중 "등
기공무원"을 각각 "등기관"으로 한다.

⑨집합건물의소유및관리에관한법률중 다음과 같이 개정한다.제62조 · 제
63조 및 제64조제1항중 "등기공무원"을 각각 "등기관"으로 한다.

⑩징발재산정리에관한특별조치법중 다음과 같이 개정한다.제14조제2
항 · 제4항 및 제16조제2항중 "등기공무원"을 각각 "등기관"으로 한다.

제3조 (다른 법령과의 관계) 이 법 시행당시 다른 법령에서 등기공무원을
인용한 경우에는 등기관을 인용한 것으로 본다.

가림출판사 · 가림M&B · 가림Let's에서 나온 책들

문 학

바늘구멍
켄 폴리트 지음 / 홍영의 옮김 / 신국판 / 342쪽 / 5,300원

레베카의 열쇠
켄 폴리트 지음 / 손연숙 옮김 / 신국판 / 492쪽 / 6,800원

암병선
니시무라 쥬코 지음 / 홍영의 옮김 / 신국판 / 300쪽 / 4,800원

첫키스한 얘기 말해도 될까
김정미 외 7명 지음 / 신국판 / 228쪽 / 4,000원

사미인곡 上·中·下
김충호 지음 / 신국판 / 각 권 5,000원

이내의 끝자리
박수완 스님 지음 / 국판변형 / 132쪽 / 3,000원

너는 왜 나에게 다가서야 했는지
김충호 지음 / 국판변형 / 124쪽 / 3,000원

세계의 명언 편집부 엮음 / 신국판 / 322쪽 / 5,000원

여자가 알아야 할 101가지 지혜
제인 아서 엮음 / 지창국 옮김 / 4×6판 / 132쪽 / 5,000원

현명한 사람이 읽는 지혜로운 이야기
이정민 엮음 / 신국판 / 236쪽 / 6,500원

성공적인 표정이 당신을 바꾼다
마츠오 도오루 지음 / 홍영의 옮김 / 신국판 / 240쪽 / 7,500원

태양의 법
오오카와 류우호오 지음 / 민병수 옮김 / 신국판 / 246쪽 / 8,500원

영원의 법
오오카와 류우호오 지음 / 민병수 옮김 / 신국판 / 240쪽 / 8,000원

석가의 본심
오오카와 류우호오 지음 / 민병수 옮김 / 신국판 / 246쪽 / 10,000원

옛 사람들의 재치와 웃음
강형중 · 김경익 편저 / 신국판 / 316쪽 / 8,000원

지혜의 쉼터
쇼펜하우어 지음 / 김충호 엮음 / 4×6판 양장본 / 160쪽 / 4,300원

헤세가 너에게
헤르만 헤세 지음 / 홍영의 엮음 / 4×6판 양장본 / 144쪽 / 4,500원

사랑보다 소중한 삶의 의미
크리슈나무르티 지음 / 최윤영 엮음 / 신국판 / 180쪽 / 4,000원

장자-어찌하여 알 속에 털이 있다 하는가
홍영의 엮음 / 4×6판 / 180쪽 / 4,000원

논어-배우고 때로 익히면 즐겁지 아니한가
신도회 엮음 / 4×6판 / 180쪽 / 4,000원

맹자-가까이 있는데 어찌 먼 데서 구하려 하는가
홍영의 엮음 / 4×6판 / 180쪽 / 4,000원

아름다운 세상을 만드는 사랑의 메시지 365
DuMont monte Verlag 엮음 / 정성호 옮김
4×6판 변형 양장본 / 240쪽 / 8,000원

황금의 법
오오카와 류우호오 지음 / 민병수 옮김 / 신국판 / 320쪽 / 12,000원

왜 여자는 바람을 피우는가?
기겔라 룬테 지음 / 김현성 · 진정미 옮김 / 국판 / 200쪽 / 7,000원

세상에서 가장 아름다운 선물
김인자 지음 / 국판변형 / 292쪽 / 9,000원

수능에 꼭 나오는 한국 단편 33
윤종필 엮음 / 신국판 / 704쪽 / 11,000원

수능에 꼭 나오는 한국 현대 단편 소설
윤종필 엮음 및 해설 / 신국판 / 364쪽 / 11,000원

수능에 꼭 나오는 세계단편(영미권)
지창영 옮김 / 윤종필 엮음 및 해설 / 신국판 / 328쪽 / 10,000원

수능에 꼭 나오는 세계단편(유럽권)
지창영 옮김 / 윤종필 엮음 및 해설 / 신국판 / 360쪽 / 11,000원

대왕세종 1 · 2 · 3
박충훈 지음 / 신국판 / 각 권 9,800원

세상에서 가장 소중한 아버지의 선물
최은경 지음 / 신국판 / 144쪽 / 9,500원

건 강

아름다운 피부미용법
이순희(한독피부미용학원 원장) 지음 / 신국판 / 296쪽 / 6,000원

버섯건강요법
김병각 외 6명 지음 / 신국판 / 286쪽 / 8,000원

성인병과 암을 정복하는 유기게르마늄
이상현 편저 / 캬오 샤오이 감수 / 신국판 / 312쪽 / 9,000원

난치성 피부병
생약효소연구원 지음 / 신국판 / 232쪽 / 7,500원

新 방약합편
정도명 편역 / 신국판 / 416쪽 / 15,000원

자연치료의학 오홍근(신경정신과 의학박사 · 자연의학박사) 지음
신국판 / 472쪽 / 15,000원

약초의 활용과 가정한방
이인성 지음 / 신국판 / 384쪽 / 8,500원

역전의학
이시하라 유미 지음 / 유태종 감수 / 신국판 / 286쪽 / 8,500원

이순희식 순수피부미용법
이순희(한독피부미용학원 원장) 지음 / 신국판 / 304쪽 / 7,000원

21세기 당뇨병 예방과 치료법
이현철(연세대 의대 내과 교수) 지음 / 신국판 / 360쪽 / 9,500원

신재용의 민의학 동의보감
신재용(해성한의원 원장) 지음 / 신국판 / 476쪽 / 10,000원

치매 알면 치매 이긴다
배오성(백상한방병원 원장) 지음 / 신국판 / 312쪽 / 10,000원

21세기 건강혁명 밥상 위의 보약 생식
최경순 지음 / 신국판 / 348쪽 / 9,800원

기치유와 기공수련
윤한홍(기치유 연구회 회장) 지음 / 신국판 / 340쪽 / 12,000원

만병의 근원 스트레스 원인과 퇴치
김지혁(김지혁한의원 원장) 지음 / 신국판 / 324쪽 / 9,500원

김종성 박사의 뇌졸중 119
김종성 지음 / 신국판 / 356쪽 / 12,000원

탈모 예방과 모발 클리닉
장정훈 · 전재홍 지음 / 신국판 / 252쪽 / 8,000원

구태규의 100% 성공 다이어트
구태규 지음 / 4×6배판 변형 / 240쪽 / 9,900원

암 예방과 치료법
이춘기 지음 / 신국판 / 296쪽 / 11,000원

알기 쉬운 위장병 예방과 치료법
민영일 지음 / 신국판 / 328쪽 / 9,900원

이온 체내혁명
노보루 야마노이 지음 / 김병관 옮김 / 신국판 / 272쪽 / 9,500원

어혈과 사혈요법
정지천 지음 / 신국판 / 308쪽 / 12,000원

약손 경락마사지로 건강미인 만들기
고정환 지음 / 4×6배판 변형 / 284쪽 / 15,000원

정유정의 LOVE DIET
정유정 지음 / 4×6배판 변형 / 196쪽 / 10,500원

머리에서 발끝까지 예뻐지는 부분다이어트
신상만 · 김선민 지음 / 4×6배판 변형 / 196쪽 / 11,000원

알기 쉬운 **심장병** 119
박승정 지음 / 신국판 / 248쪽 / 9,000원

알기 쉬운 **고혈압** 119
이정균 지음 / 신국판 / 304쪽 / 10,000원

여성을 위한 **부인과질환의 예방과 치료**
차선희 지음 / 신국판 / 304쪽 / 10,000원

알기 쉬운 **아토피** 119
이승규 · 임승엽 · 김문호 · 안유일 지음 / 신국판 / 232쪽 / 9,500원

120세에 도전한다
이권행 지음 / 신국판 / 308쪽 / 11,000원

건강과 아름다움을 만드는 요가
정판식 지음 / 4×6배판 변형 / 224쪽 / 14,000원

우리 아이 건강하고 아름다운 **롱다리 만들기**
김성훈 지음 / 대국전판 / 236쪽 / 10,500원

알기 쉬운 **허리디스크 예방과 치료**
이종서 지음 / 대국전판 / 336쪽 / 12,000원

소아과 전문의에게 듣는 알기 쉬운 **소아과** 119
신영규 · 이강우 · 최성항 지음 / 4×6배판 변형 / 280쪽 / 14,000원

피가 맑아야 건강하게 오래 살 수 있다
김영찬 지음 / 신국판 / 256쪽 / 10,000원

웰빙형 피부 미인을 만드는 **나만의 셀프 피부건강**
양해원 지음 / 대국전판 / 144쪽 / 10,000원

내 몸을 살리는 **생활 속의 웰빙 항암 식품**
이승남 지음 / 대국전판 / 248쪽 / 9,800원

마음한글, 느낌한글
박완식 지음 / 4×6배판 / 300쪽 / 15,000원

웰빙 동의보감식 **발마사지 10분**
최미회 지음 / 신재용 감수 / 4×6배판 변형 / 204쪽 / 13,000원

아름다운 몸, 건강한 몸을 위한 **목욕 건강 30분**
임하성 지음 / 대국전판 / 176쪽 / 9,500원

내가 만드는 **한방생주스 60**
김영섭 지음 / 국판 / 112쪽 / 7,000원

몸을 살리는 건강식품
백은희 · 조창호 · 최양진 지음 / 신국판 / 384쪽 / 11,000원

건강도 키우고 성적도 올리는 자녀 건강
김진돈 지음 / 신국판 / 304쪽 / 12,000원

알기 쉬운 **간질환** 119
이관식 지음 / 신국판 / 264쪽 / 11,000원

밥으로 병을 고친다
허봉수 지음 / 대국전판 / 352쪽 / 13,500원

알기 쉬운 **신장병** 119
김형규 지음 / 신국판 / 240쪽 / 10,000원

마음의 감기 치료법 **우울증** 119
이민수 지음 / 대국전판 / 232쪽 / 9,800원

관절염 119
송영욱 지음 / 대국전판 / 224쪽 / 9,800원

내 딸을 위한 **미성년 클리닉**
강병문 · 이향아 · 최정원 지음 / 국판 / 148쪽 / 8,000원

암을 다스리는 기적의 치유법
케이 세이혜이 감수 / 카와키 나리카즈 지음 / 민병수 옮김
신국판 / 256쪽 / 9,000원

스트레스 다스리기
대한불안장애학회 스트레스관리연구특별위원회 지음
신국판 / 304쪽 / 12,000원

천연 식초 건강법 건강식품연구회 엮음 / 신재용(해성한의원 원장) 감수
신국판 / 252쪽 / 9,000원

암에 대한 모든 것
서울아산병원 암센터 지음 / 신국판 / 360쪽 / 13,000원

알록달록 **컬러 다이어트**
이승남 지음 / 국판 / 248쪽 / 10,000원

당신도 부모가 될 수 있다
정병준 지음 / 신국판 / 268쪽 / 9,500원

키 10cm 더 크는 **키네스 성장법** 김양수 · 이종균 · 최형규 · 표재환 · 김문회 지음

대국전판 / 312쪽 / 12,000원

당뇨병 백과
이현철 · 송영득 · 안철우 지음 / 4×6배판 변형 / 396쪽 / 16,000원

호흡기 클리닉 119
박성학 지음 / 신국판 / 256쪽 / 10,000원

키 쑥쑥 크는 롱다리 만들기
롱다리 성장클리닉 원장단 지음 / 4×6배판 변형 / 256쪽 / 11,000원

내 몸을 살리는 건강식품
백은회 · 조창호 · 최양진 지음 / 신국판 / 368쪽 / 11,000원

내 몸에 맞는 운동과 건강
하철수 지음 / 신국판 / 264쪽 / 11,000원

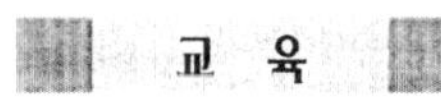

우리 교육의 창조적 백색혁명
원상기 지음 / 신국판 / 206쪽 / 6,000원

현대생활과 체육
조창남 외 5명 공저 / 신국판 / 340쪽 / 10,000원

퍼펙트 MBA　IAE유학네트 지음 / 신국판 / 400쪽 / 12,000원

유학길라잡이 Ⅰ - 미국편
IAE유학네트 지음 / 4×6배판 / 372쪽 / 13,900원

유학길라잡이 Ⅱ - 4개국편
IAE유학네트 지음 / 4×6배판 / 348쪽 / 13,900원

조기유학길라잡이.com
IAE유학네트 지음 / 4×6배판 / 428쪽 / 15,000원

현대인의 건강생활
박상호 외 5명 공저 / 4×6배판 / 268쪽 / 15,000원

천재아이로 키우는 두뇌훈련
나카마츠 요시로 지음 / 민병수 옮김 / 국판 / 288쪽 / 9,500원

두뇌혁명
나카마츠 요시로 지음 / 민병수 옮김 / 4×6판 양장본 / 288쪽 / 12,000원

테마별 고사성어로 익히는 한자
김경익 지음 / 4×6배판 변형 / 248쪽 / 9,800원

生생 **공부비법**　이은승 지음 / 대국전판 / 272쪽 / 9,500원

자녀를 성공시키는 **습관만들기**
배은경 지음 / 대국전판 / 232쪽 / 9,500원

한자능력검정시험 1급
한자능력검정시험연구위원회 편저 / 4×6배판 / 568쪽 / 21,000원

한자능력검정시험 2급
한자능력검정시험연구위원회 편저 / 4×6배판 / 472쪽 / 18,000원

한자능력검정시험 3급(3급II)
한자능력검정시험연구위원회 편저 / 4×6배판 / 440쪽 / 17,000원

한자능력검정시험 4급(4급II)
한자능력검정시험연구위원회 편저 / 4×6배판 / 352쪽 / 15,000원

한자능력검정시험 5급
한자능력검정시험연구위원회 편저 / 4×6배판 / 264쪽 / 11,000원

한자능력검정시험 6급
한자능력검정시험연구위원회 편저 / 4×6배판 / 168쪽 / 8,500원

한자능력검정시험 7급
한자능력검정시험연구위원회 편저 / 4×6배판 / 152쪽 / 7,000원

한자능력검정시험 8급
한자능력검정시험연구위원회 편저 / 4×6배판 / 112쪽 / 6,000원

볼링의 이론과 실기　이태상 지음 / 신국판 / 192쪽 / 9,000원

고사성어로 끝내는 천자문
조준상 글 · 그림 / 4×6배판 / 216쪽 / 12,000원

내 아이 스타 만들기
김민성 지음 / 신국판 / 200쪽 / 9,000원

교육 1번지 강남 엄마들의 **수험생 자녀 관리**
황송주 지음 / 신국판 / 288쪽 / 9,500원

초등학생이 꼭 알아야 할 **위대한 역사 상식**
우진영 · 이양경 지음 / 4×6배판 변형 / 228쪽 / 9,500원

초등학생이 꼭 알아야 할 **행복한 경제 상식**

우진영 · 전선심 지음 / 4×6배판 변형 / 224쪽 / 9,500원

초등학생이 꼭 알아야 할 재미있는 과학상식
우진영 · 정경희 지음 / 4×6배판 변형 / 220쪽 / 9,500원

한자능력검정시험 3급 · 3급II
한자능력검정시험연구위원회 편저 / 4×6판 / 380쪽 / 7,500원

교과서 속에 꼭꼭 숨어있는 이색박물관 체험   이신화 지음
대국전판 / 248쪽 / 12,000원

초등학생 독서 논술(저학년)   책마루 독서교육연구회 지음
4×6배판 변형 / 244쪽 / 14,000원

초등학생 독서 논술(고학년)   책마루 독서교육연구회 지음
4×6배판 변형 / 236쪽 / 14,000원

놀면서 배우는 경제
김솔 지음 / 대국전판 / 196쪽 / 10,000원

건강생활과 레저스포츠 즐기기
강선희 외 11명 공저 / 4×6배판 / 324쪽 / 18,000원

아이의 미래를 바꿔주는 좋은 습관
배은경 지음 / 신국판 / 216쪽 / 9,500원

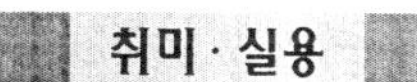
취미 · 실용

김진국과 같이 배우는 와인의 세계
김진국 지음 / 국배판 변형양장본(올 컬러판) / 208쪽 / 30,000원

경제 · 경영

CEO가 될 수 있는 성공법칙 101가지
김승룡 편역 / 신국판 / 320쪽 / 9,500원

정보소프트   김승룡 지음 / 신국판 / 324쪽 / 6,000원

기획대사전   다카하시 겐코 지음 / 홍영의 옮김
신국판 / 552쪽 / 19,500원

맨손창업 · 맞춤창업 BEST 74
양혜숙 지음 / 신국판 / 416쪽 / 12,000원

무자본, 무점포 창업! FAX 한 대면 성공한다
다카시로 고시 지음 / 홍영의 옮김 / 신국판 / 226쪽 / 7,500원

성공하는 기업의 인간경영   중소기업 노무 연구회 편저 / 홍영의 옮김
신국판 / 368쪽 / 11,000원

21세기 IT가 세계를 지배한다
김광희 지음 / 신국판 / 380쪽 / 12,000원

경제기사로 부자아빠 만들기
김기태 · 신현태 · 박근수 공저 / 신국판 / 388쪽 / 12,000원

포스트 PC의 주역 정보가전과 무선인터넷
김광희 지음 / 신국판 / 356쪽 / 12,000원

성공하는 사람들의 마케팅 바이블
채수명 지음 / 신국판 / 328쪽 / 12,000원

느린 비즈니스로 돌아가라
사카모토 게이이치 지음 / 정성호 옮김 / 신국판 / 276쪽 / 9,000원

적은 돈으로 큰돈 벌 수 있는 부동산 재테크
이원재 지음 / 신국판 / 340쪽 / 12,000원

바이오혁명
이주영 지음 / 신국판 / 328쪽 / 12,000원

성공하는 사람들의 자기혁신 경영기술
채수명 지음 / 신국판 / 344쪽 / 12,000원

CFO   교텐 토요오 · 타하라 오키시 지음 / 민병수 옮김
신국판 / 312쪽 / 12,000원

네트워크시대 네트워크마케팅
임동학 지음 / 신국판 / 376쪽 / 12,000원

성공리더의 7가지 조건
다이앤 트레이시 · 윌리엄 모건 지음 / 지창영 옮김
신국판 / 360쪽 / 13,000원

김종결의 성공창업
김종결 지음 / 신국판 / 340쪽 / 12,000원

최적의 타이밍에 내 집 마련하는 기술
이원재 지음 / 신국판 / 248쪽 / 10,500원

컨설팅 셰일즈   *Consulting sales*
임동학 지음 / 대국전판 / 336쪽 / 13,000원

연봉 10억 만들기
김농주 지음 / 국판 / 216쪽 / 10,000원

주5일제 근무에 따른 한국형 주말창업
최효진 지음 / 신국판 변형 양장본 / 216쪽 / 10,000원

돈 되는 땅 돈 안되는 땅
김영준 지음 / 신국판 / 320쪽 / 13,000원

돈 버는 회사로 만들 수 있는 109가지
다카하시 도시노리 지음 / 민병수 옮김 / 신국판 / 344쪽 / 13,000원

프로는 디테일에 강하다
김미현 지음 / 신국판 / 248쪽 / 9,000원

머니투데이 송복규 기자의 부동산으로 주머니돈 100배 만들기
송복규 지음 / 신국판 / 328쪽 / 13,000원

성공하는 슈퍼마켓&편의점 창업
나명환 지음 / 4×6배판 변형 / 500쪽 / 28,000원

대한민국 성공 재테크 부동산 펀드와 리츠로 승부하라
김영준 지음 / 신국판 / 256쪽 / 12,000원

마일리지 200% 활용하기
박성희 지음 / 국판 변형 / 200쪽 / 8,000원

1%의 가능성에 도전, 성공 신화를 이룬 여성 CEO
김미현 지음 / 신국판 / 248쪽 / 9,500원

3천만 원으로 부동산 재벌 되기
최수길 · 이숙 · 조연희 지음 / 신국판 / 290쪽 / 12,000원

10년을 앞설 수 있는 재테크
노동규 지음 / 신국판 / 260쪽 / 10,000원

세계 최강을 추구하는 도요타 방식
나카야마 키요타카 지음 / 민병수 옮김 / 신국판 / 296쪽 / 12,000원

최고의 설득을 이끌어내는 프레젠테이션
조두환 지음 / 신국판 / 296쪽 / 11,000원

최고의 만족을 이끌어내는 창의적 협상
조강희 · 조원희 지음 / 신국판 / 248쪽 / 10,000원

New 셰일즈 기법 물건을 팔지 말고 가치를 팔아라
조기선 지음 / 신국판 / 264쪽 / 9,500원

작은 회사는 전략이 달라야 산다
황문진 지음 / 신국판 / 312쪽 / 11,000원

돈되는 슈퍼마켓&편의점 창업전략(입지 편)
나명환 지음 / 신국판 / 352쪽 / 13,000원

25 · 35 꼼꼼 여성 재테크
정원훈 지음 / 신국판 / 224쪽 / 11,000원

대한민국 2030 독특하게 창업하라
이상헌 · 이호 지음 / 신국판 / 288쪽 / 12,000원

왕초보 주택 경매로 돈 벌기
천관성 지음 / 신국판 / 268쪽 / 12,000원

New 마케팅 기법 (실천편) 물건을 팔지 말고 가치를 팔아라 2
조기선 지음 / 신국판 / 240쪽 / 10,000원

퇴출 두려워 마라 홀로서기에 도전하라
신정수 지음 / 신국판 / 256쪽 / 11,500원

주 식

개미군단 대박맞이 주식투자
홍성걸(한양증권 투자분석팀 팀장) 지음 / 신국판 / 310쪽 / 9,500원

알고 하자! 돈 되는 주식투자
이길영 외 2명 공저 / 신국판 / 388쪽 / 12,500원

항상 당하기만 하는 개미들의 매도 · 매수타이밍 999% 적중 노하우
강경무 지음 / 신국판 / 336쪽 / 12,000원

부자 만들기 주식성공클리닉
이창희 지음 / 신국판 / 372쪽 / 11,500원

선물 · 옵션 이론과 실전매매
이창희 지음 / 신국판 / 372쪽 / 12,000원

너무나 쉬워 재미있는 주가차트
홍성무 지음 / 4×6배판 / 216쪽 / 15,000원

희망의 씨앗을 뿌리는 20대를 위하여
우광균 지음 / 신국판 / 172쪽 / 8,000원

끌리는 사람이 되기위한 이미지 컨설팅
홍순아 지음 / 대국전판 / 194쪽 / 10,000원

글로벌 리더의 소통을 위한 스피치
민영욱 지음 / 신국판 / 328쪽 / 10,000원

오바마처럼 꿈에 미쳐라
정영순 지음 / 신국판 / 208쪽 / 9,500원

여자 30대, 내 생애 최고의 인생을 만들어라
정영순 지음 / 신국판 / 256쪽 / 11,500원

명 상

명상으로 얻는 깨달음
달라이 라마 지음 / 지창영 옮김 / 국판 / 320쪽 / 9,000원

어 학

2진법 영어 이상도 지음 / 4×6배판 변형 / 328쪽 / 13,000원

한 방으로 끝내는 영어 고제윤 지음 / 신국판 / 316쪽 / 9,800원

한 방으로 끝내는 영단어 김승엽 지음 / 김수경 · 카렌다 감수 /
4×6배판 변형 / 236쪽 / 9,800원

해도해도 안 되던 영어회화 하루에 30분씩 90일이면 끝낸다
Carrot Korea 편집부 지음 / 4×6배판 변형 / 260쪽 / 11,000원

바로 활용할 수 있는 기초생활영어
김수경 지음 / 신국판 / 240쪽 / 10,000원

바로 활용할 수 있는 비즈니스영어
김수경 지음 / 신국판 / 252쪽 / 10,000원

생존영어55 홍일록 지음 / 신국판 / 224쪽 / 8,500원

필수 여행영어회화 한현숙 지음 / 4×6판 변형 / 328쪽 / 7,000원

필수 여행일어회화 윤영자 지음 / 4×6판 변형 / 264쪽 / 6,500원

필수 여행중국어회화 이은진 지음 / 4×6판 변형 / 256쪽 / 7,000원

영어로 배우는 중국어 김승엽 지음 / 신국판 / 216쪽 / 9,000원

필수 여행스페인어회화 유연창 지음 / 4×6판 변형 / 288쪽 / 7,000원

바로 활용할 수 있는 홈스테이 영어
김형주 지음 / 신국판 / 184쪽 / 9,000원

필수 여행러시아어회화 이은수 지음 / 4×6판 변형 / 248쪽 / 7,500원

레포츠

수열이의 브라질 축구 탐방 삼바 축구, 그들은 강하다
이수열 지음 / 신국판 / 280쪽 / 8,500원

마라톤, 그 아름다운 도전을 향하여
빌 로저스 · 프리실라 웰치 · 조 헨더슨 공저 /
오인환 감수 / 지창영 옮김 / 4×6배판 / 320쪽 / 15,000원

인라인스케이팅 100%즐기기
임미숙 지음 / 4×6배판 변형 / 172쪽 / 11,000원

배스낚시 테크닉
이종건 지음 / 4×6배판 / 440쪽 / 20,000원

나도 디지털 전문가 될 수 있다!!!
이승훈 지음 / 4×6배판 / 320쪽 / 19,200원

스키 100% 즐기기
김동환 지음 / 4×6배판 변형 / 184쪽 / 12,000원

태권도 총론
하웅의 지음 / 4×6배판 / 288쪽 / 15,000원

건강하고 아름다운 동양란 기르기
난마을 지음 / 4×6배판 변형 / 184쪽 / 12,000원

수영 100% 즐기기
김종만 지음 / 4×6배판 변형 / 248쪽 / 13,000원

애완견114
황양원 엮음 / 4×6배판 변형 / 228쪽 / 13,000원

건강을 위한 웰빙 걷기
이강옥 지음 / 대국전판 / 280쪽 / 10,000원

우리 땅 우리 문화가 살아 숨쉬는 옛터
이형권 지음 / 대국전판 올컬러 / 208쪽 / 9,500원

아름다운 산사
이형권 지음 / 대국전판 올컬러 / 208쪽 / 9,500원

쉽고 즐겁게! 신나게! 배우는 재즈댄스
최재선 지음 / 4×6배판 변형 / 200쪽 / 12,000원

맛과 멋이 있는 낭만의 카페
박성찬 지음 / 대국전판 올컬러 / 168쪽 / 9,900원

한국의 숨어 있는 아름다운 풍경
이종원 지음 / 대국전판 올컬러 / 208쪽 / 9,900원

사람이 있고 자연이 있는 아름다운 명산
박기성 지음 / 대국전판 올컬러 / 176쪽 / 12,000원

마음의 고향을 찾아가는 여행 포구
김인자 지음 / 대국전판 올컬러 / 224쪽 / 14,000원

생명이 살아 숨쉬는 한국의 아름다운 강
민병준 지음 / 대국전판 올컬러 / 168쪽 / 12,000원

틈나는 대로 세계여행
김재관 지음 / 4×6배판 변형 올컬러 / 368쪽 / 20,000원

해양스포츠 카이트보딩
김남용 편저 / 신국판 올컬러 / 152쪽 / 18,000원

풍경 속을 걷는 즐거움 명상 산책
김인자 지음 / 대국전판 올컬러 / 224쪽 / 14,000원

3.3.7 세계여행
김완수 지음 / 4×6배판 변형 올컬러 / 280쪽 / 12,900원

골 프

퍼팅 매커닉
이근택 지음 / 4×6배판 변형 / 192쪽 / 18,000원

아마골프 가이드
정영호 지음 / 4×6배판 변형 / 216쪽 / 12,000원

골프 100타 깨기
김준모 지음 / 4×6배판 변형 / 136쪽 / 10,000원

골프 90타 깨기
김광섭 지음 / 4×6배판 변형 / 148쪽 / 11,000원

KLPGA 최여진 프로의 센스 골프
최여진 지음 / 4×6배판 변형 올컬러 / 192쪽 / 13,900원

KTPGA 김준모 프로의 파워 골프
김준모 지음 / 4×6배판 변형 올컬러 / 192쪽 / 13,900원

골프 80타 깨기
오태훈 지음 / 4×6배판 변형 / 132쪽 / 10,000원

신나는 골프 세상
유응열 지음 / 4×6배판 변형 올컬러 / 232쪽 / 16,000원

이신 프로의 더 퍼펙트
이신 지음 / 국배판 / 336쪽 / 28,000원

주니어출신 박영진 프로의 주니어골프
박영진 지음 / 4×6배판 변형 올컬러 / 164쪽 / 11,000원

골프손자병법
유응열 지음 / 4×6배판 변형 올컬러 / 212쪽 / 16,000원

박영진 프로의 주말 골퍼 100타 깨기
박영진 지음 / 4×6배판 변형 올컬러 / 160쪽 / 12,000원

10타 줄여주는 클럽 피팅
현세용 · 서주석 공저 / 4×6배판 변형 / 184쪽 / 15,000원

단기간에 싱글이 될 수 있는 원포인트 레슨
권용진 · 김준모 지음 / 4×6배판 변형 올컬러 / 152쪽 / 12,500원

이신 프로의 더 퍼펙트 쇼트 게임
이신 지음 / 국배판 올컬러 / 248쪽 / 20,000원

여성실용

결혼준비, 이제 놀이가 된다 김창규 · 김수경 · 김정철 지음
4×6배판 변형 올컬러 / 230쪽 / 13,000원

대한법률연구회가 만드는 생활법률의 기본지식 11

일 · 반 · 인 · 을 · 위 · 한

부동산등기 생활법률의 기본지식

지은이/정상태
펴낸이/강선희
펴낸곳/가림M&B

등록/1999. 1. 18. 제5-89호
주소/서울 광진구 구의동 57-71 부원빌딩 4층
대표전화/458-6451   팩스/458-6450
홈페이지/ http://www.galim.co.kr
전자우편/ galim@galim.co.kr

© GALIM M&B, 2001

저자와의 협의에 의하여 검인을 생략함.

ISBN 978-89-89107-14-9 14360
     978-89-89107-41-5 14360(세트)